Introduction à la psychologie du développement

Catherine Tourrette
Michèle Guidetti

Introduction à la psychologie du développement

Du bébé à l'adolescent

2e tirage

ARMAND COLIN

À tous nos étudiants qui ont fait
de nous des enseignantes…

ISBN : 2-200-21542-8

Armand Colin Éditeur, 5, rue Laromiguière, 75241 Paris Cedex 05

Introduction

Cet ouvrage s'adresse à tous ceux qui sont concernés par les enfants : de leur naissance à l'adolescence. Il a été écrit en premier lieu pour les étudiants de premier cycle de psychologie qui abordent cette discipline nouvelle, (et auxquels nous conseillons vivement l'ouvrage de M. Reuchlin et M. Huteau : *Le Guide de l'étudiant en psychologie*. Paris, PUF, 1991, pour avoir une vue d'ensemble sur cette discipline et les perspectives professionnelles qu'elle offre) mais il est destiné aussi à tous ceux qui, par leur activité professionnelle ou leurs études ont besoin de connaître les concepts et les théories concernant le développement psychologique de l'enfant : les professionnels de la petite enfance, les enseignants et futurs enseignants de l'école maternelle au lycée, tous les professionnels de l'enfance et de l'adolescence (médecins, rééducateurs,...), et bien sûr les parents. Car cet ouvrage constitue une initiation, il a été volontairement écrit de façon à être accessible à tous et à donner une vue d'ensemble sur le développement de l'enfant, en intégrant tous les apports des recherches actuelles en psychologie. Il essaie de montrer comment les connaissances actuelles s'appuient sur les grandes théories fondatrices de la discipline en les remettant en cause de façon plus ou moins importante et en ouvrant de nouvelles perspectives. La psychologie du développement est une science jeune qui a encore beaucoup à nous apprendre. En effet, si les enfants continuent de se comporter et de grandir comme ils le font depuis toujours, nos interrogations sur leurs comportements et sur les facteurs de leur développement évoluent sans cesse.

Les choix conceptuels et didactiques

Il est évident qu'il nous est impossible, dans le cadre limité de cet ouvrage d'initiation de traiter de tous les aspects du développement. Nous avons donc été amenées à faire des choix : de clarté, en privilégiant des définitions de concepts et en évitant un langage très spécialisé, et de contenu en développant certaines thématiques davantage que d'autres. L'ensemble de l'ouvrage a été rédigé par C. Tourrette, à l'exception du chapitre 6 sur l'évaluation psychologique de l'enfant qui a été rédigé par M. Guidetti. Nous indiquons systématiquement à la fin de chaque chapitre quelques ouvrages complémentaires pour aller plus loin. La bibliographie de fin d'ouvrage contient les références des travaux que nous avons cités (livres et articles) et que nous n'avons pas retenus comme bibliographie complémentaire de chaque chapitre.

Nous avons surtout souhaité apporter dans cet ouvrage, fût-ce au risque d'une présentation réductionniste, les éléments nécessaires à la constitution d'une représentation d'ensemble du développement de l'enfant, qui doivent être autant de points de repères permettant de situer les principaux auteurs des théories et les méthodes propres à cette discipline ainsi que les principales acquisitions des enfants, dans leurs dimensions aussi bien synchronique (qui se produit au même moment) que diachronique (évolution dans le temps). Nous souhaitons en effet insister, au-delà d'un exposé séquentiel et fragmenté de son développement, sur l'unité de l'enfant : sa continuité à travers les changements et les relations qui existent entre les différents aspects de sa personnalité.

Deux options didactiques principales s'offraient à nous : soit une présentation par secteur de développement : psychomoteur, intellectuel, socio-affectif..., au risque d'aboutir à une représentation tout à fait fragmentée de l'enfant, alors que ces différents aspects se développent non seulement de façon concomitante mais en interaction, soit une présentation par tranche d'âge, qui permet d'insister sur la synchronie évolutive, mais dont le découpage est nécessairement arbitraire et risque de ne pas correspondre avec celui de tel ou tel auteur de théorie. C'est pourtant celui que nous avons choisi, privilégiant ainsi une perception globale des principales étapes du développement. Les tranches d'âge que nous avons choisies, correspondent à peu près (et ce n'est pas un effet du hasard) aux étapes de la vie préscolaire et scolaire : après la naissance et la petite enfance, vient le temps de l'école maternelle, celui de l'école primaire, celui du collège et du lycée. Les points d'articulation de ces changements pédagogiques correspondent à des modifications importantes dans les capacités de l'enfant, et en particulier dans sa pensée.

Avant d'aborder ces principales étapes, nous avons choisi de présenter dans le premier chapitre les principaux courants théoriques de façon à pouvoir situer les caractéristiques de chaque tranche d'âge par rapport à celle qui précède ou qui suit. Cette description schématique des principales théories avec leur système conceptuel permettra d'ancrer chaque étape (même au risque de répétitions) au sein des processus évolutifs décrits par les auteurs. Nous y présentons aussi les principales méthodes utilisées dans les recherches et les raisons qui contribuent à leur choix.

Le deuxième chapitre est consacré à la vie avant la naissance. Les connaissances que nous avons du développement de l'embryon puis du fœtus permettent de mieux comprendre les capacités étonnantes des nouveau-nés et de nous interroger sur ce qui peut marquer le bébé dans sa vie prénatale.

Le troisième chapitre présente le développement de l'enfant dans cette période capitale des premières années, depuis la naissance jusqu'à trois ans, période où l'enfant témoigne d'une relative autonomie comportementale. Nous résumons ses principales acquisitions psychomotrices, les progrès dans le développement de son intelligence, la façon dont il apprend à communiquer et les débuts de la construction de sa personnalité dans cette période capitale pour l'affirmation de son existence en tant que personne à part entière.

Le quatrième chapitre présente l'enfant à l'âge de l'école maternelle et primaire. Ses progrès psychomoteurs dans la maîtrise des gestes et dans l'affirmation de sa latéralité le rapprochent progressivement de l'efficience adulte. Ses capacités expressives se déploient, grâce aux représentations mentales, de façon étonnante : dans le jeu, le dessin, le langage. Sa pensée qui dans les premières années ne pouvait se détacher de la réalité perçue, acquiert une mobilité qui lui permet d'envisager d'autres points de vue que le sien et les constructions mentales qui s'élaborent par les opérations effectuées sur le réel, transforment sa pensée. Cette orientation vers la construction de connaissances et le déploiement de son intelligence est rendue possible par une relative disponibilité au monde extérieur dans la mesure où elle n'est pas accaparée par des préoccupations internes inhérentes à l'édification de sa personnalité.

La réactivation de la construction de son identité au moment des transformations de l'adolescence est abordée dans le cinquième chapitre qui montre que si l'adolescence est marquée par des changements, elle n'est pas forcément vécue comme une crise. Elle conduit par contre à des réorganisations et à des transactions entre les adolescents et leurs parents.

Le dernier chapitre est consacré à l'évaluation psychologique des enfants. Après avoir expliqué en quoi consistent les tests, nous présentons les principales épreuves que l'on peut utiliser pour l'évaluation des capacités et des potentialités des enfants. Ces épreuves concernent les activités intellectuelles, les différentes fonctions instrumentales (bilan psychomoteur, spatio-temporel et du langage) et l'ensemble de la personnalité.

Psychologie de l'enfant, psychologie génétique, ou psychologie du développement ?

Les traditions et les incertitudes conceptuelles rendent ces termes parfois substituables, ils renvoient pourtant à des objectifs différents :

– La psychologie de l'enfant est centrée sur l'enfant, dont elle veut décrire et expliquer le fonctionnement, et son évolution de la naissance à l'adolescence. Elle a donc pour but l'étude exclusive de cette tranche d'âge, comme on peut le faire aussi pour l'adolescence, l'âge adulte ou la vieillesse.

– La psychologie génétique est centrée sur l'aspect évolutif des comportements, sur leur genèse : c'est ce qui a conduit le grand psychologue suisse J. Piaget à s'intéresser aux enfants en tant que moyen d'accès aux processus évolutifs qui ont abouti à la pensée de l'adulte. Pour lui, il est plus facile de comprendre le fonctionnement mental de l'adulte, si on sait comment ses structures mentales se sont développées. Ce terme est néanmoins de moins en moins utilisé du fait des confusions possibles avec celui qui est utilisé pour désigner l'étude des gènes : la génétique. Le terme de « psychologie génétique » ne renvoie jamais à l'aspect génétique héréditaire des conduites, mais au contraire à leur aspect évolutif.

– La psychologie du développement est le terme qui tend actuellement à se substituer à celui de psychologie génétique : comme elle, il renvoie à l'étude du changement, sans la restreindre à ceux qui se produisent pendant l'enfance car il correspond à l'étude de l'ensemble des changements qui se produisent au cours de l'évolution du début à la fin de la vie (en anglais, c'est la *life-span psychology* beaucoup plus développée dans les pays anglo-saxons qu'en France). Il ajoute à l'étude de l'évolution des processus ou des comportements, celle de leur involution. Il est cependant fréquent, pour éviter d'utiliser le mot ambigu génétique, de restreindre la psychologie du développement aux processus évolutifs, comme nous avons choisi de le faire.

1 Les auteurs, les théories et les méthodes

LES PRINCIPALES ORIENTATIONS THÉORIQUES

Nous avons choisi de présenter ici schématiquement six orientations théoriques différentes (indexée chacune sur un auteur) qui permettent de situer les principaux auteurs de référence dans ce champ d'études, en prenant comme point de comparaison des théories la conception des rôles respectifs de la maturation et de l'environnement dans l'évolution de l'être humain. Il existe bien d'autres auteurs qui ont beaucoup contribué, ou qui contribuent encore actuellement, à la connaissance du développement ; c'est volontairement que nous les omettons pour l'instant, dans un souci de simplification. Nous évoquerons plus loin d'autres conceptualisations théoriques qui, de toutes façons, ont fait référence à l'un ou l'autre des auteurs se situant dans un des champs théoriques cités.

Après avoir présenté succinctement ces six orientations, nous reviendrons ensuite plus en détail sur les trois auteurs dont les théories constituent le fondement de la psychologie du développement : Piaget, Freud et Wallon. Ces trois grands noms de la psychologie du développement sont à l'origine d'écoles de pensée qui entretiennent, développent et modifient les théories de références. Nous avons choisi de nous en tenir dans le cadre de cet ouvrage à une présentation simplifiée des systèmes théoriques des principaux auteurs, c'est donc volontairement que certains noms ne seront pas cités ou seront juste évoqués.

La psychologie du développement est une branche récente d'une science elle-même récente et nous n'avons pas toujours le recul nécessaire pour une bonne compréhension de ses lois évolutives. L'évolution nécessaire des théories qui doivent s'adapter à la réalité des faits est continue ; les orientations théoriques ne s'éteignent pas à la disparition de leurs auteurs, elles continuent d'évoluer, à une vitesse variable selon le contexte scientifique et socioculturel, dans un mouvement continu et progressif qui constitue le ressort de l'évolution. Nous donnerons de temps à autre un aperçu de cette évolution des idées.

L'orientation maturationniste : A. Gesell (1880-1961)

Pour l'américain A. Gesell, le développement psychologique est, à l'image du développement physique, essentiellement affaire de maturation et d'actualisation du potentiel génétique de l'individu en tant que membre d'une espèce spécifique donnée. S'il existe des différences entre les individus d'une même espèce, la marge de variation par rapport au déroulement du programme génétique est très limitée. L'environnement dans lequel grandit l'enfant n'intervient donc que modérément dans le déroulement des séquences développementales. On doit à Gesell les premières descriptions, très finement observées, des principales caractéristiques comportementales de chaque âge qui constituent la base des premières évaluations quantitatives du développement dans les premières années. Les stades qu'il a décrit dans le développement de l'enfant présentent un tableau très complet de l'évolution de l'enfant dans tous les domaines.

L'orientation behavioriste : J. Watson (1878-1958) et Skinner (1904-1990)

Le behaviorisme est l'étude du comportement (en anglais : *behavior* = comportement). Watson, lui aussi américain, est le promoteur de l'étude scientifique du comportement animal et humain qui se veut la plus objective possible, basée sur une observation rigoureuse des comportements et non plus sur une connaissance introspective. L'étude du comportement animal avec la mise en évidence des réflexes conditionnés par Pavlov (1849-1939) contribue à l'orientation de ses recherches vers l'apprentissage et l'éducation. Il s'intéresse en particulier aux bébés, ce qui est assez étonnant pour l'époque. Les travaux de Skinner se situent dans le prolongement de ceux de Pavlov et de Watson, avec un élargissement du concept de conditionnement par l'action opérante du sujet sur l'établissement des liens entre stimulus et réponse comportementale, et avec un intérêt particulier pour les implications pédagogiques de cette théorie de l'apprentissage. Dans cette perspective, l'environnement dans lequel vit l'individu prend donc une place importante puisqu'il est pourvoyeur d'expériences variées, qui constituent la base des apprentissages.

L'orientation psychanalytique : S. Freud (1856-1939)

La démarche de Freud, un autrichien qui s'est exilé en Angleterre à la fin de sa vie, est tout à fait originale et se démarque nettement de celle des auteurs précédents. Sa théorie n'est pas née d'une observation directe, mais d'une reconstruction. Il retrace la genèse de la personnalité à partir de matériau clinique recueilli au cours de thérapies d'enfants ou d'adultes. Au départ de ses travaux, les individus qui constituent la base de ses élaborations théoriques sont plus souvent des patients en demande d'aide psychologique que des individus tout-venants (c'est-à-dire ordinaires et non pas forcément sans problèmes), on peut considérer que sa démarche relève de la psychologie génétique telle que nous l'avons décrite précédemment : c'est l'enfant qui explique l'adulte. Dans cette perspective, le rôle de l'environnement dans le développement devient prépondérant par rapport à celui de la maturation. L'individu est façonné par ses expériences personnelles et les relations interpersonnelles qu'il a développées, en particulier pendant l'enfance, période de construction psychique intense. Nous donnerons plus loin un aperçu des principaux concepts et points d'articulation de cette théorie capitale qui a été très féconde, en particulier pour l'approche thérapeutique, et dont l'évolution actuelle est très sensible.

L'orientation éthologique : de H. F. Harlow (né en 1905) à J. Bowlby (1907-1990)

L'éthologie est à l'origine l'étude biologique du comportement des animaux. On peut considérer que K. Lorenz en est le chef de file (1903-1989) avec ses travaux sur l'empreinte, qui correspond à un apprentissage ultra-rapide d'un comportement par le jeune animal au cours d'une période sensible (ou critique, ou optimale) où il est particulièrement prédisposé à cet apprentissage qui va orienter son développement ultérieur. Dans ce cadre Lorenz s'est intéressé aux comportements de poursuite de sa mère (ou d'un substitut) par le jeune animal. Dans la même ligne, les observations de jeunes bébés singes placés dans des conditions expérimentales d'isolement social plus ou moins important par l'américain Harlow ont conduit à l'élaboration de la théorie de l'attachement social d'un jeune animal ou bébé humain. Le besoin de contact social, d'attachement à sa mère ou à un congénère apparaît ici dégagé de toute liaison avec la satisfaction des besoins primaires (comme le besoin alimentaire) et est considéré comme une caractéristique innée de l'espèce.

La convergence des recherches en éthologie et en psychologie du développement vers 1960 a orienté les méthodes d'étude du jeune enfant en donnant naissance à un courant qu'on peut qualifier d'éthologie humaine dont Bowlby, psychiatre et psychanalyste anglais est le meilleur représentant. Le recours aux méthodes de l'observation éthologique pour l'étude du jeune enfant est justifié par le fait qu'à cette période l'enfant ne parle pas encore et que son comportement essentiellement non verbal peut être étudié de la même façon que celui des animaux. La théorie de l'attachement humain de Bowlby contemporaine de celle de Harlow sur l'attachement animal, contredit la théorie freudienne en postulant l'innéité et la primauté de ce besoin social et en démontrant combien le bébé est actif dans l'établissement de ce lien. L'attachement entre un bébé et une personne correspond à la mise en œuvre de conduites destinées au maintien de la proximité des deux partenaires et vise à la rétablir quand elle est compromise.

L'orientation cognitivo-constructiviste : J. Piaget (1896-1980)

Le suisse J. Piaget est à l'origine de la psychologie génétique sans pour autant se définir comme psychologue de l'enfant : ce n'est pas l'enfant pour lui-même qui l'intéresse, mais l'enfant en tant que moyen d'accès au fonctionnement mental des adultes. Il se définit lui-même comme un épistémologiste (l'épistémologie est la science de la connaissance, l'épistémologie génétique : l'étude des transformations de la connaissance — de l'enfance à l'âge adulte) qui cherche à comprendre d'où vient notre savoir, comment il s'est construit. On peut dire de cette orientation qu'elle est cognitive (elle est centrée sur la genèse des processus mentaux et des connaissances que leur fonctionnement engendre), et constructiviste car toutes nos connaissances s'élaborent au cours des échanges dialectiques entre l'individu et l'environnement dans lequel il se développe, et se structurent progressivement en prenant appui sur les connaissances antérieures et en préparant l'intégration des connaissances nouvelles.

On peut dire de ce courant théorique très important qu'il se situe à mi-chemin des théories maturationnistes de Gesell et des théories behavioristes de Watson et Skinner, en ce qu'il accorde à la maturation un rôle nécessaire mais non suffisant pour expliquer le développement de l'enfant. En effet, d'autres facteurs sont nécessaires : l'expérience par les opportunités que l'environnement offre à l'enfant d'actualiser les potentialités offertes par la maturation, la transmission sociale et surtout l'équilibration des structures cognitives, notion centrale de la théorie piagétienne sur laquelle nous reviendrons.

L'orientation psycho-sociale de H. Wallon (1879-1962)

L'optique dans laquelle se place le français H. Wallon est beaucoup plus large que celle de Piaget : il ne se limite pas à l'étude de la genèse de la cognition mais veut englober l'ensemble du développement de l'enfant dans une même perspective intégrant aussi bien les aspects cognitifs que les aspects affectifs et sociaux de la personnalité de l'enfant, qui, pour lui, sont indissociables. Il considère en effet que l'enfant est un être social dès sa naissance (il utilise même l'expression « génétiquement social ») et qu'il construit progressivement son identité à travers ses relations à autrui.

L'environnement dans lequel se développe l'enfant permet d'actualiser les potentialités qui résident dans son programme génétique en lui apportant au fur et à mesure des occasions d'exercer ses nouvelles capacités.

On peut regretter que sa théorie du développement de l'enfant, plus globale que celle de Piaget, ait eu une moindre audience internationale.

Comme on peut le voir, ces différents auteurs qui ont contribué à la naissance et à l'essor de la psychologie du développement, sont à peu de choses près contemporains et presque nos contemporains. Ils ont parfois eu l'occasion de se rencontrer, de discuter ou tout au moins de lire leurs publications. Leurs idées ont marqué cette science jeune et en premier tous ceux qui continuent à tracer leur chemin dans cette direction : les psychologues actuels du développement de l'enfant.

TROIS THÉORIES DE RÉFÉRENCE EN PSYCHOLOGIE DU DÉVELOPPEMENT

LA THÉORIE PIAGÉTIENNE

L'homme et sa méthode

On peut retenir du brillant parcours de J. Piaget une précocité scientifique avec un intérêt particulier pour la biologie, la logique et l'histoire des sciences, pour la philosophie et la toute nouvelle psychologie. Après un séjour d'études en France, qui lui donne l'occasion de travailler au laboratoire d'A. Binet, il revient à Genève où il prend la succession de Claparède à la direction de l'Institut J.-J. Rousseau. Il y mène l'essentiel de ses recherches avec une équipe de collaborateurs remarquables et fonde à Genève le Centre d'Épistémologie génétique en 1955. C'est pour répondre à ses propres interrogations sur l'évolution des connaissances humaines qu'il met au point sa méthode d'investigation de la pensée enfantine par l'observation des enfants dans une situation-problème, à propos de laquelle il les interroge en suivant au plus près l'évolution de leur raisonnement et en leur proposant des contre-suggestions : c'est la méthode clinique ou « critique ». Il a auparavant fait une observation systématique de ses propres enfants (remarquable par sa précision et sa fécondité).

Les concepts de base

Les concepts qu'il utilise dans sa description de l'intelligence sont empruntés à sa culture scientifique : à la biologie et à la logique en particulier. Il postule en effet une continuité entre les processus biologiques d'adaptation de l'organisme au milieu dans lequel il vit et les processus psychologiques, car les facteurs extérieurs et intérieurs du développement sont indissociables et la connaissance résulte toujours d'une interaction entre le sujet et l'objet. Ainsi, le fonctionnement de l'intelligence sera décrit avec des termes biologiques (assimilation, accommodation, adaptation) et les structures qui sont générées par son fonctionnement, en termes logiques (structures logico-mathématiques, structures de groupe…).

L'adaptation de l'individu à son milieu se fait grâce aux deux mécanismes principaux qui régissent les échanges incessants qui s'établissent entre l'individu et son milieu : l'assimilation et l'accommodation. L'assimilation se fait grâce aux schèmes qui se modifieront par accommodation.

• *Les schèmes*. On peut dire d'un schème que c'est une entité abstraite, analogue à un schéma mental, qui correspond à la structure d'une action. Un schème n'est donc pas directement perceptible, mais on en infère l'existence à partir de régularités dans les comportements de la personne : si une personne agit en gros de la même façon dans des situations comparables, c'est qu'il y a en elle quelque chose qui rend cette constance possible. Piaget prend de nombreux exemples dans les actions sensori-motrices du bébé et décrit des schèmes très divers comme celui de la succion, de la préhension, mais il ne faut pas oublier que toutes nos actions d'adulte sont elles aussi sous-tendues par des schèmes. On perçoit donc une action, mais non son schème ; c'est pourtant lui qui permet la réalisation de cette action. Un schème se conserve, se consolide par l'exercice, mais peut se modifier soit en se généralisant (en s'appliquant à des objets ou situations un peu différentes), soit en se modifiant sous la pression du monde extérieur.

Les schèmes ne sont pas déterminés une fois pour toutes : les schèmes élémentaires des bébés, issus de la transformation d'activités réflexes, vont se modifier et se diversifier au fur et à mesure des expériences du bébé : ils vont à la fois devenir plus généraux (un schème permet un ensemble d'actions proches et constitue ainsi une sorte de concept catégoriel), plus nombreux (car ils s'appliquent à des objets de plus en plus nombreux et différents), et plus mobiles : la mobilité des schèmes est déterminante pour le développement de l'intelligence, car c'est la coordination de certains schèmes (il faut donc qu'ils présentent une mobilité permettant de se coordonner avec d'autres schèmes) qui rendra possible la résolution de problèmes pratiques.

La source de l'existence et de la modification des schèmes réside dans les deux moments d'adaptation d'un individu dans son environnement dont nous avons parlé : l'assimilation et l'accommodation.

• *L'assimilation*. Sur un plan biologique, il est facile de comprendre en quoi consiste l'assimilation : c'est une intégration dans l'organisme d'un élément extérieur, qui se fait par l'intermédiaire d'une transformation et qui a une visée adaptative (maintenir l'organisme dans un état d'équilibre). Sur le plan de l'intelligence, c'est la même chose, car pour Piaget il n'y a pas rupture mais continuité entre le biologique et le mental. On dit qu'il y a assimilation à chaque fois qu'il y a intégration d'objets aux schèmes d'action de l'individu. L'assimilation est donc un mécanisme très général qui permet d'expliquer l'intégration de tout élément nouveau dans les structures mentales de l'individu. Elle se produit dans tous les domaines : moteur, perceptif, intellectuel… et peut prendre plusieurs formes :

— l'assimilation fonctionnelle ou reproductrice qui correspond à un besoin croissant de répétition d'une action, qui contribue à consolider le schème correspondant à cette action ;

— l'assimilation généralisatrice : quand il y a application d'un même schème à des objets différents (par exemple le schème de succion permet de téter le sein, un doigt ou un objet), elle permet ainsi l'élargissement du schème par généralisation ;

— l'assimilation recognitive qui consiste à discriminer les différents objets auxquels a été appliqué un même schème (la succion du sein de sa mère, ou de son doigt, ou de tout autre objet ne produit pas du tout le même effet, l'enfant apprend ainsi à distinguer les objets auxquels s'applique un même schème ;

— l'assimilation réciproque correspond au processus par lequel chaque schème devient capable d'intégrer, d'assimiler le domaine de l'autre : lorsque s'établit chez le bébé la coordination entre la vision et la préhension, elle correspond à la coordination entre les schèmes de vision et de préhension : l'enfant peut alors attraper ce qu'il voit et regarder ce qu'il attrape.

L'assimilation représente donc ce mouvement d'intégration de l'environnement extérieur dans l'individu, mais cette intégration n'est pas toujours possible : les objets ou événements rencontrés ne sont pas toujours directement assimilables par l'organisme qui va devoir se modifier s'il veut réussir à les intégrer : il va y avoir alors accommodation.

• *L'accommodation.* Sur un plan biologique, l'accommodation correspond aux modifications de l'organisme nécessaires à son adaptation dans son milieu : une plante provenant d'un autre pays doit s'adapter au changement climatique et au nouveau terrain dans lequel elle a été plantée. Sur le plan de l'intelligence, c'est la même chose : on dit qu'il y a accommodation lorsque, après assimilation aux schèmes du sujet, l'intelligence modifie ces schèmes pour les ajuster aux données nouvelles. Par exemple, un bébé qui a appris à attraper les petits objets qui se trouvent à sa portée, ne peut dans un premier temps attraper des objets volumineux ou des fluides comme l'eau, car son schème de préhension manuelle n'est pas adapté à ces nouveaux objets : il va devoir se servir simultanément de ses deux mains soit pour enserrer l'objet volumineux, soit pour mettre les mains en creux pour retenir l'eau qui coule. Il modifie ainsi son schème de préhension manuelle par accommodation. Dès que cette accommodation s'est produite, elle va permettre d'autres assimilations, puisque l'enfant est devenu capable d'attraper d'autres catégories d'objets, il augmente alors son champ d'expérience, augmentant simultanément la probabilité de rencontrer des objets différents, non assimilables à ses schèmes existants, qu'il va devoir à nouveau modifier par accommodation.

On voit ainsi combien l'assimilation et l'accommodation sont deux mécanismes complémentaires et indissociables l'un de l'autre. Ce double processus simultané et constant : d'assimilation des données extérieures aux schèmes du sujet, et d'accommodation de ces schèmes à la réalité extérieure fluctuante, est celui qui permet à tout individu de s'adapter à son milieu.

• *L'adaptation ou l'équilibration.* Ce double processus d'assimilation (déterminé par l'individu) et d'accommodation (déterminé par les objets) qui concourt à sa bonne adaptation est à la base de l'activité intelligente de l'individu. Sur un plan biologique, un organisme est dit adapté si les échanges entre cet organisme et son milieu favorisent son fonctionnement : plus les échanges sont intenses et plus l'organisme s'adapte. Sur le plan de l'intelligence, c'est la même chose en ce que les échanges entre l'individu et son milieu (assimilation et accommodation) tendent à favoriser son équilibre dans ce milieu. Cet équilibre n'est jamais vraiment atteint car il s'agit d'échanges incessants d'un individu en développement dans un milieu lui-même changeant, c'est pourquoi Piaget préfère utiliser les termes plus dynamiques d'autorégulation ou d'équilibration plutôt que d'équilibre qui renvoie à un état plus statique. Les rééquilibrations successives basées sur les structures antérieures les dépassent en les intégrant dans une synthèse nouvelle ; c'est ce processus qu'on appelle l'équilibration majorante.

On peut donc définir le développement de l'intelligence comme un processus d'équilibration, une recherche d'équilibres successifs de plus en plus stables et les stades de développement que Piaget décrit correspondent à des paliers, des moments d'équilibration. L'adaptation est inséparable de la fonction d'organisation car c'est en s'adaptant au monde que la pensée s'organise, et c'est en s'organisant qu'elle structure le monde. L'intelligence, qui peut être définie comme une adaptation à des situations nouvelles, une réponse personnelle de l'individu à chaque problème rencontré, correspond donc à une construction continuelle de structures. Pour qu'il y ait développement donc progression, il faut qu'il y ait une certaine régularité dans les expériences du sujet, qui lui permettront de prévoir, d'anticiper les événements, et des perturbations (provoquant un déséquilibre) qui vont entraîner une recherche d'un nouvel équilibre : c'est le processus fondamental d'équilibration majorante, à la base du développement de l'intelligence de l'enfant.

Les stades de développement

Chaque stade se caractérise par une structure d'ensemble, et correspond à un palier d'équilibration. Ils se succèdent dans le même ordre pour tous les enfants, même si l'âge d'accès à chaque stade peut varier un peu par exemple sous l'influence du milieu. L'âge indiqué ici ne doit donc pas être considéré comme une norme absolue, mais seulement comme un point de repère. Par contre, contrairement à ce que pensait Piaget, il est maintenant démontré que le cheminement à l'intérieur d'un stade peut varier selon les enfants. Le passage d'un stade à l'autre est dû à une acquisition importante qui va infléchir le mode de fonctionnement habituel de l'enfant.

• *Le stade sensori-moteur : de la naissance à deux ans.* Comme son nom l'indique, ce stade correspond au développement et à la coordination des capacités sensorielles et motrices du bébé. Il est caractérisé par l'exercice des actions sensori-motrices. L'intelligence qui va se manifester à la fin de la première année est due à la mobilité des schèmes, mais c'est une intelligence qui n'est encore que pratique (liée à l'action). À la fin de la deuxième année, les représentations mentales naissantes vont permettre à l'enfant de manipuler en pensée et non plus seulement en action. Elles vont donc permettre une intériorisation des actions.

• *La période préopératoire de 2 à 7-8 ans.* (Nous gardons ce terme de période car, pour Piaget, un stade se caractérise par une structure d'ensemble, c'est le cas du précédent : le stade sensori-moteur, et du suivant : le stade des opérations concrètes. Nous nous situons donc ici au sein de processus évolutifs importants, mais qui ne présentent pas la structure formelle d'un stade.) Il s'agit ici d'une période préparatoire au stade suivant, mais qui mérite d'être étudiée en elle-même, par l'importance des acquisitions de cette période en particulier celles qui caractérisent la fonction sémiotique ou symbolique. Il y a au cours de cette période intériorisation de l'action. Une intuition pour Piaget est une action intériorisée mais non réversible et qui sert de transition entre les actions sensori-motrices du bébé et les « opérations » de l'enfant plus âgé. L'enfant va se servir de ses représentations mentales pour évoquer les objets ou événements qu'il a rencontrés, même s'ils ne sont pas présents : c'est la fonction symbolique ou sémiotique, où l'enfant apprend à exprimer un signifié à l'aide d'un signifiant (mot, dessin, comportement…). Néanmoins l'enfant reste encore à cet âge prisonnier de son propre point de vue dont il a du mal à imaginer que ce ne soit pas le seul possible.

• *Le stade opératoire concret : de 7-8 ans à 11-12 ans.* La mobilité croissante des structures mentales de l'enfant le conduit à envisager d'autres points de vue que le sien propre. Il devient capable d'opérations mentales, c'est-à-dire d'actions intériorisées et réversibles : l'enfant peut concevoir qu'à chaque action réalisée correspond une action inverse qui permet par exemple de revenir à l'état antérieur. Il devient capable de comprendre qu'une modification d'une propriété de l'objet n'affecte pas simultanément toutes les propriétés possibles de l'objet, et que certaines propriétés invariantes permettent le retour à l'état antérieur. Les opérations mentales se coordonnent en systèmes d'ensemble qui sont des structures (par exemple logico-mathématiques ou infralogiques, cf. chap. 4). Ce qui différencie ce stade du suivant, c'est le fait que les opérations mentales de l'enfant de cet âge portent sur du matériel concret qui sert de base à son raisonnement, qui est donc encore très dépendant du contenu auquel il s'applique.

• *Le stade opératoire formel : de 11-12 ans à 15-16 ans.* Le maniement par l'adolescent des opérations mentales a beaucoup progressé, en particulier parce qu'il devient capable de raisonner, non plus sur un matériel concret comme précédemment, mais sur un matériel plus abstrait, comme des propositions verbales ou des signes algébriques : il devient capable de formalisation, la forme de son raisonnement se dissocie du contenu auquel il s'applique. Il développe ainsi une logique formelle et son raisonnement devient hypothético-déductif (il devient capable de formuler des hypothèses et de les soumettre à vérification).

Ces transformations de la pensée avec l'âge se produisent très progressivement, dans la dialectique incessante des échanges assimilateurs et accommodateurs entre sa pensée et les données de l'expérience, par la succession des phases de déséquilibre et de rééquilibration de sa pensée. On passe donc par des transformations progressives et continues de l'intelligence pratique, sensori-motrice, du bébé à l'intelligence représentative puis opératoire.

LA THÉORIE WALLONIENNE

L'homme et sa méthode

Henri Wallon a fait d'abord des études de philosophie puis des études médicales. Ce changement thématique n'est pas pour lui un changement de direction, mais l'occasion de poser les problèmes philosophiques fondamentaux d'une façon nouvelle, en accord avec les connaissances scientifiques (biologiques en particulier pour ce qui est de l'interprétation des comportements humains). Sa formation médicale ne le conduit pas pour autant à adopter une position organiciste puisque tout au long de ses travaux il affirme l'importance des conduites sociales et de leur influence sur les déterminismes biologiques. Il dit lui-même en 1963 : « L'homme est un être biologique, il est un être social et c'est une seule et même personne. L'objet de la psychologie, c'est de faire connaître l'identité de l'homme sous ses différents aspects. » Il revendique cette continuité entre le biologique et le social qui font l'unicité de l'homme tout au long de ses écrits, ce qui le démarque de ses contemporains car la psychologie, science alors très récente a entraîné un morcellement de son objet d'étude. C'est ainsi qu'il choisit délibérément d'étudier l'homme dans ses rapports dialectiques avec son environnement.

Il est vrai que sa pensée est marquée par le matérialisme dialectique : marxiste convaincu, Wallon est mêlé par ses engagements à certains événements historiques (affaire Dreyfus, l'Espagne républicaine, la libération coloniale…) qui sont pour lui autant d'occasions de réflexion sur l'homme et sa genèse. On peut d'ailleurs penser que ses prises de position politiques ont entravé la diffusion de ses travaux puisque, contrairement à son contemporain Piaget, il est peu connu à l'étranger. Il faut reconnaître aussi qu'il est encore trop mal connu en France, alors que l'ampleur de ses travaux et surtout son souci d'envisager simultanément les différentes composantes de la personnalité auraient dû lui accorder une place beaucoup plus importante dans la psychologie actuelle. Ses engagements politiques en France (il fut opposant au régime de Vichy et résistant, puis participe de façon active à la commission des réformes scolaires : on lui doit le célèbre plan Langevin-Wallon de 1947 qui ne fut jamais appliqué) traduisent aussi son intérêt pour la psychologie de l'enfant et pour l'éducation.

Son intérêt pour l'homme et sa genèse se retrouve dans les observations qu'il pratique, en particulier des enfants au comportement pathologique (sa thèse publiée en 1925 est consacrée à « l'enfant turbulent »). Il réhabilite l'observation, méthode décriée pour sa subjectivité dans le courant positiviste du début du siècle, en préconisant une observation qui se réfère à des normes, car pour lui, une observation ne peut prendre tout son sens que par rapport à un ensemble de faits qui oriente son interprétation. Il insiste sur l'intérêt des comparaisons multiples pour dégager les facteurs causaux du comportement. Pour lui le passage du normal au pathologique n'est pas une rupture, mais une question de degré, et les comportements pathologiques ne sont que l'amplification de caractéristiques du développement normal.

Wallon fonde à Paris en 1922 le Laboratoire de Psychobiologie de l'enfant qui existe toujours. Par le choix de ce terme de psychobiologie de l'enfant, il manifeste son intention de prendre ses distances avec une psychologie qu'il juge trop expérimentale et de marquer son souci d'intégrer simultanément les aspects biologiques et sociaux du comportement dans l'étude du développement de l'enfant. Pour lui, la psychologie qu'on appelle encore génétique, est celle qui étudie le psychisme dans sa formation et ses transformations. Elle peut se pratiquer à l'échelle du monde vivant (la phylogénèse) ou à l'échelle de l'homme (l'ontogénèse). À l'échelle individuelle la psychologie génétique étudie la transformation de l'enfant en adulte, en considérant simultanément la maturation biologique et l'influence du milieu social dans lequel il se développe.

Les concepts de base

- *L'émotion.* Ce concept est central dans toute l'œuvre de Wallon, et en particulier dans la description de l'ontogénèse (le développement de l'être humain). L'émotion est à la jonction du physiologique et du psychique et simultanément un mode de communication essentiellement social. Présente dès la naissance, elle va devenir un mode privilégié de communication à autrui. J. Nadel a joliment défini cette notion centrale dans l'œuvre de Wallon en disant qu'elle est « l'expression d'impression ». Ce qui intéresse Wallon dans l'émotion c'est son caractère social, car elle est à la fois physiologique (manifestations apparentes et motrices de cet état) et mode de relation à autrui. C'est aussi son caractère contradictoire ou paradoxal (elle est visible du dehors et ressentie du dedans) qui fait qu'elle se situe entre la pensée (c'est une condition d'apparition des représentations et du langage) et l'acte (ou le mouvement), entre lesquels elle peut se constituer en pivot.

• *Le mouvement.* La notion de mouvement est sous-jacente à celle de l'émotion : le mouvement est la seule façon pour le nouveau-né de témoigner de sa vie psychique. Les premiers mouvements du bébé, mode premier d'action sur l'entourage, acquièrent très vite une valeur expressive (qui leur est conférée par l'entourage). On peut donc dire qu'ils sont avant tout un mode d'extériorisation de l'émotion, et donc déjà tournés vers autrui. Or, les premières émotions, liée à l'expression motrice, sont en elles-même déjà un langage. Les mouvements, intégrés dans des postures, sont donc à la fois, action (aspect cinétique, ou clonique) et expression (aspect tonique) (cf. encadré p. 83).

• *L'imitation.* C'est un autre concept important pour comprendre la pensée de Wallon. L'imitation est mouvement, mais un mouvement qui ne serait pas vraiment tourné vers autrui, mais pour soi, accommodation aux attitudes d'autrui. Elle est en elle-même une activité posturale. Les premières conduites imitatives, de type sensori-motrice, (en présence du modèle) seraient plutôt mouvements en écho, contagion motrice, mimétisme. La véritable imitation pour Wallon n'est pas cette première forme, mais celle qui est différée (dans le temps), car elle est symbolique et donc représentative et ainsi, par cette transition de l'acte (postures) à la pensée (représentations), elle marque le passage entre deux formes d'intelligence que Wallon a définies : l'intelligence des situations (pratique, relative aux actions de l'enfant) et l'intelligence représentative.

• *L'évolution dialectique de la personnalité : les lois de développement.* Pour Wallon, la personnalité se construit de façon dialectique à travers les changements. En effet, le développement n'est pas continu, mais discontinu : c'est une succession de changements qui sont expliqués par des lois de développement. Au cours de cette construction, se réalise l'intégration des différents aspects de la personnalité qui rend compte de l'unité dynamique de l'ensemble du développement de la personnalité, d'une unité solidaire, tant à l'intérieur de chaque phase, qu'entre les différentes phases (c'est la loi d'intégration fonctionnelle). À certains moments prédomine une fonction (loi de prédominance) ; par exemple la prédominance alternée de l'affectivité et de l'intelligence. Les rapports de prédominance de chaque fonction alternent à chaque étape de la vie en imprimant un caractère cyclique, mais solidaire, à l'ensemble du développement (loi d'alternance fonctionnelle). Chaque stade de développement doit donc rendre compte des rapports alternés et conflictuels entre affectivité et intelligence, de la même façon qu'il rend compte de l'évolution des rapports de l'enfant et de son milieu.

Les stades de développement

Chaque niveau de développement est caractérisé par un stade possédant une structure qui rend compte de l'organisation des différents comportements, unifiés par la fonction prédominante du moment. Comme la progression ne se fait pas de façon continue, mais par les conflits et les contradictions, les stades ne sont pas vraiment homogènes et les chevauchements entre les stades rendent compte des alternances des rapports de prépondérance entre les différentes fonctions. Ces chevauchements entre stades contribuent à la continuité dans le développement entre des moments marqués par leurs orientations différentes. Selon le moment de développement où il se trouve, l'enfant a tendance à se tourner vers le monde extérieur : c'est un stade centrifuge (la construction de l'intelligence prédomine la construction personnelle), ou au contraire il a tendance à se centrer sur lui-même (la construction de la personne devient prédominante par rapport à l'évolution intellectuelle) : stade centripète. Les stades à dominance centripète et centrifuge se succèdent alternativement. Cette succession de stades opposés permet d'envisager l'évolution de l'enfant simultanément sous l'angle de la construction de la personne et sous celui de la connaissance du monde extérieur, ces deux points de vue s'intégrant dans la personnalité.

On peut décrire deux grands cycles dans ce développement en spirale de la personne. Chaque cycle comprend un moment global syncrétique (avec prédominance de l'affectivité), un moment différenciateur (avec prédominance de l'intelligence) et un moment intégrateur de la personne. Ces deux grands cycles correspondent à : 1) la construction de la personne (les trois premières années) et 2) l'achèvement de la personne (entre 6 ans et l'adolescence). À la charnière de ces deux cycles se trouve le stade du personnalisme (entre 3 et 6 ans), moment important d'expression de la personnalité individuelle.

• *La construction de la personne* : Après la description d'un stade intra-utérin, qui mérite d'être évoquée car elle est très novatrice, Wallon, décrit dans les trois premières années de la vie une succession de :

– stades marqués par la fusion émotionnelle (période centripète : prédominance de l'affectivité sur l'intelligence) : les *stades d'impulsivité motrice* jusqu'à 6 mois, et *émotionnel* (à partir de 3 mois jusqu'à 12 mois), puis

– stades témoignant de l'exploration du monde objectif (période centrifuge : prédominance de l'intelligence sur l'affectivité) avec les *stades* : *sensori-moteur* (entre 1 et 2 ans) et *projectif* (entre 2 et 3 ans), marqués par les progrès moteurs et de manipulation puis par les conduites imitatives préludes à l'intelligence discursive.

• *Le stade du personnalisme* à dominance centripète apparaît après que la différenciation moi/autrui ait été réalisée. Il voit se succéder les périodes d'opposition (3 à 4 ans), de grâce (4 à 5 ans) et d'imitation (5 à 6 ans).

• *L'achèvement de la personne*. Les années suivantes sont marquées par une nette tendance centrifuge à l'origine de *la pensée catégorielle*. La période précatégorielle de 6 à 9 ans est marquée par le syncrétisme (appréciation globale et indifférenciée des choses, il y a donc impossibilité de distinguer ce qui est important de ce qui ne l'est pas) et précède la période catégorielle (de 9 à 11 ans) où l'enfant excelle dans les comparaisons et progresse en raisonnement logique. À cette période capitale pour la construction de son intelligence succède *le stade de la puberté et de l'adolescence*, période centripète par excellence, où l'affectivité marque de nouveau le pas sur l'intelligence.

LA THÉORIE FREUDIENNE

L'homme et sa méthode

Des études médicales effectuées à Vienne l'orientent très tôt vers la neurologie et la psychiatrie. Un séjour en France lui donne l'occasion de suivre les cours de Charcot et d'approfondir ses connaissances sur l'hypnose. Cette technique ne le satisfaisant pas suffisamment, il est conduit (sous l'influence de certains de ses patients) à utiliser l'association libre qui consiste à laisser le patient parler sans l'interrompre. À la même époque Freud entreprit sa propre analyse à partir de l'analyse de ses rêves. La découverte du rôle de l'inconscient dans nos pensées et nos comportements a un grand retentissement. Son influence s'étend et il se trouve tout naturellement à la tête du mouvement naissant de la psychanalyse. Durant toute sa vie (il est mort à 83 ans à Londres où il s'était réfugié en 1938 pour éviter la persécution nazie), Freud ne s'est pas contenté d'écouter ses malades et d'interpréter leurs paroles ou leurs actes : il a développé toute une réflexion théorique sur le psychisme humain et son développement et a cherché à vérifier sa théorie de la sexualité infantile. Les patients de Freud étaient essentiellement des adultes et non des enfants. Cependant, l'analyse de quelques cas d'enfants, qui provenaient d'un recueil indirect des faits (comme celui du Petit Hans relaté par son père), et l'observation de quelques enfants non soumis à la cure psychanalytique (il a eu lui-même cinq enfants) ont contribué à sa démarche de vérification de sa théorie du développement psychique. Le matériau central de sa théorie lui est fourni par le récit de ses patients adultes qui racontent leur enfance. Il s'agit donc d'une reconstruction de ce qui a été vécu pendant l'enfance à partir du témoignage d'adultes soumis à la cure psychanalytique. Pour Freud, tous les événements vécus dans l'enfance, dont on n'a plus forcément le souvenir car ils ont été refoulés dans l'inconscient (amnésie infantile), déterminent le fonctionnement psychique de l'adulte.

La représentation théorique qu'il élabore des phénomènes psychiques constitue ce qu'il appelle la métapsychologie (ou discours sur la psychologie). Elle est constituée de l'ensemble des modèles conceptuels susceptibles d'éclairer la compréhension des phénomènes psychiques qui correspondent à trois points de vue différents :

— Le point de vue dynamique qui accorde une place centrale à la notion de conflit (soit entre l'individu et son milieu, soit à l'intérieur de l'individu entre des forces ou des désirs opposés). Freud considère que les phénomènes psychiques résultent d'un rapport de force entre désirs opposés ou contradictoires qui génèrent des conflits pulsionnels ou entre les instances. Ce point de vue s'attache donc à une description qualitative des forces en présence.

— Le point de vue économique est centré sur l'énergie psychique : son lieu d'investissement et sa répartition. C'est surtout l'aspect quantitatif qui est ici évalué, à travers les forces en présence.

— Le point de vue topique est basé sur une représentation structurale de l'appareil psychique considéré comme un système caractérisé par des propriétés et un fonctionnement spécifique. Freud a élaboré deux topiques successives : la première distingue l'Inconscient, le Préconscient et le Conscient. Elle lui est rapidement apparue insuffisante et a cédé la place à la seconde topique qui distingue trois instances de la personnalité : le Ça, le Moi et le Surmoi.

Le Ça est la moins accessible des instances psychiques, il est le siège des pulsions et des désirs refoulés et est en quelque sorte le réservoir de l'énergie psychique (affrontement des pulsions de vie et de mort). Il est régi par le principe de plaisir.

Le Moi résulte d'une différenciation progressive du Ça au contact de la réalité, il est simultanément le siège de la conscience mais aussi de manifestations inconscientes (mécanismes de défense). Il est régi par le principe de réalité.

Le Surmoi, différenciation du Moi, se forme par intériorisation de l'Idéal du Moi (modèle idéalisé du Moi, ex : tu dois faire…) et des interdits parentaux et sociaux (ex : tu ne dois pas faire…) et est donc à l'origine de la conscience morale.

Les concepts de base

Nous ne développerons ici que deux concepts indispensables à la compréhension de l'évolution de la personnalité : les pulsions et la libido. Cette présentation schématique ne fera pas oublier d'autres concepts tout aussi centraux qui sont autant de clefs pour avancer dans l'importante œuvre de Freud (Cf. Laplanche et Pontalis, 1967).

• *Le concept de pulsion.* Ce concept est tout à fait central dans la théorie psychanalytique puisqu'il est le moteur de toute l'activité psychique. La pulsion est en quelque sorte une poussée énergétique et motrice qui fait tendre l'organisme vers un but. Chaque pulsion peut se caractériser par : son but (la satisfaction engendrée par l'apaisement de la tension), sa source (qui est à la fois le lieu où elle se manifeste et l'énergie qui s'y trouve), son objet (qui va la satisfaire). Si les pulsions qui régissent le comportement des êtres humains sont comparables d'un individu à l'autre, en revanche les objets qui permettent la satisfaction des pulsions sont beaucoup plus variables et individuels.

Ce qui agit au niveau du psychisme, n'est cependant pas la pulsion elle-même, mais son représentant, composé à la fois de la représentation pulsionnelle et de l'affect pulsionnel (c'est-à-dire l'état émotionnel qui accompagne la représentation pulsionnelle).

Différents types de pulsions ont été décrits par Freud, le plus souvent en opposition, puisque c'est de cette opposition que naît le conflit psychique. Il arrive aussi que des pulsions prennent appui l'une sur l'autre (l'étayage). Plusieurs théories pulsionnelles ont été successivement élaborées. La première opposition concerne les pulsions sexuelles et les pulsions de conservation du Moi, puis Freud oppose les pulsions de vie aux pulsions de mort. Les pulsions de vie intègrent les pulsions sexuelles et les pulsions d'autoconservation, alors que les pulsions de mort correspondent aux pulsions agressives et d'autodestruction. Ces deux types de pulsions s'affrontent constamment, les pulsions de vie essayant de neutraliser les pulsions de mort.

• *La libido.* Elle représente l'énergie dérivée des pulsions sexuelles qui va se répartir différemment au fur et à mesure du développement de l'enfant. C'est pourquoi Freud parle de développement libidinal. La libido s'investit à la fois dans le sujet lui-même (narcissisme), soit dans des objets. Ces objets de l'investissement pulsionnel peuvent être une personne, le sujet lui-même ou une chose. Précisons tout de suite que la sexualité de l'enfant dont parle Freud, n'est pas la sexualité génitale de l'adulte : ce concept est pris dans le sens large du plaisir associé à la satisfaction des pulsions : le bébé qui satisfait sa faim en tétant éprouve un plaisir oral associé à la satisfaction libidinale de ce besoin. La source des pulsions est essentiellement corporelle et la maturation du corps détermine la maturation des pulsions. Le développement pulsionnel est ainsi étroitement associé à la succession des zones érogènes (celles qui provoquent un plaisir libidinal) au cours du développement de l'enfant.

Les stades de développement libidinal

Ils caractérisent, chacun, un mode de fonctionnement psychique particulier, ce sont donc plutôt des périodes que des stades clairement délimités. Le fonctionnement psychique étant déterminé par l'investissement pulsionnel, c'est le lieu (la source de la pulsion) et l'objet d'investissement des pulsions qui vont être déterminants : les pulsions sexuelles de l'enfant ne seront génitales qu'avec l'avènement pubertaire.

Freud distingue donc deux périodes essentielles : *la période prégénitale* dès le début de la vie avec la succession des zones érogènes prédominantes (orale, anale, phallique ou urétrale), et *la période génitale* proprement dite qui commence à l'adolescence. Entre les deux s'étend une *période de latence* (en gros entre 6 et 12 ans) au cours de laquelle les pulsions changent de but en se tournant vers des objectifs plus socialisés, rendant l'enfant plus disponible pour des apprentissages de type pédagogique. L'avènement de cette période correspond à un refoulement important (rejet dans l'inconscient de représentations jugées inacceptables par le Moi de l'enfant).

Les étapes du développement se succèdent de façon très progressive, en laissant des traces à partir desquelles des points de fixation sont susceptibles de se cristalliser et de donner lieu par la suite à des régressions. Leur connaissance est donc indispensable à la compréhension de la pathologie adulte.

3. LES MÉTHODES D'ÉTUDE DE L'ENFANT ET DE SON DÉVELOPPEMENT

Les psychologues ont à leur disposition plusieurs méthodes, parmi lesquelles ils peuvent choisir celle qui correspond le mieux à l'objectif de leur recherche : observation ou expérimentation, répétées ou non dans le temps (cf. Tourrette, 1989, pour une comparaison de ces méthodes). Rappelons qu'ils doivent respecter un code déontologique garantissant le respect des personnes qui sont sujets/objets de leurs études.

L'OBSERVATION BIOGRAPHIQUE ET NORMATIVE

La première méthode qui a été utilisée pour étudier les enfants et leur développement a été l'observation, dès la fin du XVIIIe siècle. En effet, l'introspection qui prévalait à cette époque n'était pas utilisable avec les jeunes enfants, il fallait donc changer de méthode et c'est tout naturellement que les chercheurs se sont tournés vers l'observation des enfants. Comme l'observation continue des enfants exigeait une grande disponibilité, les chercheurs se sont tournés vers leurs propres enfants (observations biographiques). Cependant, l'évolution scientifique a conduit à rejeter de telles observations particulières considérées comme trop subjectives pour satisfaire aux exigences scientifiques et à se tourner vers des observations d'un grand nombre d'enfants de même âge dans des conditions définies permettant d'accéder à des lois générales de développement : ce sont les observations normatives, c'est-à-dire qui peuvent fournir des normes ou points de repère dans le développement, comme celles que Gesell établira.

Cette évolution vers une plus grande objectivité des observations n'a pas empêché les parents psychologues de continuer à consigner leurs observations biographiques au jour le jour : c'est l'observation fine et continue de ses trois enfants qui a fourni à Piaget les matériaux de base pour l'élaboration de sa théorie du développement. Par ailleurs, l'étude du développement du langage doit beaucoup aux recueils biographiques des premières productions verbales des enfants. L'intérêt essentiel de cette méthode réside donc dans la richesse quantitative et qualitative des faits rapportés imputable à la fréquence et à la durée du suivi des enfants, ainsi qu'à la permanence et la disponibilité des parents-observateurs. L'évolution récente des techniques d'enregistrement apporte à ces recueils des possibilités de répétition des observations qui contribuent à leur scientificité.

L'OBSERVATION VIDÉO DES INTERACTIONS MÈRE-ENFANT : UNE TECHNIQUE PROMETTEUSE

On peut définir l'observation de façon élémentaire comme un regard porté sur un comportement ou une situation sans introduire une variation dont on pourrait observer les effets, en l'opposant ainsi à l'expérimentation qui correspond à l'introduction délibérée de variables. Cependant on peut considérer sous cet angle que l'observation n'est qu'un moment de la démarche expérimentale. Le risque de subjectivité dans le regard de l'observateur étant très grand, des techniques d'observation ont été développées dans un but de recueillir des données plus objectives, donc plus scientifiques. On a développé par exemple l'observation armée, c'est-à-dire dans des situations standardisées (comme les tests) puis, sous l'influence des méthodes éthologiques (étude des comportements animaux), la systématisation des grilles d'observation permettant de repérer la fréquence et la succession d'événements catégorisés au préalable, s'est généralisée. Le papier et le crayon, outils de prédilection du psychologue, ont été sinon remplacés, du moins complétés par l'adjonction de techniques supplémentaires comme les enregistrements de tracés électrophysiologiques divers, les enregistrements magnétophoniques et vidéoscopiques. Ces enregistrements permettent de revenir à loisir sur les événements passés et de les quantifier (amplitude, fréquence, durée, etc.), grâce en particulier au couplage vidéo-ordinateur qui limite au maximum les erreurs ou les imprécisions dans le traitement des données. Ce progrès technique a entraîné un développement important des recherches impliquant l'observation. C'est le cas de l'observation des interactions entre mère et bébé qui a pris ces dernières années un essor important, d'abord dans le domaine clinique puis dans le cadre de recherches plus fondamentales. Les interventions cliniques dans le cadre de perturbation éventuelle des relations entre la mère et l'enfant se font maintenant sur la base d'enregistrements vidéo, analysés par les thérapeutes avec les parents : on peut ainsi porter l'attention sur le comportement de chaque membre de la dyade ou sur leur « accordage », sur la synchronisation ou la succession de leurs comportements (Lebovici, Mazet, Visier, 1989). De nombreux protocoles de recherche plus fondamentale incluent actuellement des moments d'observation avec enregistrement vidéo qui permet d'analyser plus finement certains comportements ou la mise en place de processus marquants dans le développement des capacités, comme par exemple l'émergence des capacités d'attention conjointe préalables à l'apparition du langage chez l'enfant. L'attention conjointe est une attention simultanée portée sur un même objet par deux personnes ayant conscience de partager le même centre d'intérêt. Seule l'analyse simultanée des regards des deux partenaires permet de dire si de tels épisodes sont présents et quelle en est la durée et la fréquence. On peut trouver actuellement beaucoup d'exemples de recherches cliniques ou fondamentales qui tirent un grand profit de ces progrès techniques qui ne restent cependant que des auxiliaires du chercheur qui, seul, pose les questions et éprouve ses hypothèses.

Les observations normatives qui se sont développées grâce aux techniques d'enregistrement permettant la compilation de données, obtenues dans des conditions bien définies pour qu'elles soient comparables, ont permis de décrire avec précision les activités caractéristiques de chaque tranche d'âge et d'appréhender leur évolution. Un des objectifs de ces compilations d'observations était de fournir des normes permettant de situer un enfant par rapport aux enfants de même âge et de dépister ainsi l'anormalité. Ce sont elles qui sont à l'origine des tests (cf. chap. 6).

L'EXPÉRIMENTATION

Elle consiste à créer une situation bien définie et contrôlée par le chercheur et à introduire une variation (variable indépendante) dans le but d'observer les conséquences de cette variation sur un comportement (variable dépendante). Elle s'inscrit dans une démarche expérimentale, qui en plusieurs étapes va passer de l'hypothèse du chercheur à sa vérification : le chercheur intéressé par un problème commence par lire toutes les publications scientifiques en rapport avec ce problème. Sur la base de ces connaissances, il va formuler une ou des hypothèses et prévoir un plan d'expérience lui permettant de la mettre à l'épreuve. Il analysera ensuite les données expérimentales qu'il a recueillies et regardera si les faits observés sont compatibles ou non avec son hypothèse.

En psychologie du développement, la principale variable indépendante manipulée est l'âge des enfants, qui peut se combiner avec d'autres variables indépendantes, qui se présentent de façon emboîtées dans le plan expérimental.

Plan longitudinal ou transversal ?

Les recherches peuvent être mises en œuvre de façon transversale : dans ce cas, les sujets de l'observation ou de l'expérimentation qui ont tous le même âge au moment du recueil constituent un groupe d'âge ; différents groupes d'âge peuvent être constitués dans le but de comparer leurs performances.

Elles peuvent l'être aussi de façon longitudinale : dans ce cas, les sujets sont évalués de façon répétée à différents moments, on peut ainsi suivre leur progression. Il faut noter que l'allongement de la durée d'une recherche s'accompagne généralement d'un risque de perte de sujets qui ne reviennent pas aux séances suivantes (cette « mortalité expérimentale » est généralement biaisée par l'origine culturelle des sujets), et la répétabilité de la situation induit des effets d'apprentissage susceptibles de modifier les performances des sujets. Enfin, les enfants évoluant avec le temps, on est obligé de modifier les situations et les outils évaluation en encourant le risque de ne plus mesurer tout à fait la même chose.

Si ces deux façons de procéder n'apportent pas les mêmes informations, elles sont plus complémentaires que concurrentes et peuvent même être combinées pour en limiter les inconvénients et en cumuler les avantages : la combinaison de ces deux méthodes permet de réduire la durée du suivi des enfants au cours de leur développement. Par exemple, en prenant quatre groupes d'enfants ayant un an de différence et suivis tous les ans, au bout de quatre ans, on aura un aperçu sur les huit années couvertes par les quatre groupes et on pourra en même temps comparer les deux groupes : le plus jeune et le plus âgé au moment où ils avaient le même âge.

La validité écologique des recherches

Choisir des sujets, des variables, un lieu d'observation ou d'expérimentation est un moment important de la recherche. La validité des résultats qui en résulteront est étroitement liée à ces choix. En effet, une recherche présente d'autant plus d'intérêt que les résultats obtenus sont généralisables à l'ensemble de la population dont est issu l'échantillon (dite population parente) et mettent en jeu les processus utilisés habituellement par le sujet dans des situations analogues. Un certain nombre de chercheurs insistent sur l'intérêt de mettre en place un dispositif écologique pour l'étude du développement. Il consiste à placer l'enfant dans des conditions très proches de celles dans lesquelles il se trouve habituellement et exprime ainsi leur souci de ne pas considérer l'enfant indépendamment de l'environnement dans lequel il se développe. Dans cette optique, étudier le développement ne consiste pas à rechercher dans l'environnement les facteurs susceptibles de l'influencer, mais de repérer les sources d'influence réciproque, bi-directionnelle, entre l'enfant et son environnement et à analyser leurs relations fonctionnelles. Le choix des situations proposées, de l'endroit où sont observés les sujets, des comportements à mettre en œuvre, découle naturellement de cette option écologique. Une telle orientation n'est pas exclusive d'une démarche expérimentale plus traditionnelle avec des variables plus objectivement mesurables et contrôlées en laboratoire. Une orientation différentielle des recherches (dont le but est l'étude des différences entre les individus) devrait être particulièrement sensible à ces choix écologiques (cf. Tourrette, 1991).

Des techniques de recherche

Nous avons souligné l'apport des nouvelles techniques d'enregistrement audiovisuelles dans le recueil des données en psychologie du développement, en particulier en ce qui concerne les bébés, auxquelles s'ajoutent les techniques informatiques pour l'enregistrement, le codage, le traitement des données et même le pilotage de l'expérimentation. C'est ainsi qu'on a mis au point la technique d'habituation/réaction à la nouveauté qui permet par exemple de mesurer l'évolution du temps de fixation visuelle d'un objet-cible par un bébé au cours des essais. La courbe est généralement d'allure décroissante : le bébé regarde de moins en moins la cible (il y a habituation du bébé au stimulus), puis remonte brutalement lorsqu'on change d'objet-cible : le bébé regarde nettement plus longtemps (c'est la réaction à la nouveauté). L'ensemble du paradigme (dispositif) expérimental est maintenant piloté par ordinateur, y compris le nombre des essais nécessaires à chaque bébé pour atteindre le critère d'habituation défini au préalable par le chercheur. C'est essentiellement dans le champ du développement précoce que les progrès ont été les plus spectaculaires, contredisant des faits considérés comme acquis, eιt remettant en cause des théories. On peut trouver des descriptions des méthodes d'étude du bébé dans Pêcheux et Lécuyer (in Rossi, 1989) et dans Baudonnière (1985). Il reste que ces progrès techniques et méthodologiques risquent d'abaisser la vigilance et l'esprit critique des chercheurs. En effet, les conditions d'expérimentation avec les bébés sont très particulières, surtout en raison de l'impossibilité d'utiliser le langage (autant pour les consignes des chercheurs que pour les réponses des bébés) et de la limitation de leur répertoire comportemental qui oblige à faire une étude indirecte de certains processus, en utilisant des comportements en apparence fort éloignés des processus ciblés (on utilise par exemple la succion non-nutritive, c'est-à-dire succion d'une tétine vide reliée à un appareil enregistreur de pressions, pour étudier la perception de la parole). Le chercheur est amené à faire des inférences à partir des faits constatés et les interprétations semblent parfois aller un peu au-delà de ce qu'autorise la rigueur scientifique.

Baudonnière P.M. 1985. *Les Méthodes d'étude de la prime enfance*, in P.M. Baudonnière (éd) Étudier l'enfant de 0 à 3 ans. Paris, éd CNRS.

Bideaud J., Houdé O. et Pédinielli J.-L. 1993. *L'Homme en développement*. Paris, PUF.

Brusset B. 1992. *Le Développement libidinal*, Paris, PUF (Que sais-je).

Dolle J.-M. 1974. *Pour comprendre Piaget*. Toulouse, Privat.

Freud S. 1987 (rééd). *Trois Essais sur la théorie de la sexualité*. Paris, Gallimard.

Laplanche J. et Pontalis J.-B. 1967. *Vocabulaire de la psychanalyse*. Paris, PUF.

Mannoni O. 1968. *Freud*. Paris, Seuil.

Parot F. et Richelle M. 1992. *Introduction à la psychologie : histoire et méthodes*. Paris, PUF.

Parot F. et Richelle M. 1992. *Psychologues de langue française : autobiographies*. Paris, PUF.

Piaget J. et Inhelder B. 1968. *La Psychologie de l'enfant*. Paris, PUF (Que sais-je).

Reuchlin M. 1969. *Les Méthodes en psychologie*. Paris, PUF (Que sais-je).

Reuchlin M. 1974 (rééd). *Histoire de la psychologie*. Paris, PUF (Que sais-je).

Reuchlin M. 1992. *Introduction à la recherche en psychologie*. Paris, Nathan.

Rossi J.-P. (et coll) 1989. *La Méthode expérimentale en psychologie*. Paris, Dunod. En particulier les chapitres 4 (Pêcheux M.G. et Lécuyer R. *Les méthodes d'étude du nourrisson*) et 5 (Tourrette C. *La méthode longitudinale en psychologie développementale*).

Wallon H. 1974 (rééd). *L'Évolution psychologique de l'enfant*. Colin.

2 *Vie prénatale et naissance*

POINTS DE REPÈRE…

Sans entrer dans le détail de l'embryologie, le rappel de quelques faits simples permettent de mieux comprendre le développement des capacités sensorielles et motrices de l'enfant avant sa naissance. La vie prénatale se déroule au cours de deux périodes bien distinctes : la période embryonnaire : de la conception à 80 jours, on parle alors de l'embryon; la période fœtale: de 80 jours jusqu'à sa naissance (à environ 280 jours), on parle alors de fœtus.

L'embryon

À partir de la fécondation, les 20 premiers jours, qui constituent la période préembryonnaire, correspondent à la nidation de l'œuf, au clivage et à la segmentation, puis à la mise en place des trois feuillets embryonnaires qui sont à l'origine des différents constituants du corps humain :

— L'ectoblaste va générer tous les organes qui mettent l'individu en contact avec le monde extérieur à partir d'une part du neuroblaste qui est à l'origine du système nerveux, central et périphérique, et d'autre part de l'épiblaste qui est à l'origine de l'enveloppe corporelle du bébé (les différents épithélium : peau, cheveux, poils, ongles… et les corpuscules qui permettent la sensibilité cutanée).

— L'endoblaste est à l'origine des organes internes : système digestif, et respiratoire et de certaines glandes endocrines.

— Le mésoblaste s'intercale entre l'ectoblaste et l'endoblaste et produit les tissus de remplissage et de soutien : le squelette, les muscles, le système circulatoire, l'appareil reproducteur…

La période qui suit est la période embryonnaire proprement dite qui va de 20 à 80 jours environ. C'est pendant ces deux mois que vont apparaître les formes définitives du corps et des organes. Le processus de neurulation est celui qui correspond à la construction de l'axe cérébro-spinal : le cerveau avec ses différents vésicules et la moelle épinière. Il faut noter également que l'œil (la rétine et le nerf optique) est généré lui aussi par l'ectoblaste et que le développement de cet organe essentiel est étroitement associé à celui du système nerveux.

De façon résumée, on peut dire qu'à 4 semaines de vie (au moment où la femme peut prendre conscience de sa grossesse), le cerveau a déjà 3 vésicules, que le cœur bat, et qu'il y a déjà une ébauche de la rétine, des vaisseaux sanguins et des membres. Entre 5 et 7 semaines, les 5 vésicules du cerveau sont présents, la moelle épinière s'organise et les cavités cardiaques apparaissent, l'œil et le nerf optique sont formés, la différenciation sexuelle apparaît. À 8 semaines de vie, l'embryon humain (qui mesure environ 9 cm et pèse 20 g) possède déjà toutes les caractéristiques de l'être humain (on peut distinguer sa tête, ses organes sensoriels, et même ses doigts et ses orteils !). Il apparaît nettement différent d'un embryon de singe supérieur.

À la fin de cette période, on considère que l'organogenèse (la mise en place des organes) et la morphogenèse (les formes du corps) sont achevées. Ensuite se poursuivent la différenciation des tissus et l'affinement des organes en vue d'une meilleure adaptation à leurs fonctions ultérieures. Au cours de la période fœtale, les différents organes sensoriels vont entrer progressivement en fonction, la règle générale de développement étant que la forme précède toujours la fonction. C'est bien sûr aussi au cours de cette nouvelle période que se produit l'essentiel de la croissance en poids et en taille.

Le fœtus

Les organes étant constitués, ils ont besoin pour fonctionner d'une connexion avec le système nerveux. C'est au début de cette période qu'est constitué le stock de neurones que l'enfant, puis l'adulte, utilisera. Vont alors se développer fortement d'une part les cellules gliales qui vont se multiplier jusqu'à la naissance pour apporter de l'énergie aux neurones, et d'autre part les arborisations des neurones, les axones et les dendrites permettant les jonctions synaptiques, qui constituent les axes de circulation de l'influx nerveux. S'il semble maintenant démontré que l'influx nerveux peut circuler dans une fibre non myélinisée (la myéline est une substance qui entoure les fibres nerveuses), on sait que la conduction est beaucoup plus rapide dans une fibre myélinisée. L'entrée en fonctionnement des différents organes sensoriels se fera progressivement en fonction du déroulement du processus de myélinisation des fibres nerveuses qui est un processus continu à partir de la 12e semaine de vie intra-utérine et qui se poursuivra bien après la naissance. Il faut également savoir que la myélinisation des voies sous-corticales (permettant des réactions réflexes) se fait plus rapidement que celle des voies corticales (ce qui retarde l'apparition des mouvements volontaires chez le bébé).

À 4 mois de vie intra-utérine, le fœtus mesure environ 20 cm et pèse 200 g. Son système nerveux étant constitué, l'activité neuromusculaire peut se manifester (puisque ce sont les nerfs qui commandent les muscles) et les premiers mouvements brusques du fœtus se produisent et peuvent être ressentis par sa mère (avant, seules, des contractions anarchiques autogènes visibles par exemple à l'échographie, se produisent de façon spontanée). La mise en service de ses organes sensoriels va se faire progressivement en fonction de leur ordre d'achèvement et de la progression de la myélinisation, c'est-à-dire (dans l'ordre) : sensibilité cutanée (tactile, à la chaleur et à la douleur), proprioceptive, vestibulaire, gustative, olfactive, auditive, et enfin visuelle.

À 6 mois, le fœtus mesure 37 cm et pèse un peu plus d'un kilogramme. À cet âge, une naissance prématurée prise en charge par un service médical compétent ne compromet pas systématiquement sa vie, mais il est encore loin d'avoir acquis tous les éléments nécessaires à une survie sans problème. Ses organes sensoriels fonctionnent de façon élémentaire. Ses poumons ne présentent pas toujours un degré de maturation suffisant pour lui assurer une autonomie respiratoire (c'est-à-dire assurer les échanges gazeux), et il va lui falloir encore grandir : en taille mais surtout en poids, pour devenir un beau bébé. À terme, 41 semaines, un bébé pèse environ 3,2 kg et mesure environ 50 cm.

LE COMPORTEMENT DU FŒTUS : QUE FAIT-IL, QUE SENT-IL ?

La précocité de la maturation organique et nerveuse de certains organes sensoriels, comme l'œil et l'organe de l'audition (la cochlée dans l'oreille interne), laisse penser que le fœtus peut s'en servir, c'est-à-dire percevoir certaines stimulations : qu'en est-il ? Deux ouvrages en français présentent une synthèse des connaissances sur ce thème : l'un est destiné à tous publics : Herbinet et Busnel, 1981, et l'autre, plus récent mais nettement plus technique, est dirigé par Pouthas et Jouen, 1993.

L'audition prénatale

Deux questions peuvent être posées : le fœtus entend-il (et comment le sait-on) et, si oui, qu'entend-il ?

• *Le fœtus entend-il* ? Compte tenu de ce que nous savons de l'achèvement des organes sensoriels et de la maturation des voies nerveuses du fœtus, on peut raisonnablement penser qu'à 6 mois de vie intra-utérine, le fœtus peut entendre, mais comment vérifier cette hypothèse ? À cet âge, deux possibilités de vérification s'offrent aux scientifiques : 1) observer l'enfant né prématurément à 6 mois de grossesse et 2) observer le comportement du fœtus dans l'utérus maternel.

Ces deux types d'observation ne sont pas équivalents en particulier quant aux conditions environnementales d'écoute : non seulement les sons pour parvenir au fœtus doivent franchir tous les tissus maternels (peau, muscles, paroi utérine…), mais encore il est immergé dans le liquide amniotique et a des mucosités dans l'oreille. On conçoit donc qu'il ne se trouve pas dans un environnement propice à la transmission des sons. En revanche l'enfant de même âge gestationnel (durée de vie intra-utérine) né de façon prématurée se trouve à l'air libre et les sons qui lui parviennent peuvent normalement se propager par la voie aérienne. L'observation des réactions physiologiques (modifications électroencéphalographiques ou du rythme cardiaque par exemple) ou comportementales (réaction de sursaut ou orientation vers la source sonore) d'un enfant prématuré aux bruits environnants (bruits soudains, voix humaine…) permet d'affirmer qu'un bébé de cet âge peut entendre, mais entend-il vraiment comme nous ? L'inférence que l'on voudrait faire à partir de ces observations de prématurés aux fœtus de même âge gestationnel mais encore dans le ventre maternel, n'est malheureusement pas possible : soit parce que l'enfant né prématurément peut être en état de souffrance (et donc peu disponible pour entendre ce qui se passe autour de lui), soit, quand il peut bien entendre, parce que ses capacités auditives se développent très rapidement sous l'effet des stimulations sonores environnantes.

Si, en théorie, c'est-à-dire compte tenu de nos connaissances en ce qui concerne la maturation sensorielle et nerveuse des fœtus, des sons peuvent provoquer une excitation des organes de l'audition et une transmission de l'influx nerveux au cerveau, on ne peut vraiment savoir si le cerveau du fœtus lui permet de traiter cette information et de l'intégrer, sauf si le bébé montre par son comportement qu'il reconnaît un son déjà entendu parmi d'autres sons.

Puisque l'observation d'un bébé né à six mois de grossesse montre qu'il réagit aux sons, on peut en conclure qu'il est capable d'entendre, mais il est plus difficile de savoir si le fœtus dans le ventre de sa mère entend et ce qu'il entend. Pour cela, 1) on a utilisé la capacité du fœtus à apprendre, par exemple par conditionnement : si on associe de façon répétée une séquence musicale à des mouvements spontanés du fœtus (par exemple quand sa mère s'allonge), on constate qu'ensuite, quand on produit cette séquence musicale, le bébé se met à bouger dans le ventre de sa mère, quelle que soit la position de celle-ci. Mais il faut s'assurer que c'est bien cette séquence musicale qui déclenche les mouvements du bébé, et d'une façon générale que ces observations ne sont pas dues au hasard. 2) On a aussi recherché si les enfants pouvaient se souvenir d'une stimulation à laquelle ils auraient été soumis de façon répétée pendant la grossesse de leur mère. Par exemple, des études japonaises ont montré que des bébés dont les mères habitaient à proximité d'un aéroport au cours de leur grossesse, ne se réveillaient pas après leur naissance au passage des avions, alors que les bébés dont les mères venaient juste d'emménager dans cet environnement se réveillaient à chaque passage d'avion. En mettant en relation le moment de la grossesse auquel la mère s'était installée à proximité de l'aéroport et la fréquence et l'intensité des réactions des bébés nouveau-nés aux bruit des avions, on a pu conclure que les bébés qui ont vécu un certain temps au cours de leur vie prénatale dans cet environnement, se sont habitués à certains bruits spécifiques (qu'ils étaient donc capables d'entendre).

Il convient de souligner d'une façon générale qu'il est tout à fait nécessaire d'étudier ces phénomènes avec une grande rigueur scientifique pour en tirer des conclusions valides.

L'observation des réactions comportementales des fœtus et des nouveau-nés dans des conditions de stimulations auditives contrôlées ont donc permis d'établir que les fœtus peuvent entendre, au moins à partir du sixième mois de grossesse, date à laquelle les différentes composantes du système auditif (l'oreille interne avec la cochlée reliée par le nerf auditif au cerveau, l'oreille moyenne avec la chaîne des osselets permettant la conduction des sons et l'oreille externe avec le pavillon auditif) ont un degré de maturation anatomique et fonctionnelle suffisant, avec une amélioration très sensible liée à la durée de la gestation. Il est probable que l'expérience auditive contribue à l'accélération de la maturité fonctionnelle. L'expérience auditive pourrait contribuer au développement et à la différenciation du cortex auditif, et serait susceptible de déterminer des préférences auditives à la naissance.

• *Mais que peut-il donc entendre* ? Tout d'abord des bruits internes qui constituent un bruit de fond constant : les battements cardiaques de sa mère, ses bruits intestinaux et vasculaires, ensuite, certains bruits externes (réaction de sursaut à un bruit fort), y compris la voix humaine et la musique. Cependant la perception de ces bruits est dépendante de la fréquence hertzienne des sons et de leur intensité : seuls les sons graves (fréquence inférieure à 1 000 Hz, comme ceux provenant du métro, d'un avion ou de certains instruments de musique, comme le basson) semblent passer à travers les obstacles fœto-maternels. En ce qui concerne les sons un peu moins graves (ex. la voix humaine entre 200 et 4 000 Hz), il faut augmenter leur intensité pour qu'ils parviennent au fœtus. Quant aux sons plus aigus, ils ne semblent pas parvenir au fœtus. Cette variation dans la transmission des sons en fonction de leur fréquence montre bien que les sons ne parviennent pas au fœtus comme aux bébés déjà nés ou aux adultes. En ce qui concerne la voix maternelle, dont on verra qu'elle déclenche une orientation préférentielle des nouveau-nés, elle semble privilégiée par rapport aux autres voix humaines, même par rapport à celle du père, car elle se propage simultanément de façon interne et externe et qu'elle se caractérise par sa permanence pour l'enfant tout au long de sa vie prénatale et postnatale.

Existe-t-il une vision prénatale ?

La précocité de la maturation organique et nerveuse de l'appareil visuel suggère une fonctionnalité précoce. Mais comment étudier la perception visuelle du fœtus, plongé dans un environnement pour le moins obscur ?

Comme dans le cas de l'audition, l'observation d'un enfant prématuré, né par exemple à 6 mois de vie intra-utérine peut apporter des informations sur la maturité fonctionnelle de ce système sensoriel : un enfant prématuré voit, c'est-à-dire qu'il se tourne vers une source lumineuse qu'il peut suivre du regard si elle est suffisamment brillante et si elle ne se déplace pas trop rapidement, et qu'il réagit aux stimulations lumineuses très fortes en fermant les yeux.

Dès sa naissance le bébé est bombardé de stimulations sensorielles : auditives, olfactives, gustatives, tactiles et bien entendu, visuelles. Celles-ci activent le système sensoriel qui se perfectionne dès lors très rapidement. Il est donc pratiquement impossible d'inférer les capacités sensorielles du fœtus à partir de celles observées chez un bébé de même âge gestationnel mais né prématurément.

Si le fœtus est vraisemblablement capable de voir, il ne trouve guère dans l'utérus maternel de quoi exciter son système visuel. On peut concevoir qu'une très forte intensité lumineuse sur le ventre de sa mère produise une variation dans l'environnement visuel du fœtus (on peut d'ailleurs le voir fermer les yeux à partir du 6ᵉ mois), il est alors probable que la lumière environnante lui apparaisse rouge puisqu'elle traverse les tissus maternels, et l'utérus en particulier dont on sait qu'il est très irrigué de vaisseaux sanguins.

On peut donc conclure que le système visuel du fœtus doit être fonctionnel de façon précoce mais que le fœtus n'a, dans les conditions habituelles, guère d'occasion de l'utiliser avant sa naissance.

Gustation et olfaction prénatales

Il semble qu'à 3 mois de vie intra-utérine, le système gustatif soit déjà fonctionnel : quand on injecte des substances sucrées dans le liquide amniotique, on constate que la fréquence des mouvements de déglutition du fœtus augmente (le fœtus boit habituellement le liquide amniotique), et qu'au contraire elle diminue en cas d'introduction de substances amères. On sait aussi qu'en fin de grossesse de fortes substances aromatiques (ex. le curry) dans les aliments maternels, peuvent parvenir au bébé par l'intermédiaire du liquide amniotique, déterminant peut-être des orientations gustatives préférentielles après la naissance.

En ce qui concerne le système olfactif, on conçoit que le fait de baigner dans un milieu liquide ne soit pas propice à la stimulation olfactive qui se déroule normalement dans un milieu aérien. C'est donc après la naissance que ce système doit entrer en fonction. Il n'est cependant pas exclu que certaines molécules odorantes présentes dans le liquide amniotique imprègnent les muqueuses olfactives, prédéterminant peut-être des préférences olfactives ultérieures.

Le toucher

Des observations sur des fœtus très jeunes (vers 9 semaines) ont montré que la stimulation de certaines parties du corps, en particulier celles qui correspondent à la face et à la paume des mains, provoquait des réactions motrices. Dans son milieu intra-utérin, le toucher du fœtus a de nombreuses occasions d'être stimulé, soit en raison de ses propres mouvements, soit en raison des mouvements de sa mère. D'ailleurs, sa peau est sans cesse caressée par le liquide amniotique et la pression du muscle utérin devient de plus en plus forte au fur et à mesure qu'il grossit. La réaction tactile observée ne nous apporte pas d'information sur la tonalité affective de ces stimulations : lui sont-elles agréables ou désagréables ? Il n'est pas facile de vérifier que le fœtus perçoit la douleur, mais il semble que ce soit bien le cas. En revanche, dès sa naissance, même prématurée, et contrairement aux affirmations de certains médecins (obligés de procéder à des actes médicaux susceptibles d'être douloureusement ressentis), le nouveau-né réagit à la douleur par des réactions motrices d'évitement et par des pleurs. Il réagit aussi aux affleurements et aux caresses, qui entraînent détente musculaire et réaction d'éveil. Il n'y a donc pas de raison de supposer qu'un fœtus ne perçoit pas les stimulations de la même façon, à partir du moment où la maturation de ce système sensoriel rend cette perception possible.

Le système vestibulaire (ou labyrinthique)

Il s'agit ici du système qui est responsable de l'équilibre. Les canaux semi-circulaires labyrinthiques se trouvent dans l'oreille interne, où se trouve également la cochlée, organe de l'audition relié au cerveau par le nerf auditif. L'oreille interne provenant de l'ectoblaste est achevée à la fin de la période embryonnaire, (et la cavité osseuse qui la renferme vers le 5e mois de la vie intra-utérine). Il semble que les canaux semi-circulaires puissent entrer en fonctionnement dès les premières semaines. Il faut souligner que le système vestibulaire est stimulé en permanence par la pesanteur, par les mouvements de la mère ou par les propres mouvements du bébé dans l'utérus maternel. On évoque aussi la possibilité qu'il intervienne dans le déclenchement de l'accouchement.

Et la motricité prénatale ?

Nous avons vu que les mouvements de l'embryon puis du fœtus sont très précoces et constants : on observe d'abord des contractions musculaires réflexes anarchiques, puis, lorsque les jonctions neuromusculaires s'établissent, on observe des mouvements plus nets et qui sont ressentis par la mère vers le 4e mois de grossesse. Le rôle de cette activité motrice spontanée sur le développement neuromusculaire est indéniable, à tel point que si on empêchait l'activité motrice, il est vraisemblable qu'on observerait une atrophie neuromusculaire irréversible (c'est ce qui a été montré avec des embryons de poulet dont on avait inhibé toute activité motrice par des injections de curare). L'activité motrice réflexe se développe sous l'effet conjugué de la maturation et de l'exercice et est intégrée dans les réactions réflexes que l'on peut mettre en évidence chez le nouveau-né à terme, et, pour certaines, chez le fœtus.

Quel rôle peuvent donc jouer les stimulations sensorielles chez le fœtus ?

Sur le plan de la maturation nerveuse, on pense actuellement (cf. *La Théorie de l'épigénèse par stabilisation sélective de synapses* de Changeux, 1983) que les stimulations fœtales contribuent à sélectionner certaines connexions synaptiques : le passage répété de l'influx nerveux dans certaines synapses les consolident alors que des synapses non utilisées disparaissent (par régression des terminaisons nerveuses). Au cours de l'épigenèse (c'est-à-dire les aspects du développement qui n'impliquent pas le matériel génétique d'un individu, et qui se manifestent au niveau du réseau de connexions neuroniques), se constitue un réseau nerveux très riche, redondant et diffus, mais provisoire puisque il y a élimination des circuits neuronaux non utilisés et accroissement de l'ordre du système (par stabilisation sélective des synapses). Cette évolution se fait par expérience individuelle et aboutit à la construction d'un réseau de connexion de neurones tout à fait spécifique à chaque individu (même des jumeaux monozygotes ne disposent pas d'un réseau identique).

Dès que les organes sensoriels sont achevés, et que la myélinisation des fibres nerveuses permet la conduction de l'influx nerveux des récepteurs sensoriels périphériques au cerveau, la perception par le fœtus des stimulations sensorielles est possible. Il est en revanche difficile de savoir si les informations en provenance de ses sens peuvent être traitées par son cerveau. Un traitement de l'information peut être inféré des comportements du fœtus témoignant d'un apprentissage, même élémentaire, par exemple quand on observe des réactions diminuant en intensité au fur et à mesure de la répétition de la stimulation (on parle alors d'habituation). La possibilité d'un apprentissage prénatal (par exemple dans les expériences avec conditionnement ou exposition du fœtus à des stimulations répétées) a été démontrée, mais elle est sans doute surestimée car il faut tenir compte du degré de maturation non seulement anatomique mais aussi nerveuse des différents systèmes sensoriels, qui doit être suffisamment avancée pour que l'information parvienne au système nerveux central. On sait aussi que l'influx nerveux circule lentement et que les réactions de l'enfant à la stimulation sont elles aussi très lentes. En outre, il faut que les stimulations aient certaines caractéristiques, dont une forte intensité, pour parvenir à l'enfant. Ce qui n'est pas une raison pour bombarder le fœtus de stimulations très fortes : il n'est pas exclu que certaines stimulations intenses puissent être nocives (par exemple l'innocuité supposée des examens échographiques est actuellement mise en question). Par ailleurs un conditionnement prénatal à certains sons, à la voix humaine par exemple, ne devrait pas être réalisé sans réflexion déontologique préalable. On peut ainsi se demander dans quelle mesure le recours dans la vie postnatale à des stimulus utilisés au cours d'un apprentissage prénatal ne pourrait pas induire une régression chez l'enfant, alors que toutes ses acquisitions l'orientent définitivement vers une vie autonome.

Les stimulations sensorielles du fœtus ont certainement un rôle à jouer dans la mise en place de ces différentes fonctions, en facilitant l'apparition du comportement correspondant : c'est l'hypothèse de la facilitation, qui permet d'expliquer que l'âge d'apparition d'un comportement dépend de l'expérience (et donc des stimulations). Si de telles stimulations ne sont pas possibles (par exemple pour la vision), le comportement se manifestera quand même, mais plus tard. Si elles sont possibles, elles favorisent la mise en œuvre de structures anatomiquement achevées qui vont ainsi devenir fonctionnelles et qui vont se perfectionner par l'exercice. La maturation de toute façon se produira et des stimulations excessives (en admettant qu'elles soient possibles) risquent d'aboutir à l'effet inverse si le fœtus, comme sait le faire un nouveau-né (en se détournant, fermant les yeux ou s'endormant), se coupe des stimulations sensorielles provenant d'un environnement dont la complexité le rend trop difficile à appréhender.

LA GROSSESSE ET LA NAISSANCE

Sans prétendre être exhaustif dans des domaines aussi vastes, on peut s'arrêter un instant sur quatre points qui peuvent être rapidement évoqués ici pour illustrer de quelle façon la psychologie du développement n'a pas fini de s'interroger sur les conséquences de ces nouvelles techniques sur le développement psychologique de l'enfant :

d'une part au cours de la grossesse les nouvelles modalités de fécondation et l'incidence psychologique de l'échographie, et d'autre part à propos de la naissance : la naissance d'un enfant prématuré et la description du nouveau-né et de ses capacités. En revanche nous ne parlerons pas de la pathologie prénatale qui conduirait à des développements trop importants. La diversité des pathologies prénatale et néo-natale sera traitée dans un autre ouvrage des mêmes auteurs (Guidetti et Tourrette, à paraître)

Les procréations médicalement assistées

Dans certains cas de stérilité masculine, on peut recourir à une insémination artificielle (IA) d'une femme, soit avec le sperme de son conjoint (IAC) par exemple en cas d'hypofertilité masculine (ex : en cas de faible concentration du sperme en spermatozoïdes), soit, et c'est le cas le plus fréquent, avec le sperme d'un donneur (IAD). Les possibilités de congélation du sperme permettent actuellement de différer l'insémination, y compris après le décès du donneur de sperme. Outre l'irruption d'un troisième géniteur (le donneur anonyme de sperme) dans les processus réels et fantasmés de la procréation, il est possible que le décalage dans le temps de l'insémination artificielle soit à l'origine de perturbation dans la perception par l'enfant de sa filiation. Moins cependant que dans le cas de fécondations *in vitro*.

Les fécondations *in vitro* avec transfert d'embryons (FIVETE) se sont développées depuis une dizaine d'années pour remédier à des stérilités féminines. Elles consistent à féconder *in vitro* (c'est-à-dire en laboratoire, au contraire de *in vivo* : dans les conditions naturelles de reproduction), des ovules d'une femme avec le sperme d'un homme et à réimplanter après incubation l'œuf fécondé (ou le plus souvent les œufs fécondés) dans l'utérus d'une femme : celle qui a donné les ovules ou une autre.

Il n'est pas rare que dans les cas de stérilité féminine ainsi traités, on observe une dissociation entre le désir d'enfant et le désir de grossesse (preuve du bon fonctionnement du corps) qui conduit à un désinvestissement de la grossesse (quand l'implantation d'embryons est réussie) et de l'enfant à naître. Une aide psychologique est dans ce cas nécessaire pour soutenir l'investissement psychique de l'enfant à venir.

Aux problèmes psychologiques d'investissement psychique de l'enfant et de sa filiation s'ajoutent ceux qui relèvent de la bioéthique médicale. Un certain nombre de chercheurs (comme le biologiste J. Testart) s'alarment de l'évolution des procréations assistées et préconisent une pause dans la progression scientifique dans ce domaine accompagnée d'une réflexion éthique sur l'orientation des recherches. Au moment où les perspectives de clonage (duplication) de l'être humain se rapprochent, cette réflexion ne doit pas être réservée aux scientifiques, mais à la société toute entière.

L'incidence psychologique de l'échographie

L'intérêt de l'échographie médicale à ultrasons, ainsi que son innocuité supposée sur la femme et le fœtus a conduit à généraliser l'exploration échographique qui fait maintenant partie des examens obligatoires de la grossesse. Elle permet en effet de dépister des handicaps prénataux ou de repérer des troubles de la croissance et ainsi d'intervenir avant la naissance, par intervention chirurgicale ou par avortement thérapeutique. Il s'agit maintenant d'une surveillance médicale de routine. Cependant une distance persiste entre la représentation préalable de l'échographie et la perception réelle au cours de l'examen. L'image de l'enfant que la femme porte est une image qui montre un bébé réel en train de se former. Elle n'est pas très nette ni lisible pour un non-spécialiste ; le bébé peut être vu dans son entier dans les premiers mois de grossesse puis de façon parcellaire, car au-delà de 5-6 mois on doit procéder à une focalisation successive sur les différentes parties du corps contribuant à une représentation morcelée de l'enfant à naître. L'image échographique ne coïncide généralement pas avec la représentation fantasmatique du bébé imaginaire telle que sa mère l'imagine. Cette irruption de l'enfant réel, sexué, dans l'élaboration fantasmatique de l'enfant imaginaire qui accompagne toute grossesse, a été assimilée, non sans humour, à une IVF (interruption volontaire de fantasme), et peut être à l'origine d'un fantasme de profanation que la révélation du sexe de l'enfant à naître peut contribuer à alimenter. Les futures mères plus que les futurs pères sont plus fréquentes à exprimer leur ambivalence devant la révélation du sexe de l'enfant. Cette ambivalence va bien au-delà d'une attente qui risque d'être déçue ou au contraire comblée, dans la mesure où la sexualisation de l'enfant qui n'est pas encore né contribue au fantasme de profanation. Et les médecins, qui sont plus préoccupés de la croissance et de la normalité de l'enfant que de son sexe, parlent volontiers à ce sujet de « détournement de l'échographie ».

La qualité de la relation qui s'établit entre la femme et l'échographiste apparaît en fait déterminante dans la façon dont la femme va vivre cette première rencontre avec l'image de l'enfant qu'elle porte. Il est important que soit alors offerte aux femmes enceintes la possibilité d'exprimer des sentiments ambivalents ou le désir de préserver leur vie fantasmatique. Et si l'image échographique n'est pas très nette pour les non-spécialistes, il ne faut pas le regretter car elle atténue ainsi la réalité de l'enfant à naître en préservant les virtualités fantasmatiques.

La naissance : un grand moment d'adaptation

Le passage de la vie prénatale à la vie extra-utérine est assez brusque, mais l'enfant à terme est assez mûr pour le franchir sans difficulté. Venant d'un milieu qui répondait à tous ses besoins et dans lequel il vivait en harmonie, il doit acquérir une autonomie (encore bien relative) garantissant sa survie dans un monde tout à fait nouveau : autonomie respiratoire, élimination autonome de ses propres déchets et activité alimentaire. Il doit passer d'un environnement constant à un milieu changeant : d'un milieu liquide à un milieu gazeux, d'une température constante à une température plus froide et variable, d'un niveau de stimulation faible à un niveau élevé, tous les sens étant assaillis par de multiples stimulations qui ne sont plus amorties. Pour certains auteurs, comme Rank, Freud et d'autres, la naissance serait un vrai traumatisme, car le bébé ne dispose encore d'aucun mécanisme de défense adéquat pour faire face à cette situation dangereuse (car elle le met en péril) qui deviendrait le prototype de toute angoisse ultérieure. Mais on peut aussi penser que cette « agression » du bébé par son milieu joue un rôle très positif de déclencheur d'automatismes de survie (circulation sanguine, respiration…).

La dramatisation du franchissement un peu brusque d'un seuil de maturation normal (nous sommes donc tous traumatisés), a quand même eu pour mérite d'attirer l'attention sur les souffrances possibles de l'enfant en train de naître et de modifier les conditions de son accueil.

Les conditions d'un accouchement sans violence ont pour but d'assurer une transition plus douce de l'utérus maternel à la vie aérienne, pour l'enfant comme pour sa mère. Elles consistent en une atténuation des stimulations qui parviennent à l'enfant dès qu'il est né : atténuation des lumières, du bruit ambiant, des odeurs, des manipulations brutales qui excitent son système labyrinthique et son système tactile, en favorisant une autonomisation progressive de son système circulatoire et respiratoire (on attend avant de sectionner le cordon ombilical). Le placement du bébé juste né sur le ventre de sa mère, puis dans un bain chaud où il peut se déployer et se détendre, la possibilité qui lui est offerte de téter le sein de sa mère, sont autant d'occasions d'entrer progressivement et en douceur dans ce nouvel environnement. Simultanément ses parents, les adultes qui sont autour de lui, portent un autre regard sur lui qui ne peut être que positif pour la qualité des nouvelles relations qu'ils vont entretenir.

Les modalités diverses d'accouchement, marquées par la culture environnante, (traditionnel, en position accroupie, avec anesthésie péridurale, dans une piscine etc.) doivent être considérées comme des possibilités offertes aux mères parmi lesquelles chaque femme doit pouvoir choisir celle qui lui conviendra le mieux, car dans ce domaine comme dans beaucoup d'autres, il n'y a pas de normes à imposer, seulement une liberté personnelle qui ne peut s'exprimer que par un choix informé parmi différents possibles. Il reste que s'il n'y a pas pu avoir de choix, pour des raisons médicales ou circonstancielles, ce sont les premières rencontres des parents avec leur enfant qui seront déterminantes plus que ce moment de passage obligé, qui n'est que le seuil d'un monde nouveau à découvrir.

L'enfant né prématurément

Un enfant est considéré comme prématuré quand il naît avant 37 semaines de gestation. C'est en effet la date de gestation, et donc son âge neurologique qui importe plus que son poids : un enfant né à terme mais hypotrophique, c'est-à-dire de faible poids, ne présentera pas les mêmes difficultés. Plus il naît tôt (au-delà du seuil de viabilité qui se situe aux environs du sixième mois de vie intra-utérine), plus ses difficultés seront importantes. En premier lieu, l'absence d'autonomie respiratoire ne lui assure pas l'oxygénation indispensable à sa survie. Un sang insuffisamment oxygéné devient acide et cette acidité peut créer des lésions cérébrales irréversibles. C'est pourquoi il est placé sous assistance respiratoire. D'autres problèmes peuvent s'ajouter à cette carence, liés à une immaturité des différentes fonctions : circulatoires, digestives, immunitaires, ou associés à la cause déclenchante de l'accouchement prématuré : infection maternelle par exemple.

On a vu ces dernières décennies une diminution notable du taux de prématurité (sauf dans le cas de naissances multiples) grâce à une politique efficace de prévention. En outre, du fait des progrès spectaculaires en néonatologie, la grande majorité des prématurés, s'ils sont bien pris en charge, ne garde aucune séquelle neurologique ou cérébrale de leur prématurité. Néanmoins, ces prématurés en difficulté sont séparés de leur mère pendant une période plus ou moins longue, et, le souci de leur survie devenant moins prégnant, on a pris conscience du fait que cette séparation pouvait être pathogène en elle-même. À la blessure narcissique engendrée par la naissance d'un enfant prématuré ou en difficulté et aux réactions de deuil anticipé qui sont associées aux risques de mortalité, s'ajoutent les conséquences d'une séparation brutale de l'enfant avec ses parents, dépossédés de leur rôle parental. Les conséquences d'un désinvestissement affectif de l'enfant sont telles qu'elles conduisent dans certains cas à un abandon de l'enfant ou à des sévices. Une bonne proportion d'enfants battus sont d'anciens prématurés ou des enfants ayant étés placés en réanimation. C'est donc dans une perspective de prévention d'une perturbation des relations mère-enfant que s'est développée une politique d'accueil des parents dans les services de néonatologie (maintien des liens directs entre l'enfant et sa mère ou indirects par la médiation du père, association précoce des parents aux soins du bébé, sortie dès que possible, etc.).

FAUT-IL STIMULER LES PRÉMATURÉS?

Parmi les conséquences d'une naissance prématurée, des points de vue contradictoires ont été exprimés quant à l'impact des stimulations en provenance du milieu extérieur sur le développement de l'enfant. D'une part on souligne la pauvreté des apports sensoriels dans le milieu hospitalier dans lequel vit l'enfant à partir de sa naissance : objets distants donc difficiles à explorer, masquage auditif par le bruit de fond des couveuses, pauvreté des stimulations tactiles et vestibulaires, difficulté de relier des stimulations différentes, et disparition de la rythmicité maternelle... De l'autre, on considère que l'enfant prématuré est sur-stimulé à la fois par rapport au fœtus de même âge gestationnel, et par rapport au nouveau-né à terme chez lui : on évoque ici la multiplicité des expériences sensorielles liées à l'environnement hospitalier (bruits constants des monitoring, de l'isolette, de l'activité du service, lumières permanentes, manipulations du bébé par le personnel pour les soins quotidiens, etc.). Au-delà de ces aspects quantitatifs, plusieurs chercheurs insistent sur les aspects *qualitatifs* des stimulations, qui s'avèrent importants autant pour l'installation des rythmes circadiens (il n'y a pas de synchroniseurs exogènes par exemple pour l'établissement de l'alternance nuit/jour et les synchroniseurs endogènes sont souvent perturbés) que pour l'intégration des stimulations sensorielles : effectivement la plupart des événements se produisent sans que l'enfant puisse les relier entre eux : par exemple, il n'y a pas de correspondance entre les stimulations visuelles et auditives, l'enfant ne peut localiser visuellement une source sonore, la voix entendue ne correspond pas forcément au visage vu. On peut donc en conclure que le milieu de vie de l'enfant prématuré (l'isolette dans laquelle il est placé) est inadapté à la saisie et au traitement des informations et qu'il peut être très utile de stimuler l'enfant prématuré de façon adaptée. Des programmes de stimulation des prématurés dans leur couveuse ont été mis au point. Ils présentent une grande diversité autant quant à la nature qu'à la fréquence des stimulations qui sont en général ajoutées aux stimulations occurant naturellement : par exemple on ajoute en bruit de fond le rythme cardiaque maternel, ou encore on diffuse régulièrement un enregistrement de la voix maternelle. On peut aussi introduire des bercements réguliers (en plaçant le bébé sur un matelas d'eau), prodiguer des massages et des caresses, et disposer autour de l'enfant des objets à explorer visuellement ; dans certains cas sont proposées des stimulations multisensorielles. Il est peu fréquent par contre de diminuer ou contrôler les stimulations habituelles en provenance de l'environnement (limitation des bruits de fond, et des stimulations intempestives, diminution de la luminosité ambiante, etc.). Il faut noter que ces modifications reposent davantage sur des options empiriques que sur des modèles du développement de l'enfant, et le problème du contrôle de l'effet des stimulations offertes reste un problème central : à qui comparer ces enfants : aux nouveau-nés à terme (ce qui est une comparaison tout à fait inadéquate puisqu'ils se trouvent dans un état neurophysiologique et dans un milieu tout à fait différents), ou à un groupe contrôle de prématurés qui ne bénéficieraient pas de ce programme? doit-on évaluer les effets à court terme ou à plus long terme ? dans la modalité sensorielle impliquée dans le programme de stimulation ou d'une façon plus générale ? Les modalités choisies pour évaluer les effets des stimulations des prématurés sont aussi hétérogènes que les programmes et les effets constatés ne permettent pas actuellement de conclure de façon univoque sur les bénéfices attendus de la mise en œuvre de tels programmes.

D'après Bloch, Mellier et Brion, 1984.

LE NOUVEAU-NÉ : L'ÉTAT DE SES CAPACITÉS SENSORIELLES ET MOTRICES

Les compétences des bébés, avant ou dès leur naissance, ou dans leurs premières semaines de vie ont été largement décrites et vulgarisées et ont même abouti à répandre l'image d'un bébé hypercompétent, hyperactif et qui se consacre exclusivement au développement de son intelligence. Les parents bien informés peuvent se trouver désorientés par la réalité d'un bébé apparemment plus endormi et moins compétent que prévu et qui ne correspond pas à la représentation qu'ils s'en étaient faite. Qu'en est-il réellement ?

Y a-t-il continuité entre les compétences prénatales et postnatales ?

Est-on en mesure d'affirmer une continuité entre les compétences du fœtus et celles qui se manifestent à la période néo-natale ? La tradition chinoise d'intégrer la durée de la grossesse à l'âge d'un enfant illustre la continuité que certaines cultures soulignent entre ces deux états. Mais quelle réponse scientifique peut-on apporter à cette question ? Les arguments en faveur d'une continuité fonctionnelle ou mnésique sont consistants. On peut lire sur ce sujet l'intéressant chapitre de Lecanuet, Granier-Deferre et Schaal dans l'ouvrage de Pouthas et Jouen que nous avons cité (1993).

En ce qui concerne la continuité fonctionnelle, les réactions prénatales et postnatales concernant la sensibilité cutanée (tactile, thermique et nociceptive), vestibulaire, chimique (gustative ou olfactive) et auditive sont cohérentes. En ce qui concerne la continuité mnésique, c'est-à-dire continuité entre la réaction postnatale et une stimulation prénatale, les faits sont un peu moins nets car les capacités d'apprentissage du fœtus sont nettement inférieures à celles du bébé, pour plusieurs raisons dont celles relatives à la maturation organique et fonctionnelle. Pour qu'il y ait mémorisation effective d'un stimulus prénatal, il faut qu'il ait été associé régulièrement à un agent de renforcement. On conçoit que les possibilités d'expérimentation dans ce domaine soient limitées pour des raisons déontologiques évidentes, les faits ont donc été recueillis surtout auprès d'animaux, avec les difficultés qu'une telle généralisation de ces résultats aux humains comporte. Ces faits, ainsi que quelques observations isolées chez les bébés humains, permettraient de confirmer également une continuité de ce type, comme c'est le cas dans les observations postnatales de réactions résiduelles de conditionnement prénataux, ou d'exposition répétées à la voix humaine par exemple.

Mais, les compétences sensorielles des fœtus ou des bébés ont-elles une signification en elles-mêmes, c'est-à-dire indépendamment du milieu où elles s'exercent ? N'y a-t-il pas confusion entre les fondements biologiques de l'activité (l'équipement sensoriel et moteur du bébé) et l'activité psychologique du sujet elle-même ? Par exemple « entre excitation visuelle et vision, entre vibration de l'oreille et audition, entre motilité spontanée et actes moteurs dirigés ou orientés vers une fin particulière », comme le demande avec pertinence D. Mellier (in Pouthas et Jouen, 1993, p. 56.) Peut-on affirmer une continuité s'il n'y a pas stabilité des comportements individuels comme du milieu dans lequel ces comportements s'expriment ? Or la naissance est une rupture dans ces processus de développement, ne serait-ce que dans les milieux de vie (utérin puis extérieur) de l'enfant, la question de la continuité doit donc être nuancée.

L'audition

L'étude de l'audition prénatale a montré que les capacités sensorielles du bébé étaient déjà bien développées avant même sa naissance. Dès sa sortie du ventre maternel, le bébé est assailli de stimulations sonores dont il ne peut se couper qu'en s'endormant. Quand il est éveillé, il tourne les yeux et la tête vers la source sonore et ses réponses aux stimulations sonores dépendent de leur fréquence, de leur intensité et de leur complexité : les sons de forte intensité (> 90 Db) et/ou de fréquence élevée (> 4 000 Hz), provoquent des réactions de sursaut, des pleurs et une accélération cardiaque. Des sons d'intensité modérée (70 Db) et de fréquence moins élevée, continus ou rythmiques, à démarrage progressif, calment les bébés et éventuellement les endorment. Les bébés préfèrent les sons complexes aux sons purs et on constate que les sons complexes, d'intensité moyenne et de fréquence basse (comme la voix humaine qui est leur stimulus sonore préféré) suscitent un éveil actif avec orientation vers la source sonore.

On peut utiliser la procédure d'habituation (décroissance progressive de la réaction au stimulus au fur et à mesure des présentations) pour voir si les bébés sont capables de discriminer des sons (si oui, ils présentent une augmentation de leur réaction à la nouveauté à la présentation du 2e stimulus, sinon, la courbe continue à décroître). On peut voir ainsi que les performances auditives des nouveau-nés ne sont pas toutes équivalentes : à état d'éveil comparable, certains enfants sont capables de détecter des changements dans des patterns mélodiques et d'autres non, certains sont capables de différencier des sons de hauteurs tonales différentes et d'autres non. Les compétences auditives des bébés vont de toute façon augmenter avec l'âge et l'expérience.

Les travaux sur la reconnaissance de la parole humaine ou de la voix maternelle par le nouveau-né, ont montré que les bébés sont capables d'un traitement particulier de la parole, ils témoignent d'une perception catégorielle de la parole permettant de repérer des phonèmes spécifiques (correspondant par exemple aux syllabes) dans un enchaînement phonétique (la parole entendue) qui ne les rend pas directement identifiables. Cette capacité a une fonction évidente de repérage de l'invariant (phonème) dans ce qui varie (parole), donc de catégorisation et d'ordre. Pour une approche plus détaillée, on peut lire le chapitre de Jusczyk et Bertoncini dans l'ouvrage de Pouthas et Jouen (1993). Un certain nombre de faits dans les capacités auditives discriminatives des nouveau-nés suggèrent un apprentissage prénatal des caractéristiques de la parole avant la naissance. Par exemple, le bébé de quelques jours tourne la tête de façon préférentielle vers la voix de sa mère par rapport à celle d'une autre femme, ou il modifie le rythme de sa succion non nutritive pour la réentendre de façon préférentielle. Il faut pour que le bébé puisse reconnaître la voix de sa mère que celle-ci ait gardé ses caractéristiques acoustiques et prosodiques. (Mehler et coll., 1978. Précisons aussi que ces résultats concernant la voix de la mère ne sont pas généralisables à la voix paternelle, qui ne provoque pas cette orientation préférentielle.) Dans cette recherche, ce résultat peut également provenir d'un apprentissage très précoce puisque les bébés ont quelques jours. D'autres résultats militent en faveur d'un apprentissage prénatal : c'est le cas par exemple des recherches qui montrent que des nouveau-nés (de moins de 72 h) « préfèrent » entendre un texte que leur mère a lu de façon répétée à haute voix pendant la grossesse, même s'il est lu par une autre femme, par apport à un texte jamais entendu.

La vision

Peu étudié au cours de la vie prénatale, en l'absence de possibilité de stimulations visuelles, c'est après la naissance, le système sensoriel le plus étudié. Contrairement à l'audition, le bébé peut contrôler dans une certaine mesure ce qu'il a à regarder : il peut tourner son regard vers une source lumineuse et la suivre du regard si elle est suffisamment brillante et si elle se déplace lentement. Mais il peut aussi se détourner de la source visuelle et fermer les yeux. Quand ses yeux sont ouverts, il ne regarde pas n'importe quoi, mais « choisit » certaines cibles qui lui paraissent plus attrayantes. Le regard du bébé n'est jamais immobile, un balayage régulier du champ visuel (au jour comme dans l'obscurité) lui permet de trouver les stimulations nécessaires au développement de ses capacités perceptives. C'est en effet essentiellement l'exercice qui est à l'origine du développement spectaculaire de ses capacités visuelles (on peut faire la même observation chez des enfants prématurés, ce qui veut dire que le système visuel du bébé est prêt à fonctionner avant la naissance, mais qu'il ne lui manque que les occasions de s'exercer). Dès sa naissance il voit nettement à une distance de 20 à 30 cm (la distance qui le sépare du regard de sa mère quand elle le porte dans ses bras ?), mais n'a pas encore de possibilité d'accommodation (qui permet de voir net, quelle que soit la distance du stimulus). Ses possibilités d'accommodation visuelle se développent très vite et à 4 mois, ses capacités d'accommodation sont comparables à celles de l'adulte.

Le nouveau-né préfère les patterns colorés aux stimulus neutres, les formes complexes aux formes simples. On peut voir son regard suivre une cible d'une certaine couleur se déplaçant sur un fond coloré, on sait alors qu'il discrimine les couleurs. La couleur qu'il perçoit le mieux est le rouge orangé (celle qu'il a pu percevoir dans sa vie intra-utérine ?), puis le bleu-vert et le blanc. En revanche il regarde moins le noir ou le jaune. Si on lui présente une figure complexe (un damier par exemple), il la regarde plus longtemps qu'une figure simple (comme un triangle), de même pour les lignes courbes par rapport aux lignes droites, sans doute parce que la complexité d'une forme lui apporte plus de stimulations, dont il a besoin pour développer ses capacités visuelles. Le système visuel du nouveau-né se développe très rapidement sous l'effet conjugué de la maturation et de l'exercice et on considère qu'à quatre ou cinq mois, la vision du bébé est aussi performante que celle des adultes.

L'olfaction

Dès sa naissance le bébé est enveloppé d'odeurs de toutes sortes, tout à fait nouvelles pour lui puisque c'est dans le milieu aérien que se propagent les odeurs. Il apprend très vite à reconnaître l'odeur de sa mère et à la distinguer de celle d'autres femmes. Par exemple les bébés nourris au biberon depuis leur naissance se tournent de façon préférentielle vers l'odeur du sein d'une femme allaitant ou non (Lecanuet, Granier-Deferre et Schaal in Pouthas et Jouen, 1993). Les capacités olfactives des nouveau-nés sont variables d'un enfant à l'autre et se développent de façon spectaculaire.

La gustation

Il existe aussi, nous l'avons signalée, une orientation préférentielle des bébés vers les « flaveurs » (ajoutées à leur biberon) correspondant aux caractéristiques les plus fortes de l'alimentation maternelle (curry par exemple). Le goût s'est déjà développé dans la vie prénatale, avec une nette préférence (génétiquement déterminée) pour les saveurs sucrées. Un réflexe gusto-facial présent chez tous les nouveau-nés permet de mesurer sa réaction aux quatre saveurs de base : le salé, le sucré, l'acide et l'amer. On peut, en observant la présence ou l'absence de ce réflexe, et son intensité, mesurer les capacités gustatives des bébés en plaçant sur la langue des bébés un liquide à des taux de dilution variables. On détermine alors le seuil à partir duquel chaque bébé réagit par cette mimique spécifique. La variabilité interindividuelle qui apparaît dès la naissance, se stabilise dans les mois suivants et continue à se manifester, orientant les réactions des bébés au goût de la nourriture, à laquelle ils réagissent plus ou moins sélectivement en fonction de leurs capacités de discrimination (Chiva, 1985).

Les systèmes tactile et vestibulaire

La sensibilité tactile était déjà bien développée pendant la vie intra-utérine. Le nouveau-né est très sensible aux caresses (qui le calment en le maintenant éveillé) et à la chaleur des stimulus, il n'aime pas les stimulus froids, et réagit fortement à la douleur, contrairement aux idées reçues. Les contacts corporels, les diverses manipulations (bercements, portage…), stimulent aussi le système vestibulaire du bébé. Une étude comparative des types de maternage permet d'avancer l'idée que les nombreuses stimulations motrices, sensorielles et vestibulaires dont bénéficient les enfants africains sont à l'origine de leur avance posturale dans la petite enfance.

Posture et motricité

Un nouveau-né à terme se différencie bien d'un enfant prématuré : celui-ci est plutôt hypotonique, bras et jambes relâchés, avec une forte extensibilité (c'est-à-dire la possibilité d'étirement maximal des muscles), tandis que l'enfant à terme présente une posture en flexion : bras et jambes repliés, avec une hypotonie dorsale et une forte tonicité et faible extensibilité des membres. Ses mouvements sont peu amples et saccadés, sa gestualité est de type réflexe. C'est d'ailleurs par l'étude de ses réflexes dits primaires ou encore archaïques, que l'on peut évaluer la maturité et l'intégrité de sa neuromotricité, comme les réflexes de Moro (dit du parachutiste), de redressement et de marche automatique, d'agrippement (qui lui permet de serrer très fort le doigt de l'adulte dans sa petite main…), ou encore les réflexes permettant l'alimentation comme le réflexe des points cardinaux, qui lui permet de localiser le sein, les réflexes labiaux et de succion qui lui permettent de téter. Ces réflexes sont présents avant la naissance et disparaissent pour la plupart dans les semaines ou les mois qui suivent la naissance. Ceux qui persistent (réflexes d'éternuement, de bâillement, tendineux ou cutanés…) sont dits définitifs.

Les coordinations sensorielles et sensori-motrices

Contrairement à ce que les psychologues, et Piaget en particulier, ont longtemps pensé les coordinations entre les différentes modalités sensorielles apparaissent de façon très précoce : on peut voir par exemple un nouveau-né tourner la tête et les yeux vers une source sonore, alors que Piaget affirmait que les schèmes relatifs à la vision, à l'audition et à la phonation fonctionnaient de façon indépendante dans les premières semaines de vie et ne commençaient à se coordonner qu'à partir de 2 mois, grâce aux assimilations réciproques. La démonstration de transferts précoces d'information entre les différentes modalités sensorielles (ce qu'on appelle transferts intermodaux), quand par exemple l'enfant montre par son comportement qu'il « reconnaît » en le regardant un objet auparavant exploré de façon uniquement tactile, contredit ce point de vue en confortant, au moins en partie, l'hypothèse d'une amodalité initiale (l'information est stockée en mémoire de façon abstraite sans être associée à aucune des modalités sensorielles) formulée par d'autres chercheurs comme Bower.

De même, la coordination sensori-motrice, entre modalité sensorielle et motricité se manifeste très précocement, dès la naissance dans certains cas, et non pas à partir du 3e sous-stade de la période sensori-motrice (avec l'apparition de la coordination visuo-manuelle) comme le pensait Piaget. En effet, dès la naissance, un bébé peut adopter une posture défensive (corps rejeté en arrière, mains en avant du visage) en anticipant une collision quand on approche rapidement un objet de son visage. On a aussi observé qu'un nouveau-né pouvait imiter des mouvements faciaux (ouverture de la bouche, protusion de la langue...) exécutés par un adulte en face à face. Encore mieux, Grenier (1981) a montré que dans des conditions très particulières (dites de motricité « libérée »), un nouveau-né était capable de tendre la main vers un objet placé devant lui et de le toucher, voire parfois de le saisir. Nous reprendrons, en les détaillant dans le prochain chapitre, ces différents arguments avancés à l'encontre de la théorie piagétienne.

Que penser de toutes ces compétences néo-natales ?

À la lecture de ce qui précède, on peut se demander pourquoi le discours des scientifiques et celui des parents à propos des bébés, ne semblent pas s'accorder. En effet ce que disent la plupart des parents des comportements de leur nouveau-né, qu'ils connaissent en un sens certainement mieux que les chercheurs, nous renvoie l'image d'un bébé, endormi la plupart du temps, ne se réveillant que pour pleurer et manger, incapable de suivre des yeux des objets en mouvement, de s'intéresser aux différents sons ambiants et encore moins de saisir un objet de façon intentionnelle, c'est-à-dire autrement qu'avec le réflexe d'agrippement. Comme toujours, la vérité se trouve à mi-chemin de ces affirmations contradictoires. En effet, les capacités des bébés telles que les ont démontrées les chercheurs, sont réelles mais généralement mises en évidence dans des conditions très particulières et sur un échantillon de bébés qui ne représente pas forcément l'ensemble de la population parente. Les progrès techniques et l'engouement pour la redécouverte des capacités des bébés, ont contribué à l'édification d'un modèle de bébé hypercompétent qui prévaut actuellement et tend à se répandre sans nuance, au risque d'inquiéter les parents perplexes devant leur nouveau-né endormi ou peu démonstratif de ces capacités supposées. Il faut savoir rapporter les comportements observés aux conditions expérimentales qui les ont générés (par exemple, seules les personnes entraînées pour cela peuvent mettre la motricité « libérée » en évidence), et savoir dans quel état se trouvent les bébés au moment de l'observation. Les états de vigilance des bébés, ne sont pas très stables et varient beaucoup dans la journée. La plupart des observations scientifiques se déroulent quand les bébés se trouvent dans un état d'éveil inactif les rendant particulièrement disponibles à leur environnement, mais qui ne représente qu'une petite partie du temps d'éveil, lui-même très réduit à cet âge, par rapport au temps de sommeil. Par ailleurs de fortes différences apparaissent entre les bébés, de même âge, observés dans un état égal de vigilance et dans des conditions identiques, parce que les bébés, comme les enfants plus grands ou les adultes, sont différents les uns des autres, et ce sont justement ces différences et leur signification qui représentent l'objet d'étude de la psychologie différentielle. On trouvera dans l'ouvrage de C. Tourrette (1991) un exposé de ces variations interindividuelles dans les comportements des bébés, et des propositions pour en interpréter la signification.

Des chercheurs se sont interrogés sur la signification de ces étonnantes capacités des nouveau-nés et ont émis l'hypothèse qu'elles avaient essentiellement pour fonction de favoriser ses contacts avec le monde extérieur et en particulier son entourage social, auxiliaire de sa survie. Ses remarquables capacités sensorielles et sensori-motrices l'incitent à découvrir le monde environnant et à s'y adapter en se l'appropriant. Il ne peut dès lors que progresser. Ses progrès ne sont pas additifs, il y a d'incessantes réorganisations au cours desquelles des comportements disparaissent, se transforment ou réapparaissent. C'est le cas par exemple des réactions sensori-motrices des nouveau-nés, comme les réflexes ou les compétences imitatives, qui disparaissent aux alentours de deux mois pour réapparaître ensuite sous une autre forme (comportements intentionnels). L'explication classique de cette courbe en U invoque un progrès de la maturation nerveuse, avec l'apparition vers deux mois du contrôle cortical de ces comportements jusqu'alors dépendants des structures sous-corticales. Le répertoire comportemental d'un enfant est ainsi en évolution constante et les procédures méthodologiques doivent en tenir compte.

L'importance des recherches consacrées aux bébés, ne devrait pas décroître rapidement car les progrès techniques et méthodologiques continuent et les résultats obtenus contredisent les théories antérieures et provoquent d'autres recherches prometteuses.

POUR ALLER PLUS LOIN

Chiva M. 1985. *Le doux et l'amer*. Paris, PUF.

Herbinet M. et Busnel M.-C. 1981. *L'Aube des sens*. Paris, Stock.

Pouthas V. et Jouen F. 1993. *Les Comportements du bébé : expression de son savoir ?* Bruxelles, Mardaga.

3 De la naissance à l'entrée à l'école

La continuité dont nous avons fait état entre les périodes prénatale et néo-natale n'exclue pas des réorganisations, il en est de même ici : d'importants changements, qui se réalisent souvent par étapes, conduisent à des réorganisations continues des structures et des comportements de l'enfant. Plus le psychologue avance dans la connaissance du développement de l'enfant et plus il est conduit à adopter un point de vue interactionniste selon lequel on ne peut dissocier l'étude de l'enfant du milieu dans lequel il se développe. Cette perspective comporte deux faits majeurs : 1) l'enfant est un être social, et il se trouve donc le plus souvent en interrelation avec d'autres êtres humains, et 2) les situations naturelles dans lesquelles se déroulent ses apprentissages sont des situations complexes et à multiples facettes où sont étroitement intriqués les aspects, moteurs, perceptifs, cognitifs, affectifs et sociaux de ses comportements. La dissociation que nous avons introduite dans l'exposé des différents secteurs du développement de l'enfant, a un but didactique qui ne doit pas faire oublier la complexité des interactions continues entre ces différents aspects.

CROISSANCE ET DÉVELOPPEMENT PSYCHOMOTEUR

L'étude de la croissance des enfants apporte des informations précieuses sur le développement des enfants et les conditions qui peuvent entraver ou favoriser le développement physique. Au niveau d'un individu en particulier, il est utile de pouvoir le situer par rapport à son groupe d'âge, afin d'apprécier la normalité de sa croissance. D'où l'intérêt de disposer de normes de développement et de connaître les caractéristiques générales de développement.

LA CROISSANCE PHYSIOLOGIQUE ET L'ENVIRONNEMENT

Si la croissance physique d'un enfant se fait selon une séquence normale, commune à l'espèce, on note des variations individuelles dans la vitesse de développement, et dans les caractéristiques morphologiques des individus.

On sait aussi que l'environnement dans lequel se développe l'enfant peut intervenir dans la modulation du déroulement de ce programme génétique. Le phénomène de croissance résulte donc vraisemblablement d'une interaction entre les potentialités génétiques de l'individu (celles qui relèvent du patrimoine génétique de l'espèce et celles qui proviennent de son patrimoine génétique individuel), et le milieu dans lequel il va vivre. La taille d'un individu dépend par exemple en très grande partie de son patrimoine génétique, mais l'expression de ce potentiel génétique dépend aussi des conditions de vie, et en particulier de l'alimentation.

Les caractéristiques générales de la croissance

La croissance n'est pas un phénomène régulier car d'une part, il existe des pics de croissance et d'autre part, les différentes parties du corps ne se développent pas au même rythme.

Il existe en effet deux périodes marquées par une croissance rapide : celle qui va de la naissance à environ 3 ans et celle qui précède et accompagne la puberté. Entre les deux, le développement se poursuit de façon régulière et plus lente, sans grande différence entre les sexes. Par ailleurs, la croissance apparaît à certains moments plus marquée pour telle ou telle partie du corps : le cerveau se développe très rapidement pendant les trois premières années, tandis que c'est à la période pubertaire que le développement sexuel s'accélère. Quant à la croissance osseuse, c'est un phénomène plus complexe qu'il n'y paraît, car ses caractéristiques ne sont pas les mêmes selon qu'il s'agit d'os longs ou d'os plats, ou qu'il s'agit du crâne (dans lequel les os sont séparés par des membranes, ou fontanelles, permettant l'augmentation très rapide du volume du cerveau).

À trois ans, le cerveau a atteint 90 % de son volume adulte. Ce qui augmente ce n'est pas le nombre de neurones dont on a vu qu'il était déterminé aux environs de la 20e semaine de vie intra-utérine, mais les prolongements et les connexions synaptiques. L'augmentation du volume du crâne, très rapide pendant la première année, diminue ensuite. Ainsi, la tête qui représente la moitié du corps de l'embryon, ne représente plus qu'1/12e du corps adulte.

On peut donc prendre différentes mesures pour apprécier le développement physique : la taille, le poids, le périmètre crânien, etc. que l'on peut rapporter aux courbes de développement établies sur des moyennes assorties d'écart-types permettant de situer chaque enfant dans la zone de normalité correspondant à son groupe d'âge, comme celles qui figurent dans le carnet de santé remis à chaque enfant à sa naissance.

Quelques points de repères de croissance entre la naissance et trois ans peuvent être utiles. En ce qui concerne la taille, dans la première année, le gain est de 20 à 30 cm, et de 12 à 15 la deuxième année. Le taux de croissance continue de se ralentir jusqu'à la période prépubertaire. Le poids du nouveau-né est multiplié par 2 en 5 mois, par 3 à 1 an, par 4 à 3 ans (ce qui fait entre 13 et 14 kg pour un poids de naissance de 3,250 kg).

Croissance et milieu de vie : les tendances actuelles

Le rythme de croissance dépend des conditions de vie, en particulier de l'alimentation, non seulement sous l'angle quantitatif, mais aussi qualitatif. Les carences vitaminiques et protidiques des enfants des pays en voie de développement entrave fortement leur croissance physique et mentale. On sait aussi qu'en période de guerre, de famine ou de récession économique, la croissance des enfants se ralentit, et que la puberté est retardée.

Indépendamment de ces aléas environnementaux, la tendance actuelle de la croissance par rapport au siècle précédent est à l'accélération, surtout dans les pays à haut niveau de développement ; il y a conjugaison de deux facteurs : d'une part la puberté se produit de plus en plus tôt et d'autre part on observe une augmentation de la stature (ou taille) adulte, ce qui fait qu'à âge égal, les enfants mesurent actuellement en moyenne 20 cm de plus que ceux du siècle précédent. Les facteurs responsables de cette évolution sont sans doute l'amélioration des conditions de vie (plus grande variété et meilleur équilibre alimentaire), réduction de la taille des familles, mais aussi brassage des populations.

Alimentation et sommeil du jeune enfant

• *Les comportements alimentaires* contribuent non seulement à la croissance, mais s'inscrivent de façon plus générale dans des actes sociaux de communication. C'est en ce sens que sont souvent interprétés les troubles d'alimentation des bébés : anorexie (refus de s'alimenter), avec vomissements ou mérycisme (difficulté à avaler la nourriture que l'on garde dans la bouche), ou, plus rare à cet âge, boulimie (manger au-delà de ce qui est nécessaire). Les premiers échanges mère-enfants sont multi-sensoriels et passent par les contacts cutanés, les regards et (pour la mère) par la parole, mais ils passent aussi par l'alimentation qui est un moment privilégié d'échanges entre la mère et son enfant. Pendant de longues années, voire pendant toute la vie, les repas sont des moments importants d'échanges familiaux et sociaux. Les mécanismes de régulation alimentaire, qui permettent à l'individu d'adapter ses comportements alimentaires à ses besoins peuvent être ainsi perturbés par des facteurs environnementaux.

• *Le sommeil représente une grande partie de la vie d'un enfant,* et on doit chercher à comprendre des perturbations éventuelles. Le sommeil de l'enfant diffère de l'adulte, non seulement par sa durée, mais aussi par ses caractéristiques : on sait que chez un adulte, le sommeil se déroule en plusieurs phases : le sommeil nocturne est constitué de 3 à 5 cycles (selon l'âge et les individus) qui durent chacun 1h30 à 2h. À l'intérieur de chaque cycle, il y a une succession de 5 périodes de 20 mn environ ; 4 périodes de sommeil dit « lent » parce que les tracés EEG correspondant présentent des ondes de plus en plus lentes et une période de sommeil dit « rapide » parce que le tracé EEG (EEG : électroencéphalographique, tracé électrique de l'activité cérébrale.) est très proche du tracé d'activité cérébrale (ondes courtes et rapides) ou encore « paradoxal » (du fait de la contradiction apparente entre cet état d'activité cérébrale et l'état apparent de sommeil). Chaque cycle est séparé du précédent ou du suivant par une période intermédiaire (endormissement, enchaînement des cycles ou réveil). La proportion de sommeil paradoxal chez l'adulte par rapport au sommeil lent est d'environ 20 %. Ce sont ces proportions qui changent avec l'âge : en effet, chez le nouveau-né et pendant la première année, non seulement la durée de sommeil est beaucoup plus longue, mais encore la répartition entre les deux types de sommeil est d'environ 50 %. En outre chez les fœtus, les tracés EEG indiquent qu'il y a plus de sommeil paradoxal que de sommeil lent.

Que recouvrent ces changements ? Les fonctions des deux types de sommeil ne sont pas les mêmes : le sommeil lent permet surtout la récupération de la fatigue physique tandis que le sommeil paradoxal de la fatigue psychique : c'est seulement au cours du sommeil paradoxal que se produisent nos rêves. Une privation de sommeil paradoxal entraîne très vite des troubles importants. On a constaté qu'à la suite de nuits trop courtes, le « rattrapage » portait surtout sur le sommeil paradoxal dont la durée augmente corrélativement aux manques antérieurs. On a constaté également qu'après un travail mental important (apprentissage, mémorisation...), le taux de ce sommeil augmentait aussi. Si le tracé obtenu lors des enregistrements EEG du sommeil paradoxal s'apparente au tracé d'activité cérébrale, c'est parce qu'il y a effectivement une activation cérébrale importante à ce moment-là. Doit-on en conclure que les nouveau-nés ou les fœtus rêvent plus que nous puisque leur taux de sommeil paradoxal est plus élevé que le nôtre ? Il est difficile de se représenter le contenu d'un rêve d'un enfant qui n'a pas encore eu d'occasion de se constituer un stock d'images sensorielles. En revanche la fonction de ce sommeil est effectivement une activation cérébrale indispensable à la croissance du cerveau. Le cerveau ne peut pas rester inactivé pendant de longues périodes, c'est pourquoi il se déclenche à intervalles réguliers au cours du sommeil. On comprend ainsi l'importance du sommeil, en particulier chez le jeune enfant, et la nécessité de le préserver.

Entre la naissance et jusqu'à 4 ou 5 ans la durée quotidienne de sommeil, répartie en sommeil nocturne et diurne passe d'environ 18h à 13h. Elle diminue ensuite progressivement jusqu'à l'âge adulte. On sait que les besoins quotidiens en sommeil varient chez les adultes entre 5 à 9h.

• *Les troubles du sommeil chez les bébés peuvent se manifester dès les premières semaines*, en dehors de toute cause médicale et peuvent exprimer des difficultés d'adaptation à l'environnement (stimulations excessives ou inappropriées, relations mère-enfant inadéquates…). Ils sont relativement fréquents chez l'enfant dans sa deuxième année, époque des premiers rêves très imagés et des manifestations anxieuses devant la solitude. L'enfant de cet âge, passionné par ses explorations quotidiennes a du mal à accepter de désinvestir momentanément la réalité, mais il apprend par son expérience quotidienne qu'en se réveillant il retrouvera le monde inchangé. Aider l'enfant à trouver l'état de quiétude nécessaire à un endormissement tranquille, en le plaçant dans des conditions favorisant l'apparition du sommeil, en le réassurant de la permanence des objets et des personnes et en respectant ses besoins spontanés de sommeil est déjà en soi une prévention de l'apparition de ces troubles.

LE DÉVELOPPEMENT PSYCHOMOTEUR

Le terme de psychomoteur exprime d'emblée que le développement de la motricité est très lié à celui de l'affectivité : au cours de ce développement s'expriment les progrès en motricité, dans le développement intellectuel et dans le développement socio-affectif. L'acquisition de la marche est une bonne illustration de ces interrelations puisque l'apparition de l'autonomie locomotrice non seulement permet à l'enfant d'aller où il veut (et non plus seulement où l'adulte le voulait), et d'étendre son champ d'expérience suscitant de nouvelles découvertes et expérimentations, mais elle constitue simultanément une étape importante dans l'acquisition de son autonomie par rapport aux adultes.

Principes généraux : lois et normes

Le développement psychomoteur est programmé génétiquement pour chaque espèce. Néanmoins l'environnement peut intervenir dans ce déroulement pour le moduler. Par exemple un enfant privé de soins ou non stimulé présentera un retard important dans ses acquisitions.

Le développement se déroule en suivant quelques lois générales qui permettent d'en comprendre les mécanismes. Sans entrer dans le détail de la programmation neuromotrice, il suffit de connaître les deux lois essentielles qui permettent de comprendre la succession des étapes dans le développement psychomoteur : les lois de développement céphalo-caudale et proximo-distale, qui ont été bien décrites par

Gesell et qui illustrent les progrès de la maturation nerveuse avec ses incidences sur le contrôle moteur.

• *La loi de développement céphalo-caudal.* La myélinisation des fibres nerveuses se fait en progressant dans un sens céphalo-caudal (littéralement de la tête à la queue) c'est-à-dire du cerveau au bas de la colonne vertébrale. C'est pourquoi le bébé va exercer un contrôle de plus en plus grand sur les muscles d'abord oculaires, puis du cou (redressement de la tête) puis du dos (permettant de tenir assis), puis des membres inférieurs (permettant la station debout puis la marche).

• *La loi de développement proximo-distal.* Elle illustre les progrès de la myélinisation dans un sens proximo-distal (littéralement de ce qui est proche vers ce qui est loin), c'est-à-dire des segments centraux aux segments périphériques (de ce qui est proche de la moelle épinière à ce qui en est plus éloigné), permettant de progresser dans le contrôle des grands muscles aux plus petits, permettant ainsi des gestes de plus en plus précis et minutieux, de la région pelvienne aux pieds, de l'épaule à la main... L'évolution de la préhension est effectivement une bonne illustration de cette loi puisqu'on peut constater que le contrôle par l'enfant des mouvements dirigés vers un objet, apparaît d'abord au niveau de l'épaule, puis au niveau de l'articulation du coude et du poignets (mouvements plus souples et plus adaptés), et enfin au niveau de la main elle-même, dont les doigts semblent se délier et permettent une préhension beaucoup plus fine.

• *L'évolution du tonus et de la posture.* La forte tonicité musculaire du nouveau-né (qu'on peut mesurer dans la faible extensibilité des muscles), va évoluer différemment selon les muscles concernés : le tonus axial (tonicité des muscles du tronc) va augmenter (pour que l'enfant puisse redresser le dos), tandis que le tonus des fléchisseurs (bras et jambes) va diminuer de façon à permettre le degré d'extensibilité nécessaire à la station debout et à la marche. Le tonus est donc étroitement lié à la posture. La progression des enfants hypertoniques ou hypotoniques n'est d'ailleurs pas la même car les enfants hypertoniques tiennent debout plus tôt que les autres et que les hypotoniques ont un meilleur contrôle de la motricité fine (par exemple dans les gestes de préhension).

• *Les normes de développement.* Des normes, telles que celles qui ont été décrites par Gesell, permettent de repérer davantage la succession des différentes étapes dans le développement psychomoteur, que les âges correspondant à ces étapes. La variabilité interindividuelle, par exemple en fonction du degré de tonicité musculaire des enfants, est importante : il n'est pas rare qu'une même étape soit atteinte à des âges qui diffèrent d'un enfant à l'autre de plusieurs mois. En revanche la succession des différentes étapes qui résulte du déroulement de la programmation génétique est pratiquement toujours la même, sauf pour l'apparition des premiers déplacements autonomes.

Lorsqu'on veut situer un enfant par rapport à son groupe d'âge pour apprécier son développement, il faut non seulement se référer à l'âge moyen d'apparition de telle étape, telle qu'on peut le trouver dans les normes de développement qui ont été établies, mais aussi aux variations par rapport à ces âges moyens (qu'on peut voir dans les indices de dispersion de la distribution). De plus il faut toujours comparer un enfant par rapport à lui-même et non seulement par rapport à son groupe d'âge de référence, car c'est l'allure de sa propre courbe de développement, dont on peut vérifier la progression ascendante, qui est intéressante.

Les principales étapes du développement psychomoteur

Compte tenu de ce qui précède, les âges indiqués sont approximatifs mais permettent de situer les différentes étapes de cette maturation neuro-motrice.

• *Les conduites de préhension*. La succession des étapes est gouvernée par la loi de développement proximo-distale. On ne parle de préhension que lorsqu'il y a intentionnalité, car auparavant il y a mise en jeu du réflexe d'agrippement puis de préhension passive, au contact. Il y a d'abord localisation visuelle de la cible (grâce aux progrès de la coordination oculomotrice), puis mouvements dirigés des bras vers cette cible : la coordination visuo-manuelle permettant ce geste d'atteinte intentionnelle apparaît dans les conditions normales d'observation (donc hors d'un état de motricité « libérée ») vers 4 mois.

Avec la maturation et avec l'exercice, les mouvements d'atteinte et de saisie sont de plus en plus corrects et précis. L'observation fine des progrès de l'enfant fait apparaître une préhension d'abord cubito-palmaire (5-6 mois) : l'objet est saisi entre les trois derniers doigts (du côté du cubitus) et la paume, puis digito-palmaire (6-7 mois) : entre les doigts disposés en râteau et la paume, puis radio digitale (du côté du radius) (vers 7-8 mois) entre les bords latéraux des dernières phalanges de l'index et du pouce et enfin la souplesse dans le poignet et dans les doigts permet à l'enfant de saisir les petits objets entre le pouce et l'index (vers 9 mois).

Au début l'enfant ne se sert que d'une main, car ses deux mains ne sont pas encore indépendantes l'une de l'autre. C'est vers 6 mois qu'il peut tenir un objet d'une main et prendre un autre objet de l'autre. À 8 mois, il fait passer les objets d'une main dans l'autre et prendra beaucoup de plaisir à remplir des récipients avec de petits objets (prendre/lâcher). Vers 10 mois, il devient capable de porter une cuiller à la bouche, mais a encore du mal à ne pas la renverser.

La maîtrise et la précision de ses gestes décuple ses possibilités de manipulation et d'exploration des objets qui se trouvent autour de lui, qui sont autant d'occasions de développer son savoir sur le monde et donc son intelligence.

• *L'acquisition de la station assise*. Conformément à la loi de développement céphalo-caudal, le contrôle neuro-moteur débute par celui les muscles du cou permettant au bébé de maintenir la tête dans le prolongement du tronc. Il apparaît très progressivement et semble établi vers 2 ou 3 mois. Puis on observe des efforts actifs du bébé pour soulever la tête et les épaules vers 4-5 mois. Pour parvenir à la station assise, deux conditions doivent être réunies : 1) une augmentation de tonicité musculaire du dos et 2) une diminution de la tonicité des muscles des membres supérieurs puis inférieurs qui permet une plus grande extensibilité. L'augmentation de tonicité des muscles du dos commence par le haut du dos, puis l'attitude cyphotique (dos rond) disparaît progressivement : vers 6 mois, le dos est bien droit, mais le buste penche en avant ; l'enfant a alors besoin de ses bras qu'il étend devant lui pour ne pas tomber vers l'avant. Enfin, il peut étendre les jambes qu'il écarte pour avoir une meilleure assise : il peut alors tenir assis un certain temps sans tomber (vers 7-8 mois). Son équilibre s'améliore avec le temps et avec l'exercice et lui permettra un peu plus tard de rester stable en pivotant autour de l'axe vertical et en revenant au point de départ. En revanche ce n'est pas parce qu'un bébé sait tenir assis qu'il sait se mettre assis : passer de la position allongée à la position assise nécessite quelques mois de plus (vers 9 mois).

• *Les premiers déplacements au sol.* C'est dans ce domaine que la variabilité interindividuelle est la plus forte car la succession des différents modes de déplacement ne se fait pas de façon immuable et certains enfants ne se déplacent pas sur le ventre avant de marcher. Il est vrai que les pratiques actuelles de mettre les enfants sur le sol très tôt pour une plus grande liberté de mouvement incitent les enfants à se propulser, ne serait-ce que pour atteindre un objet convoité. Au cours de ces mouvements, quand il est sur le dos, l'enfant apprend à se retourner sur le ventre (vers 6-8 mois), puis du ventre sur le dos (vers 8-10 mois). Le premier type de propulsion se fait en position ventrale, par appui sur les avant-bras qui exercent une traction, puis les jambes entrent en action. Le mouvement alternatif et coordonné des bras et des jambes permet à l'enfant de se soulever du sol pour se mettre à quatre pattes (propulsion quadrupédique). Une fois maîtrisé, ce moyen de propulsion devient rapide et efficace.

• *La station debout et la marche.* Lorsque l'enfant de 7-8 mois est soutenu en appui vertical, il présente une alternance de flexion/extension des jambes, puis il peut rester en appui sur ses pieds, en se tenant de ses deux mains vers 9 mois, mais son buste est encore très penché en avant. Il se redresse progressivement et vers 10-12 mois, il peut se tirer seul de la position assise à la position debout et se tenir debout seul, sans soutien, les bras écartés l'aident à garder son équilibre. C'est à peu près au même moment qu'il peut faire quelques pas, soutenu par les aisselles ou les deux mains. Il peut même se déplacer seul le long des obstacles (mur par exemple) par appuis successifs. Vers 12 mois, il marche, tenu d'une seule main. Enfin vient le grand moment : il s'élance seul, sans appui pour quelques pas. Cette marche autonome se produit entre 12 et 18 mois (15 mois en moyenne) mais avec des écarts considérables d'un enfant à l'autre, sans aucune signification d'anormalité. Si les premiers pas ne sont pas très assurés et s'accompagnent de chutes décourageantes, l'exercice de cette nouvelle autonomie lui procure un grand plaisir et lui permet de se perfectionner : il peut se passer plusieurs semaines entre les premiers pas seul et une marche autonome sur plusieurs mètres.

La marche continue à s'améliorer : les mouvements des membres inférieurs sont d'abord hésitants, saccadés, jambes écartées, buste penché en avant, les bras sont moins levés mais encore écartés pour contribuer à l'équilibre de la posture. En revanche quelques mois plus tard, vers 2 ans, les pas sont mieux contrôlés visuellement et l'équilibre mieux assuré. Le mode d'attaque du pied d'abord digitigrade (pointe du pied) puis plantigrade, se déroule à cet âge normalement (en allant du talon à la pointe).

Cet équilibre l'encourage à aller plus loin : vers 18 mois, il peut monter les escaliers en donnant la main, un peu plus tard les descendre (sans déplacement alternatif des pieds dans un premier temps, car la descente face au vide compromet davantage son équilibre). Jusqu'à trois ans sa motricité se perfectionne, il a de plus en plus d'aisance dans ses déplacements : tombe moins, court, apprend à pédaler sur un tricycle, à sauter sur un pied, etc.

• *La maîtrise de la propreté sphinctérienne.* Selon la loi de développement céphalo-caudal, la maîtrise des sphincters ne peut intervenir qu'après la marche, puisque les terminaisons nerveuses commandant les sphincters sont situées plus bas que les commandes des membres inférieurs. Toute tentative d'éducation à la propreté avant la maîtrise de la marche risque de se solder par un échec. Après cette étape en revanche, l'enfant présente la maturité neuromotrice nécessaire à ce contrôle et est disponible pour un autre apprentissage. Si l'enfant marche à 15 mois, il pourra être propre (c'est-à-dire signaler ses besoins d'évacuation à temps et se retenir un moment) vers 20 mois, mais on peut considérer que l'âge de deux ans est un âge normal pour l'acquisition de la propreté diurne. En revanche elle sera difficile pendant son sommeil (sieste ou nuit) et il faudra attendre l'âge de trois ans en moyenne pour ne plus mettre de couches pendant la sieste et 4 ans pour la nuit. Néanmoins, on ne peut parler d'énurésie (incontinence urinaire) avant 5 ans pour une énurésie primaire (c'est-à-dire quand l'enfant n'a pas encore été propre).

À trois ans l'essentiel des acquisitions psychomotrices est réalisé : l'enfant sait manipuler les objets avec précision, les combiner, se déplacer de façon sûre, ses mouvements sont assez précis et assez bien coordonnés. L'évolution ultérieure portera sur la combinaison de la rapidité et de la précision des gestes grâce à une indépendance croissante des groupes musculaires.

LE DÉVELOPPEMENT DE L'INTELLIGENCE SENSORI-MOTRICE

Les progrès psychomoteurs de l'enfant lui permettent d'accroître sans cesse son champ d'expérience en construisant son intelligence. Les fonctionnements sensori-moteurs de l'enfant au sein de son milieu, alimentent son activité psychique et donc la construction de son intelligence en fonctionnement. Avant de donner un aperçu des recherches actuelles en psychologie du développement précoce, nous présentons la théorie de Piaget qui permet d'expliquer comment s'élaborent les structures intellectuelles du bébé au cours de cette période et sur la base de ces progrès psychomoteurs spectaculaires dont nous avons donné une description rapide. C'est par rapport à cette théorie piagétienne, la plus féconde sur le plan de la compréhension de la construction de l'intelligence que seront ensuite situés les résultats des recherches actuelles qui contredisent la théorie sur certains points ou conduisent à la nuancer.

PIAGET : LE STADE DE L'INTELLIGENCE SENSORI-MOTRICE, DE LA NAISSANCE À 24 MOIS

Il peut être utile de relire auparavant le chapitre 1 pour avoir une vue d'ensemble de la théorie et des définitions des concepts piagétiens. Pour une description détaillée de cette période et pour comprendre comment s'élabore une théorie explicative à partir de descriptions minutieuses du développement de l'enfant, se référer aux deux ouvrages majeurs de Piaget (1936) et (1937). Pour une présentation claire mais très condensée, se référer à « La psychologie de l'enfant » de Piaget et Inhelder (1968).

Cette période se caractérise par la constitution progressive de schèmes sensori-moteurs (voir p. 13), c'est-à-dire de schèmes impliqués dans toutes les activités qui font intervenir la perception et le mouvement, donc la coordination sensori-motrice des actions. Pour Piaget, l'intelligence c'est une adaptation à des situations nouvelles, et l'intelligence sensori-motrice c'est la capacité de résoudre des problèmes pratiques au moyen des actions sensori-motrices et avant l'apparition du langage. Pour lui, en effet la source de l'intelligence réside dans les actions sensori-motrices qu'exerce l'individu sur des objets et non dans le langage. Ce premier stade dans la construction de l'intelligence est capital car, dans la perspective constructiviste de Piaget, c'est à ce moment que s'élaborent toutes les substructures cognitives qui sont les éléments de base des constructions cognitives ultérieures. On va voir comment l'intelligence d'un enfant peut se construire à partir de ses expériences quotidiennes du réel à partir de ses actions, de ses manipulations et de ses observations, en même temps qu'il élabore les notions fondamentales d'objet, d'espace, de temps et de causalité.

Le premier sous-stade : l'exercice des réflexes (0-1 mois)

La notion de réflexe chez Piaget ne correspond pas exactement à l'arc réflexe neurologique. Le réflexe est considéré ici comme une première réponse globale de l'individu à une stimulation provenant de son milieu, elle a donc déjà une fonction adaptative. Par la suite, des exercices fonctionnels vont consolider ce réflexe et l'élargir. En effet ce sont les premières réponses réflexes qui constituent la source des schèmes. Le schème étant perfectible par l'exercice qui le consolide va prendre possible l'assimilation qui va l'enrichir. Prenons l'exemple du réflexe de succion dont nous avons vu qu'il faisait partie des réflexes archaïques. Le nouveau-né tâtonne un peu pour téter la première fois, puis le fait de façon de plus en plus assurée, il devient de plus en plus capable de retrouver le mamelon lorsqu'il l'a lâché. Cet exercice fonctionnel rend possible l'assimilation qui peut prendre plusieurs formes : l'assimilation fonctionnelle (ou reproductrice) correspondant à un besoin de reproduction de l'action, permettant la consolidation de cette action. L'assimilation généralisatrice se manifeste lorsque l'enfant incorpore dans cette action réflexe des objets différents (par exemple le sein et le pouce), provoquant ainsi un élargissement du schème-réflexe. L'assimilation devient ensuite recognitive (ou discriminative) lorsqu'elle donne lieu à des distinctions entre ces objets différents incorporés dans le schème (le bébé peut sans peine distinguer son pouce du sein, surtout quand il a faim car ils ne produisent pas le même effet en retour de son action). Il existe en outre une quatrième forme d'assimilation qui est l'assimilation réciproque des schèmes, elle se manifeste un peu plus tard par exemple au moment de la coordination de la vision et de la préhension. Il n'y a pas que le réflexe de succion qui soit à l'origine des schèmes, même s'il a été particulièrement étudié par Piaget, on peut prendre aussi l'exemple du regard, de la phonation, de la saisie, etc.

Le deuxième sous-stade : les premières adaptations et les réactions circulaires primaires (1-4 mois)

Grâce à l'extension des schèmes assimilateurs, les acquisitions sont maintenant possibles : il y a apparition de conduites nouvelles qui correspondent à l'intégration de nouveaux éléments dans les schèmes initiaux. En reprenant l'exemple de la succion, on constate que l'enfant suce son pouce de plus en plus souvent, ce nouveau comportement témoigne du fait que le pouce a été « incorporé » en quelque sorte dans le schème-réflexe initial de succion. L'installation de cette nouvelle conduite se fait grâce aux réactions circulaires primaires. La réaction circulaire correspond à une reproduction active d'une action fortuite qui a provoqué un résultat nouveau et intéressant. Au cours de ses mouvements encore peu coordonnés, l'enfant met par hasard le pouce dans sa bouche, il trouve le résultat de cette action très agréable et va donc chercher à répéter la même action pour obtenir ce résultat. L'adjectif « primaire » spécifie que ces réactions circulaires ne concernent pour l'instant que le corps de l'enfant, et pas encore les objets qui l'entourent : effectivement, elles concernent à cet âge, outre la succion, la vision, la phonation et l'audition, aussi les mains (prises fortuites d'objets). L'enfant qui vocalise spontanément, s'entend et cherche à reproduire ce résultat très intéressant, il est ainsi incité à reproduire cette action (phonation), en la faisant varier quelque peu (accommodation). Ces réactions circulaires primaires s'organisent en schèmes sensori-moteurs primaires. C'est à ce stade que l'assimilation et l'accommodation commencent à se différencier l'une de l'autre, puisqu'il y a intégration d'éléments nouveaux aux schèmes antérieurs et modification des schèmes pour faciliter l'assimilation des nouveaux objets. Mais à ce stade, l'accommodation est encore peu fréquente et reste subordonnée à l'activité assimilatrice de l'enfant.

Pour Piaget l'enfant de ce stade vit dans un monde composé de tableaux sensoriels successifs : tactiles, visuels, auditifs, gustatifs, sans mise en relation possible entre ces espaces sensoriels hétérogènes ; il y a autant d'espaces sensoriels que de schèmes sans qu'il existe d'espace commun aux différents domaines perceptifs. De même l'enfant n'a pas encore de conscience d'objet.

Les conduites décrites par Piaget dans ces premiers sous-stades ne peuvent pas encore être qualifiées d'intelligentes : il leur manque l'intentionnalité et la mobilité des schèmes qui les sous-tendent, mobilité indispensable à leur coordination en vue d'une réponse nouvelle. Ces deux caractéristiques vont apparaître dans les stades suivants.

Le troisième sous-stade : la coordination vision-préhension et les réactions circulaires secondaires (4 à 8-9 mois)

Ce stade est marqué par l'apparition de l'intentionnalité qui se manifeste dans les conduites de préhension : ce stade débute en effet par l'apparition de comportements nouveaux de saisie volontaire d'objets, grâce à la mise en place de la coordination visuo-manuelle : l'enfant maintenant peut saisir tout ce qu'il voit. Cette coordination émerge progressivement et va être à l'origine de nouvelles découvertes de l'enfant. Elle a surtout pour conséquence qu'il peut commencer à mettre en correspondance les différents espaces sensoriels (l'objet regardé est touché, mis à la bouche : il y a assimilation réciproque des schèmes et de leurs domaines d'application) et qu'il peut commencer à mettre en rapport le but et les moyens d'y parvenir.

Donc, par ses gestes, l'enfant passe de son corps propre au monde des objets. Les réactions circulaires s'appliquent maintenant aux objets (elles sont secondaires). Un enfant qui s'agite dans son berceau peut dans son agitation mettre fortuitement en branle un objet sonore qui y est accroché. Le bruit ainsi provoqué par hasard lui plaît et il va s'agiter à nouveau dans l'espoir d'aboutir au même résultat : il s'agit là d'une conduite accommodatrice. On peut dire de ses comportements qu'ils résultent d'une mise en correspondance entre le but recherché et les moyens d'y parvenir, mais ce but n'est pas posé au préalable, il apparaît fortuitement au cours des actions de l'enfant, ce n'est donc que le début de la coordination moyen-but.

Au cours de ces réactions circulaires secondaires qui lui permettent de manipuler les objets et de faire en quelque sorte le tour de leurs propriétés, on voit l'enfant appliquer aux objets nouveaux rencontrés, tous les schèmes qu'il possède dans son répertoire (qui ne cesse d'ailleurs de s'agrandir) : si on propose un objet nouveau à un enfant qui se trouve à cette période, on constate qu'il lui applique aussitôt ses schèmes familiers de frapper, secouer, frotter, passer d'une main dans l'autre, mettre à la bouche, ce qui lui permet effectivement de prendre connaissance de l'objet en faisant le tour de ses propriétés (il est dur ou mou, il fait du bruit, il est lisse, il a bon goût, etc.). On voit donc apparaître dans ces conduites exploratrices ce qui doit constituer la base des conduites ultérieures de classification. Comme tous les schèmes ne sont pas applicables de la même façon à tous les objets (selon leur forme, leur volume, etc.), il est conduit à modifier les schèmes initiaux : il s'agit ici d'une conduite nettement accommodatrice, d'adaptation au réel dont il est obligé de tenir compte.

On voit qu'avec l'émergence de l'intentionnalité et la mise en route de réactions circulaires secondaires, l'activité exploratoire de l'enfant s'intensifie en changeant un peu de nature. Néanmoins la place que tient le hasard dans le déclenchement de ces comportements exploratoires montre qu'il n'y a pas encore intention délibérée de mettre en œuvre des moyens assujettis à un but posé au préalable. C'est au stade suivant qu'apparaissent de telles conduites qui témoignent de la naissance de l'intelligence pratique.

Le quatrième sous-stade : la coordination des schèmes secondaires et leur application à des situations nouvelles (8-9 mois à 11-12 mois)

L'enfant maintenant ne se contente plus de répéter des schèmes d'action pour reproduire des résultats intéressants, mais il va combiner différents schèmes pour obtenir un certain résultat. C'est cette coordination de schèmes qui est nouvelle et qui va permettre la solution de problèmes pratiques nouveaux : elle signe ainsi les premiers actes intelligents de l'enfant. La coordination des schèmes est rendue possible par leur mobilité : au lieu d'appliquer chaque schème à un objet, l'enfant va utiliser un schème comme moyen de parvenir à un but : les schèmes devenus mobiles vont pouvoir se coordonner entre eux : il y a par exemple coordination de schèmes-moyens et de schèmes-but auparavant dissociés, qui suppose une prévision du résultat attendu. Piaget donne l'exemple du bébé qui avait l'habitude de tirer sur une ficelle pour entendre le bruit du hochet qui y était suspendu, se met à tirer sur cette ficelle pour attraper un autre objet convoité et le faire ainsi tomber afin de s'en saisir. La conduite n'est pas globale comme précédemment et dirigée par le hasard, elle est dirigée par un but posé au préalable auquel on assujettit un moyen. Cette nette dissociation entre moyen et but peut être également mise en évidence lorsque le bébé utilise un même moyen pour des buts différents (ex. tirer sur la ficelle pour entendre le bruit du hochet ou pour faire tomber un autre objet, cf. p 54), ou des moyens différents pour parvenir au même but (ex. écarter un obstacle pour atteindre un objet inaccessible, ou conduire la main de l'adulte vers cet objet). Sitôt le but atteint, l'enfant s'en empare, délaissant le moyen qui lui a servi, il s'agissait donc bien d'un moyen, d'un intermédiaire pour le conduire au but. En choisissant un moyen l'enfant a anticipé le résultat de son action. Il y a eu prévision. L'enfant effectivement se situe beaucoup mieux dans la durée et la succession des événements : il prélève des indices et fait des inférences sur ce qui va se passer (s'il voit sa mère enfiler son manteau, il se met à pleurer, anticipant son départ). Les conduites exploratoires s'intensifient et on peut voir apparaître ce que Piaget appelle des réactions circulaires secondaires dérivées, qui diffèrent des précédentes en ce qu'au lieu de partir d'un point de départ fortuit (ex. un balancement d'objet provoqué fortuitement que l'enfant cherche à reproduire tel quel), l'enfant profite d'une modification de la situation pour en faire varier les effets (ex. le balancement de l'objet s'est arrêté, l'enfant observe, attend que le balancement soit fini pour recommencer). Il y a ici dissociation de l'acte et de ses effets, l'enfant passe de l'intérêt pour l'action en elle-même à l'intérêt pour l'effet de cette action.

EXTRAIT D'UNE OBSERVATION DE PIAGET

Observation 120 : (p.189-190)... à 0 ;6 (1), il utilise depuis trois mois déjà toutes sortes de schèmes circulaires secondaires : il est donc naturel qu'il arrive à les coordonner entre eux dans certaines situations exceptionnelles. (...). Laurent cherche à saisir un grand morceau de papier que je lui offre et que je place finalement sur le toit de son berceau (et sur le cordon reliant ce toit à la poignée du berceau). Laurent commence à tendre la main, puis, sitôt l'objet posé, il réagit comme il le fait constamment en présence des objectifs éloignés : il se secoue, agite les bras, etc. Le désir de saisir le papier paraît inspirer de telle réactions, comme je l'ai contrôlé en enlevant quelques secondes l'objectif du toit pour le rapprocher et l'éloigner progressivement : c'est au moment où le papier paraît inaccessible à la main seule que Laurent se secoue. Or, après s'être ainsi comporté un instant, il semble chercher la ficelle pendant du toit, puis il l'attire de plus en plus fort en regardant fixement le papier. Au moment ou celui-ci se détache du toit pour tomber, Laurent lâche la ficelle et se tend vers l'objectif, dont il s'empare d'emblée. Plusieurs essais successifs ont donné le même résultat. L'on ne saurait démontrer, il va de soi, que Laurent a tiré le cordon pour saisir le papier, mais l'ensemble de la conduite m'a donné l'impression d'être exécuté dans ce but et parfaitement coordonné.

Si tel est le cas, on peut admettre que le schème de « tirer le cordon » a momentanément servi de moyen pour atteindre le but assigné par le schème « saisir l'objectif ». Cela ne signifie naturellement pas que Laurent ait prévu la chute de l'objet, ni qu'il ait conçu le cordon comme son prolongement : il a simplement utilisé un schème connu dans une intention nouvelle, et c'est ce qui caractérise les conduites du quatrième stade. Seulement, comme le papier était placé dans la situation même qui déclenche habituellement le schème de « tirer le cordon », un tel exemple participe encore des assimilations généralisatrices de la réaction circulaire secondaire.

(...) p. 203. Lorsque Laurent cherche à saisir un papier situé trop haut, et pour ce faire, cherche, puis tire un cordon suspendu au toit, il assimile d'abord le papier à un schème de préhension (ou à un schème plus complexe : le palper, etc.), puis, sans cesser de vouloir lui appliquer ce premier schème, il assimile le même objet au schème bien connu de « tirer les cordons pour secouer » : cette seconde assimilation est donc elle-même subordonnée à la première, c'est-à-dire que, tirant les cordons pour agiter les papiers, il continue de le désirer à titre d'« objet à saisir » (il doit du moins avoir l'impression qu'en secouant l'objectif, il acquiert sur lui un pouvoir qui le met davantage à sa disposition). C'est grâce à cette double assimilation que le schème de « tirer le cordon » se coordonne au schème de « saisir » et devient schème transitif par rapport à un schème final. Une telle assimilation réciproque peut aboutir soit à un rapport symétrique (tirer pour saisir et saisir pour tirer), soit à un rapport de simple inclusion (tirer pour saisir).

Source : *La Naissance de l'intelligence*, 1977.

On voit qu'à ce stade la prise de conscience de la causalité a progressé nettement. Les objets acquièrent une permanence, même relative, qu'ils ne semblaient pas avoir dans les sous-stades précédents : par exemple, lorsqu'on cachait lentement et de façon très ostensible, sans dissimulation, un objet aux yeux de l'enfant, l'enfant n'esquissait aucune tentative de recherche de cet objet : l'objet s'était comme résorbé. Alors que maintenant il se montre actif dans sa recherche et peut le retrouver s'il n'y a pas eu d'autres déplacement que celui qu'il a vu. Cela veut dire que pour le bébé de cet âge (vers 9 mois) l'objet existe en lui-même, même s'il ne le voit pas ou s'il ne le touche pas : l'enfant lui reconnaît une existence intrinsèque, mais qui est encore à nos yeux relative car si, après que l'enfant ait retrouvé l'objet caché en A, on déplace l'objet en B, même de façon très visible, il n'est pas capable de tenir compte de ses déplacements visibles, il commet ce qu'on appelle l'erreur A-non B, c'est-à-dire qu'il retourne le chercher là où il l'avait trouvé peu de temps auparavant. La permanence de l'objet reste étroitement liée à sa localisation.

L'augmentation importante des manipulations d'objets par l'enfant donne aux schèmes qu'il leur applique un statut d'instrument de compréhension. Il développe par ce type d'explorations méthodiques des catégories élémentaires. Puisque les schèmes s'appliquent à un nombre de plus en plus grand d'objets, ils deviennent progressivement un peu plus généraux donc plus abstraits. À ce stade, si l'assimilation prédomine encore, elle provoque beaucoup d'accommodations qui, en retour, facilitent de nouvelles assimilations. L'adaptation qui résulte de l'accélération de ces échanges entre l'enfant et le monde par assimilations et accommodations successives, est de plus en plus importante elle aussi.

Cinquième sous-stade : différenciation des schèmes d'action par réactions circulaires tertiaires et découverte de moyens nouveaux par expérimentation active (11-12 à 18 mois)

Les réactions circulaires continuent d'évoluer : l'enfant ne cherche plus à reproduire simplement un résultat intéressant mais à faire varier le résultat au cours des répétitions. Par exemple l'enfant qui de son parc ou de son lit fait tomber tous les objets qu'il a sous la main, ne le fait pas seulement pour le plaisir certain de voir ses parents les ramasser, mais il fait varier les trajectoires et suit des yeux chaque objet pour voir où et comment il tombe. Ce sont en quelque sorte des expériences « pour voir » qui diffèrent des précédentes (c'est pourquoi Piaget les appelle tertiaires) par l'introduction de variations dans l'action en vue d'en modifier les résultats et procèdent donc d'une démarche de type expérimental. La coordination récente des schèmes s'intensifie et se complexifie car elle est maintenant dirigée vers la découverte de moyens nouveaux. La découverte de ces moyens nouveaux se produit au cours d'une expérimentation. Par exemple, pour attraper un objet très éloigné mais qui se trouve sur un support (par exemple l'enfant voudrait attraper un jouet sur la table recouverte d'une nappe. Dans ses efforts pour l'attraper, il tire sur la nappe et remarque que le jouet se déplace en même temps, il ne lui reste plus qu'à tirer un peu plus et l'objet (et tout ce qu'il y a sur la table !) sera à portée de main. L'enfant a découvert et utilisé la notion de support, il peut de même utiliser un bâton pour rapprocher un objet éloigné, ou encore une ficelle si elle est fixée à cet objet. Il s'agit bien d'une utilisation de moyens intermédiaires intentionnels pour parvenir au but, car sitôt le but atteint, l'enfant délaisse l'instrument. Une fois découvert, ce moyen nouveau est facilement généralisé.

On voit qu'à travers ces conduites nouvelles (conduites dites du support, de la ficelle ou du bâton), l'objet existe bien par lui-même et non par l'enfant qui le ferait exister. L'objet devient définitivement indépendant de la vision de l'enfant ou de l'action qu'il peut exercer sur lui. L'enfant peut maintenant suivre un objet au cours de ses déplacements visibles (par contre, il échoue si les déplacements de l'objet sont masqués à sa vue). Les causes des événements peuvent alors être situées non plus seulement dans son action mais aussi dans les rapports qu'ils entretiennent entre eux (ex. la relation de support).

Les conduites nouvelles de ce stade sont expliquées par Piaget par un rapport nouveau entre assimilation et accommodation : l'accommodation peut diriger maintenant l'assimilation. Il y a effectivement dans ces situations nouvelles, accommodation active des schèmes, conduisant à de nouvelles assimilations. À partir de ce moment il y aura alternance de prédominance entre assimilation et accommodation.

Sixième sous-stade : l'invention de moyens nouveaux par combinaison mentale (de 18 à 24 mois)

L'acquisition la plus importante de ce stade réside dans l'apparition de représentations mentales. Les conduites de l'enfant effectivement changent radicalement : mis en face d'un problème pratique, l'enfant expérimentateur des stades précédents tâtonnait et parvenait parfois à la suite de ses tâtonnements à la solution du problème. Maintenant l'enfant, après quelques essais infructueux, marque une pause et trouve brusquement la solution. Il présente une conduite qu'on appelle *insight* (découverte soudaine et intuitive de la solution). L'exemple que prend Piaget pour illustrer ce changement de conduite est celle d'un enfant voulant attraper un petit objet dans une boîte d'allumettes insuffisamment entrouverte. Dans une telle situation l'enfant du stade V retourne la boîte en tous sens, et peut même l'ouvrir au hasard de ses tâtonnements, alors que l'enfant de ce stade examine la boîte et brusquement glisse le doigt dans la fente pour l'agrandir (Piaget a même observé juste avant que l'enfant n'agisse une ouverture de la bouche qui serait l'équivalent moteur de cette combinaison mentale de schèmes). Car cette compréhension brusque est due en fait à des combinaisons mentales de schèmes sensori-moteurs : il y a intériorisation des tâtonnements et des combinaisons, dont on n'observe que le résultat final qui témoigne de l'existence d'un début de représentations mentales.

Les représentations mentales sont également nécessaires pour l'achèvement du processus conduisant à la permanence de l'objet : en effet la représentation de l'objet que l'enfant élabore lui permet de tenir compte de ses déplacements invisibles, par exemple dans le cas d'un objet caché dans une boîte, elle même sous un écran, ou encore d'un mobile qui se déplace sous un tunnel : l'enfant anticipe la sortie du mobile du tunnel car il peut maintenant se représenter ses déplacements bien qu'il ne puisse les voir, c'est ce qu'on appelle l'effet tunnel.

La construction de la notion d'espace se poursuit et progresse de façon solidaire de la permanence de l'objet, maintenant tout à fait extérieur à l'enfant. Les déplacements autonomes de l'enfant l'aident à structurer l'espace car l'espace apparaît dès lors comme un milieu immobile dans lequel il est lui, mobile. Alors qu'auparavant ses déplacements passifs dans l'espace pouvaient induire la représentation d'un espace mobile dans lequel il pouvait se percevoir comme immobile. Il s'agit bien d'un renversement de point de vue qui témoigne d'un progrès important. Cette structuration de l'espace à travers ses déplacements peut être formalisée dans un groupe, analogue par ses propriétés aux groupes logiques qu'il construira plusieurs années plus tard, mais qui à cet âge n'est qu'un groupe pratique (c'est-à-dire lié à l'action). Il contient néanmoins en germe les éléments nécessaires à la construction ultérieure de l'espace euclidien. Les quatre propriétés du groupe des déplacements sont : la composition [deux déplacements peuvent être composés en un seul], la réversibilité [à tout déplacement direct correspond un déplacement inverse, permettant de revenir au point de départ], l'identité [la composition des deux déplacements direct et inverse donne un déplacement nul], et enfin l'associativité [un même point peut être atteint par des chemins différents, c'est ce qui caractérise les conduites de détour]. La permanence de l'objet, lorsqu'elle est complète, constitue la première caractéristique invariante d'un objet qui permet la réversibilité de l'action : cacher/retrouver.

L'évolution de la notion de temps devient plus objective et reste étroitement liée à la construction de l'espace : il se constitue des séries temporelles objectives, dans lesquelles l'avant et l'après sont encore très liés aux déplacements spatiaux. La causalité qui tendait elle aussi à devenir de plus en plus objective continue en ce sens mais en devenant simultanément représentative, c'est-à-dire que l'enfant devient capable de se représenter des liens causaux de ses actions ou ceux qui existent entre les objets.

À la fin de cette période, après une décentration progressive de l'enfant qui se croyait à l'origine de tout, corrélative d'une objectivation croissante du monde qui l'entoure, l'univers de l'enfant est devenu un univers d'objets permanents, reliés par des relations causales extérieures à l'enfant, et situés dans un espace et un temps objectifs. L'enfant peut se percevoir comme cause et comme objet, et donc soumis aux mêmes lois que les autres objets. Il reste maintenant à reconstruire au niveau des représentations tous les acquis sensori-moteurs de cette première période, c'est ce qui se fera dans les années suivantes, en commençant par la mise en relation des objets avec des signes : c'est ce qui se passe au début de l'étape suivante, au début de la troisième année.

LE DÉBUT DE LA PÉRIODE PRÉOPÉRATOIRE

Ce moment charnière entre les deux stades : sensori-moteur et des opérations concrètes, est une période marquée par le passage du sensori-moteur au représentationnel, qui débute avec la troisième année et s'achèvera avec la décentration qui marque le passage à la pensée opératoire (vers 7-8 ans). La sémiotisation (l'accès aux signes ou aux symboles) permet le passage des schèmes sensori-moteurs aux schèmes conceptuels. Grâce aux représentations mentales les actions sensori-motrices vont s'intérioriser et devenir ce que Piaget appelle des « intuitions », qui n'ont pas encore la propriété d'être réversibles comme les « opérations » qui leur succéderont. Avant d'atteindre le niveau opératoire, l'enfant doit reconstruire toutes les structures sensori-motrices élaborées au stade précédent. Par exemple, à la fin du stade sensori-moteur l'enfant se déplace sans peine en se repérant dans l'espace grâce au groupe pratique des déplacements. Mais il est incapable d'indiquer ses déplacements sur une maquette (même très figurative) ou sur un plan, de reconstruire les relations topographiques qu'il a utilisées dans ses déplacements. Ses souvenirs sont en quelque sorte moteurs. Il va devoir les reconstruire sur le plan mental. Cette possibilité naissante de représentation qui va se développer dans les années suivantes va augmenter la mobilité de la pensée et l'aider à se décentrer : elle va permettre aux schèmes moteurs qui étaient agis, de donner progressivement naissance aux concepts et aux opérations intellectuelles. Cette période qui s'étale sur environ 4 ans est marquée par deux caractéristiques importantes : 1) d'abord l'accès à ce que Piaget a appelé la fonction sémiotique (ou encore symbolique) qui est la preuve des possibilités d'évocations mentales : l'enfant va évoquer des objets ou événements absents au moyen de signes ou de symboles, désigner des signifiés à l'aide de signifiants (les signes : c'est-à-dire les mots, les dessins, les images mentales, les imitations différées dans le temps, etc.), qui est prédominante entre 2 et 4 ans, et 2) la prépondérance de l'égocentrisme de sa pensée, c'est-à-dire de sa difficulté à se décentrer qu'on remarquera surtout jusqu'à 5-6 ans grâce à ses progrès verbaux dans l'expression de sa pensée. À la fin de cette période, la pensée de l'enfant amorcera une décentration qui permettra la réversibilité des actions intériorisées et leur transformation en opérations. Nous détaillerons cette évolution dans le prochain chapitre sur le développement de l'enfant d'âge scolaire.

LE RÉEXAMEN DE LA THÉORIE PIAGÉTIENNE À LA LUMIÈRE DES CONNAISSANCES ACTUELLES SUR LE BÉBÉ

Les recherches de ces deux dernières décennies, dont l'implosion doit beaucoup aux progrès techniques et au contexte social, ont bousculé nos savoirs sur les bébés et conduit à une relecture des écrits piagétiens. Outre les critiques désormais classiques qui reprochent à Piaget de n'avoir traité du développement de l'intelligence de l'enfant qu'à travers les rapports que l'enfant entretient avec les objets, en ignorant les aspects sociaux et affectifs du développement, un réexamen des thèses piagétiennes était déjà en cours, en particulier dans les stades ultérieurs du développement cognitif. Un des problèmes majeurs qui ont conduit à cette révision critique est celui des différences interindividuelles. Pour Piaget, en effet, les différences entre les enfants, au cours de leur développement cognitif n'expriment que des vitesses différentes de développement. Or les différences semblent être d'une toute autre nature car on sait maintenant que les acquisitions intrastades ne se font pas dans le même ordre pour tous les enfants. Cette constatation majeure invalide l'aspect général ou universel du modèle et mène à une conception d'un développement pluraliste, c'est-à-dire pouvant présenter plusieurs voies possibles selon les enfants.

En ce qui concerne les bébés, ce n'est pas l'aspect structural (pris sous l'angle de la succession de sous-stades) qui est d'abord remis en cause, ni l'aspect fonctionnel du développement (en termes d'échanges à visée adaptative entre l'enfant et son milieu), mais la description des capacités (ou savoir-faire) des bébés. Certains faits apparaissent effectivement tout à fait contradictoires avec la description que nous venons de faire de la période sensori-motrice : de façon schématique trois points peuvent être soulevés : 1) le problème des capacités perceptives et des coordinations sensori-motrices, 2) celui du statut et de la permanence de l'objet et 3) celui de la synchronie des acquisitions à cette période (c'est-à-dire celui de l'homogénéité intrastade).

Premier problème: les capacités perceptives et les coordinations sensori-motrices

• *Les capacités perceptives.* Les nouvelles techniques d'étude de l'activité perceptive des bébés, en particulier les techniques d'habituation/réaction à la nouveauté, ont mis en évidence des capacités précoces insoupçonnées et contribué fortement au développement d'un courant perceptivo-cognitiviste dans l'étude développementale de l'intelligence. Pour Lécuyer par exemple qui a consacré tout un ouvrage à l'intelligence des bébés (1990), l'intelligence est perceptive. Effectivement l'activité de perception (car la perception est active), contrairement à la phase de réception sensorielle, est déjà un traitement, même élémentaire, de l'information sensorielle. On peut aussi considérer qu'elle correspond à une mise en relation d'informations (par exemple lors de la comparaison entre le stimulus présenté et un stimulus vu antérieurement et donc sa représentation en mémoire), en ce sens il n'y a pas perception sans intelligence. En revanche il nous semble qu'il serait erroné de ne situer l'intelligence que dans la perception et de sous-estimer la contribution des progrès de la motricité aux progrès intellectuels, ne serait-ce que par l'aspect instrumental (préhension, manipulation, déplacements autonomes) de la motricité. Lécuyer (1991) met en avant trois points sur lesquels se centre actuellement le débat contradictoire sur l'intelligence des bébés : les coordinations intermodales, le problème de l'objet (en particulier son statut pour l'enfant) et la catégorisation. C'est sur ce dernier point que portent ses propres recherches. La catégorisation est une activité plus complexe que la discrimination. Discriminer consiste à différencier, c'est-à-dire percevoir des différences, c'est donc une activité perceptivo-cognitive élémentaire. Catégoriser, c'est trouver le même à travers les différences, trouver la caractéristique qui permet de regrouper en un ensemble (catégorie) des éléments perçus comme différents, mais comme équivalents quant à cette caractéristique commune. La catégorisation est habituellement décrite comme une activité qui apparaît dans le deuxième semestre de la vie et manifeste surtout à la fin de la première année (au moment de l'apparition des premiers mots, mais ce n'est pas un effet du hasard). Lécuyer démontre que c'est une activité beaucoup plus précoce : qu'elle est possible dans les premiers mois de la vie, tout au moins en ce qui concerne la catégorisation de figures géométriques, car on n'est pas en mesure actuellement de démontrer à cet âge une plus grande généralité de ce processus. La catégorisation n'est peut-être pas une capacité innée, elle peut se développer avec l'expérience. Elle a une fonction évidente de structuration de réel et d'économie pour le sujet, c'est pourquoi elle doit tenir une place centrale dans le fonctionnement cognitif. Une capacité cognitive plus générale apparaît de façon très précoce (est-elle innée ?), puisque même le fœtus ou le prématuré en sont capables, c'est la capacité d'apprentissage. Les très importants travaux de Rovee-Collier sur la mémoire à court terme et à long terme des nourrissons sont là pour en témoigner (voir par exemple dans l'ouvrage dirigé par Pouthas et Jouen, 1993). Les bébés se souviennent très bien, et de façon très spécifique de ce qu'ils ont appris, et où ils l'ont appris pendant des jours et même des semaines. Rovee-Collier a choisi d'observer les enfants dans leur environnement habituel, car elle (et d'autres groupes de chercheurs) a démontré que c'était dans ces conditions écologiques qu'ils apprenaient le mieux, et en particulier (mais non exclusivement) dans un contexte social d'interaction avec l'adulte. Les liaisons que le bébé établit entre son action et l'effet produit par son action lui permet de prédire les événements de l'environnement, avec d'autant plus d'efficacité que ces apprentissages sont renforcés affectivements et socialement par les encouragements de ses parents.

Cependant il s'agit là le plus souvent d'apprentissages perceptivo-moteurs, qui ne remettent pas fondamentalement en question la description piagétienne.

• *Les coordinations sensori-motrices.* Nous avons vu que Piaget postule une indépendance initiale de chaque modalité sensorielle et une coordination très progressive de ces différentes modalités entre elles : les espaces sensoriels se constituent d'abord de façon tout à fait indépendante, puis au fur et à mesure des coordinations sensori-motrices, entrent en connexion (avec assimilation réciproque des domaines sensoriels). D'autres auteurs affirment qu'il n'y a pas d'espaces sensoriels différents car la perception de l'enfant est amodale, c'est-à-dire n'est pas indexée à la modalité sensorielle (vision, audition, gustation, olfaction, toucher) qui en est à l'origine, l'information serait véhiculée, traitée et stockée sous une forme abstraite. Ces prises de position théoriques (de Gibson, puis de Bower) sont confortées par les résultats d'expérimentation concernant quatre groupes de faits observés dans les toutes premières semaines : la coordination visuo manuelle chez le nouveau-né, les réactions de défense à la collision, les transferts intermodaux précoces et l'imitation néo-natale

— *La coordination visuo-manuelle chez le nouveau-né.* Bower, chercheur américain très inventif, a mis au point un certain nombre de dispositifs expérimentaux permettant une approche tout à fait nouvelle des problèmes. Il a été un des premiers à affirmer que le nouveau-né pouvait tendre la main vers un objet, alors que ce comportement n'est visible généralement que vers 4-5 mois au moment de la coordination oculo-manuelle. Depuis, ses observations ont été confirmées par plusieurs auteurs, bien que ce comportement ne soit pas facile à obtenir. Il faut, en effet, que des conditions très particulières d'âge (avant deux mois), d'éveil de l'enfant et de posture soient réunies. Grenier (1981) utilise un état dit de « motricité libérée », c'est-à-dire que le nouveau-né, dont on maintient la nuque pour que la tête soit bien dans le prolongement du tronc (le maintien de la nuque a pour fonction d'empêcher le déclenchement de réflexes de rééquilibration généralement provoqués par le ballant de la tête), est doucement amené à un certain état de vigilance avec relâchement de la tonicité musculaire, au cours duquel, assis le dos bien droit, il peut tendre la main vers un objet attractif posé en face de lui, jusqu'à le toucher, le palper et parfois le saisir. Ce fait très spectaculaire apparaît en totale contradiction avec la description piagétienne de la coordination entre la vision et la préhension. Si ces deux types de préhension ne relèvent pas tout à fait des mêmes mécanismes (chez le nouveau-né elle est déclenchée par la vue de l'objet mais n'est pas contrôlée par elle comme elle l'est chez l'enfant plus âgé dont la motricité est sous contrôle cortical et non plus sous-cortical), la mise en correspondance des registres visuel et moteur peut se faire effectivement de façon beaucoup plus précoce.

— *La réaction de défense à la collision.* Bower et ses collaborateurs ont démontré que des bébés de quelques jours, placés dans une posture semi-assise, ont une réaction très particulière lorsqu'on approche rapidement un objet de leur tête : ils rejettent la tête en arrière et interposent leurs bras entre l'objet et leur visage, avec une forte réaction émotive. Cette réaction, interprétée comme une réaction de défense est provoquée aussi bien par un objet réel que par une ombre, ou une configuration optique en expansion (par projection de points lumineux). Elle démontrerait pour Bower que les bébés ont une conception « innée » de ce qu'est un objet (en particulier son caractère solide), elle témoigne en tout cas d'une correspondance précoce entre les deux registres visuels et moteurs.

— *Les transferts intermodaux précoces.* La démonstration de possibilité de transferts intermodaux précoces (c'est-à-dire qui concernent les transports d'information, peut-être sous forme abstraite, d'une modalité sensorielle à une autre, par exemple de la modalité tactile à la modalité visuelle), contredit elle aussi l'affirmation piagétienne selon laquelle les espaces sensoriels se construiraient de façon indépendante les uns des autres, et entreraient en relation très progressivement au fur et à mesure de l'établissement des coordinations sensorielles et sensori-motrices. D'abord mis en évidence à la fin de la première année, ils ont été démontrés dans les premières semaines, mais non dès la naissance. Comment le démontre-t-on ? En cherchant à voir si des bébés sont capables de reconnaître dans une modalité sensorielle un objet dont ils ont pris connaissance dans une autre modalité sensorielle. Si c'est le cas, cela veut dire qu'il y a eu transfert d'information d'une modalité sensorielle à une autre (donc intermodal). Par exemple, Meltzoff et Borton (1979) ont donné à des bébés d'un mois une tétine (vide) à sucer : lisse pour certains, cette tétine présentait des aspérités pour les autres enfants. Après qu'ils ont sucé leur tétine, on montre aux enfants les deux types de tétines : quelle que soit la tétine qu'ils ont sucée, les bébés regardent plus longtemps celle qu'ils ont sucée, et qui leur est donc plus familière : les auteurs en concluent que les bébés ont transféré les informations issues de la perception orale à la perception visuelle puisqu'ils ont « reconnu » la tétine sucée. On peut remarquer ici le risque d'erreur du chercheur quand il passe de la description des comportements à leur interprétation : dire que les bébés regardent plus un type de tétine est une description objective, dire qu'ils l'ont « reconnue », l'est moins. D'autres chercheurs aboutissent à des interprétations opposées quand les bébés regardent plus l'autre objet que celui qu'ils ont exploré avant, ils disent que c'est parce qu'il est nouveau, donc plus attractif. On voit ainsi que l'interprétation des faits constatés implique plus la subjectivité du chercheur que la mesure scientifique des faits eux-mêmes. Streri (1991) a mis en évidence la possibilité pour les bébés de réaliser un transfert d'information de la modalité visuelle à la modalité tactile à 5 mois, et de la modalité tactile à la modalité visuelle dès 2 mois, la non symétrie de ce transfert s'expliquant par les vitesses différentes de développement de ces modalités.

Si ces transferts d'informations sont mis en évidence très tôt dans la vie du bébé, on n'a pas encore démontré 1) que c'est une capacité innée et 2) que l'information véhiculée d'une modalité sensorielle à une autre est abstraite. Quoi qu'il en soit, ces travaux contredisent la thèse piagétienne d'une indépendance initiale entre les modalités sensorielles.

— *L'imitation néo-natale*. L'apparition des conduites imitatives chez l'enfant pour Piaget est relativement tardive puisqu'elles ne sont pas possibles avant les sous-stades III (lorsque l'enfant peut voir le modèle et l'imitation qu'il en fait) et IV (lorsque l'enfant peut imiter des modèles dont il ne peut voir l'imitation qu'il en fait, par exemple des mimiques faciales). En revanche les imitations différées dans le temps ne sont possibles, affirme Piaget qu'à partir du sous-stade VI puisque l'enfant a besoin de représentations mentales correspondant au modèle à imiter et servant de support à l'imitation. L'affirmation de Piaget quant à l'apparition relativement tardive des représentations mentales est d'ailleurs un des points de désaccords fondamentaux entre Piaget et Freud ou ses successeurs.

Une contradiction de taille à la description piagétienne est apportée par l'observation de conduites imitatives néo-natales, mises en évidence d'abord de façon fortuite par Zazzo (observation chez son fils nouveau-né de l'imitation de la protusion de la langue) puis de façon plus expérimentale par Meltzoff et Moore (1977). Ils présentent à un bébé éveillé (âgé de deux semaines) des modèles faciaux à imiter (ouverture et fermeture de la bouche, protusion de la langue…), puis ils regardent ce que fait le bébé. Effectivement la fréquence de la mimique affichée par le bébé correspondant au modèle juste présenté est significativement plus importante que celle des autres mouvements que le bébé peut produire à la suite de la présentation du modèle. Dans une expérience réalisée en 1981, les mêmes auteurs ont confirmé ces observations avec des nouveau-nés. Vinter (1985) a confirmé ces observations et montré qu'il fallait que le modèle à imiter soit en mouvement, que la fréquence des imitations produites dépendait des enfants et que, en suivant longitudinalement plusieurs enfants, ces conduites imitatives disparaissaient vers deux mois. Le problème soulevé par ces recherches est celui de la nature des processus impliqués dans la production de ces comportements : l'imitation requiert-elle des représentations mentales comme le suggèrent Meltzoff et Moore et dans ce cas elles seraient vraiment très précoces, sinon de quelle façon un nouveau-né peut-il imiter un mouvement qu'il n'a pas constaté sur lui-même ? L'explication la plus probable de la précocité de cette capacité, à l'instar d'ailleurs d'autres capacités précoces, c'est leur fonction sociale (ici l'imitation produite par le bébé et/ou par l'adulte contribue aux communications interpersonnelles) : ces capacités s'inscrivent dans l'ensemble des compétences déployées par le bébé pour entrer en contact avec autrui, condition essentielle de sa survie.

Une autre lecture de ces compétences précoces est proposée par les théoriciens cognitivistes qui les associent aux représentations mentales, auxquelles ils attribuent une fonction centrale dans le développement cognitif : nous évoquerons leurs théories dans le chapitre suivant.

Deuxième problème: le statut de l'objet et de sa permanence

Les recherches sur la permanence de l'objet sont extrêmement nombreuses, variées dans leur protocoles et malheureusement contradictoires dans leurs résultats. La plus grande partie des recherches portent sur ce qu'on a appelé l'erreur A-non B, ou encore erreur du stade IV (voir p. 55). Pour Piaget, cette erreur de l'enfant à rechercher l'objet là où il l'a trouvé auparavant et non là où il l'a vu récemment disparaître est une erreur lié à la fragilité de cette permanence encore très liée à la localisation spatiale de l'objet. La première question posée est celle de l'identité de l'objet : l'objet recherché en A puis en B est-il pour l'enfant le même objet ou tout simplement un objet identique en double exemplaire ? Elle pose en même temps le problème de la nature, ou plutôt du statut de l'objet : qu'est-ce qu'un objet pour l'enfant ? L'objet n'existe-t-il vraiment pas pour l'enfant avant le IVe sous-stade ? Or, nous l'avons vu, même un nouveau-né peut suivre des yeux et tendre la main vers un objet. De nombreuses expériences réalisées par Spelke permettent de conclure que les bébés ont très tôt une conception de ce qu'est un objet, même si elle n'a pu arriver à démontrer que cette conception est innée chez les bébés. Bien que leur conception soit différente de celle d'un adulte, elle repose sur des caractéristiques communes concernant leur unité, leur permanence et leur identité.

La deuxième question soulevée dans les recherches est celle de l'interprétation de l'erreur A-non B en termes d'erreur de repérage spatial : d'ailleurs si on facilite le repérage en utilisant des couleurs de caches différentes, on améliore les performances des enfants. D'autres interprétations supplémentaires ont été proposées (Lécuyer, 1993), et qui sont relatives aux capacités de mémorisation, d'attention, de persévération, de visibilité plus ou moins forte de l'objet caché, voire de capacité de résolution de problème. En fait, aucune interprétation à elle seule n'est suffisante, mais chacune semble légitime, car tous les facteurs envisagés ont eu un effet au moins une fois dans les expériences relatées, ce qui conduit à penser que plusieurs facteurs peuvent intervenir simultanément, de façon additive, ou plus vraisemblablement en interaction, pour déterminer les performances des enfants. Un point central dans l'ensemble de ces recherches est relatif à la signification de la situation, pour le chercheur autant que pour l'enfant. Le fait décrit par Piaget est aisément constatable, c'est l'interprétation qu'il en fait et qu'en font les chercheurs qui pose problème. Lécuyer (1993) suggère de changer complètement de protocole expérimental (changement de l'âge des enfants et des situations proposées, par ex. disparition d'une image vidéo) pour aborder le problème. Mais lorsqu'on modifie drastiquement les conditions d'observation du phénomène, s'agit-il encore du même ?

Troisième problème: la synchronie des acquisitions

À l'intérieur de chacun des grands stades décrits par Piaget, l'ensemble des comportements est supposé évoluer de façon homogène : c'est-à-dire que Piaget postule que les acquisitions relevant d'un même stade se font de façon synchrone (homogénéité intrastade). La vérification expérimentale de cette homogénéité en faisant passer à des bébés des tests de développement constitué des comportements décrits par Piaget, ne confirme pas l'homogénéité postulée par la théorie. La succession des étapes se confirme pour l'ensemble du développement, mais un enfant peut se trouver dans la période sensori-motrice au sous-stade III pour la permanence de l'objet et au sous-stade IV pour la coordination moyen-but, et éventuellement dans un autre sous-stade pour une autre échelle. Il s'agit là de ce qu'on a appelé un décalage horizontal (à l'intérieur d'un même stade) individuel (c'est-à-dire qu'il prend cette forme pour un individu donné et une autre forme pour un autre individu ; par contre, si tous les enfants présentaient les mêmes décalages, il s'agirait de décalages collectifs).

Le problème qui se pose de façon très générale est celui des différences interindividuelles : si la progression dans les acquisitions des jeunes enfants dépend dans une large mesure du déroulement de la programmation maturation neuromotrice, qui détermine la succession des principales étapes, la variabilité très importante observée entre enfants de même âge quant à la mise en œuvre de leurs capacités doit faire porter le regard sur le sens de cette variabilité : si elle n'est pas aléatoire, elle peut révéler des modes de fonctionnement différents, dont il reste encore tout à découvrir (Tourrette, 1991).

En conclusion, de multiples questions fusent de ces recherches en expansion dans un domaine considéré comme insuffisamment exploré, et restent encore sans réponse ou avec des réponses contradictoires. Dans un certain nombre de cas, on peut se demander si les chercheurs, qui ne sont pas tous familiarisés avec cette population très particulière, ne surestiment pas parfois les compétences du bébé, surtout quand ils leur confèrent d'emblée un statut cognitif. Le plus souvent ils oublient de différencier ce qui relève des activités réflexes et ce qui relève de comportements volontaires, intentionnels des bébés, car l'intentionnalité donne un tout autre statut aux actions du bébé, comme Piaget l'a bien démontré. Comme il est apparu que la motricité mal contrôlée du bébé pouvait dans certains cas le gêner dans son exploration, Lécuyer (1990) en a trop vite conclu que la motricité ne contribuait pas à leurs progrès cognitifs. Or la motricité change de statut quand elle devient instrumentale, c'est-à-dire mise au service d'un objectif, asservie à un projet (en particulier quand les coordinations se sont établies). Sa participation au fonctionnement du bébé change, et sa nouvelle fonction instrumentale doit être considérée simultanément d'un point de vue cognitif et social (ou relationnel), comme l'a fait Wallon. Le surinvestissement actuel des recherches concernant l'activité perceptive visuelle du bébé (parce que le fonctionnement visuel est plus facile à étudier), a contribué à restreindre au champ perceptif visuel les activités cognitives des bébés et contribue à entretenir la confusion entre l'organisme et le sujet. En effet, lorsque le chercheur observe le déplacement du regard de l'enfant, il se réfère aux propriétés du système sensoriel de l'organisme, lorsqu'il affirme que pendant le temps du déplacement du regard, le bébé explore le stimulus, il invoque le fonctionnement (perceptivo-cognitif) du sujet. Cette confusion des deux points de vue est plus fréquente dans les recherches sur les nouveau-nés, et a tendance à disparaître lorsqu'un système sensoriel prend un statut d'instrument, donc asservi à un but du sujet. Les choix écologiques qui consistent à observer le bébé dans son environnement quotidien, comme le font de plus en plus de chercheurs, devraient aider à se recentrer sur la signification des capacités des bébés lorsqu'elles sont mises en œuvre de façon intentionnelle dans un contexte social.

LE DÉVELOPPEMENT AFFECTIF ET SOCIAL

La difficulté à dissocier les différents aspects du développement de l'enfant souligne que l'enfant est d'emblée placé dans une situation sociale dont il est un acteur essentiel, que la construction de son intelligence ne se fait pas seulement au cours des rapports qu'il établit avec les objets, mais aussi avec les personnes. Le développement des capacités communicatives illustre bien ces interrelations entre les différents aspects du développement : le langage qu'il va acquérir au cours de ces trois premières années est autant un outil social qu'un outil cognitif. Nous allons donc d'abord voir comment se développent les compétences à communiquer à partir des bases sensorielles, puis nous verrons ce que proposent les principaux systèmes théoriques pour décrire de quelle façon se construit la personnalité de l'enfant.

LES DÉBUTS DE LA COMMUNICATION

La communication est une mise en commun d'information, de façon verbale ou non verbale. Le langage n'est donc qu'un aspect, mais non le moindre, de la communication. Les premières communications du bébé avec son entourage sont évidemment non verbales et se produisent au cours de séquences interactives entre lui et un adulte. Au cours de l'interaction, chacun des partenaires s'oriente vers celui auquel il s'adresse ; les comportements interactifs sont donc socialement orientés et réciproquement adressés, quelle que soit leur nature : verbale et/ou non verbale (gestuelle ou posturale, visuelle, auditive, olfactive, gustative, etc.). le bébé en effet utilise toutes les capacités sensorielles dont il dispose, et que nous avons décrites dans le chapitre précédent, pour entrer en relation avec son entourage social.

Les bases sensorielles des interactions

Les premières relations du bébé avec son entourage s'appuient sur les compétences sensorielles et sensori-motrices dont il peut faire usage dès sa naissance. Ces capacités pré et postnatales ont été détaillées dans le chapitre précédent, mais quelques points peuvent être ici rappelés pour la démonstration de l'étayage sensoriel de ces premières interactions sociales.

En ce qui concerne la vision, c'est après la naissance qu'elle peut vraiment s'exercer et qu'elle se développe alors très rapidement sous l'influence conjuguée de la maturation et de l'exercice. Le nouveau-né voit bien (sa vision est nette mais avec peu de possibilité d'accommodation), et suit du regard les objets attractifs en mouvement lent. Le regard d'un nouveau-né surprend parfois par son intensité, il provoque en retour un regard de l'adulte qui se centre sur cet échange. Quand il a assez regardé, le bébé détourne son regard, soit pour fermer les yeux (ce qui lui permet de contrôler les stimulations), soit pour rechercher autre chose.

Beaucoup d'études réalisées chez les mammifères montrent que l'olfaction est un élément déterminant de l'attachement du petit à sa mère et permet à la mère de reconnaître son petit. Ce lien olfactif semble déterminant pour le développement individuel et l'intégration sociale du jeune. Les études sur l'olfaction du nouveau-né (entre 3 et 10 jours de vie) ont montré que le bébé était capable de reconnaître l'odeur de sa mère (cette odeur est composée des productions des glandes sébacées, sudoripares et des sécrétions lactées), par rapport à celle d'une autre mère, puisqu'il se tourne préférentiellement de ce côté en s'immobilisant. En outre des bébés, nourris exclusivement au biberon pendant les deux premières semaines de leur vie différencient l'odeur du sein maternel, par rapport à celle du sein d'une autre femme (allaitante ou non). Les mères, quant à elles, reconnaissent l'odeur de leur bébé dès le 2e ou 3e jour (avec une baisse momentanée de leur performance au moment de la dépression postpartum, corrélative d'un remaniement hormonal). Le fait qu'elles ne reconnaissent pas l'odeur de leur enfant dès la naissance et que les mères ayant bénéficié d'un contact plus long avec leur bébé au moment de la naissance aient des performances supérieures, montre bien qu'il s'agit d'un apprentissage, qui se fait d'autant plus rapidement que le contexte est très chargé émotionnellement.

La réactivité gustative des nouveau-nés s'exprime dans le réflexe gustofacial inné, par lequel l'enfant montre la distinction qu'il fait entre les quatre saveurs de base : salé, sucré, acide et amer (à chacune de ces saveurs est associée une mimique faciale caractéristique). Ces mimiques faciales sont tout de suite interprétées par l'entourage qui leur confère une valeur signicative (Chiva, 1985). La sensibilité gustative étant très variable d'un enfant à l'autre (ils expriment spontanément et avec beaucoup d'expressivité leur appétence ou leur dégoût), leur réactivité plus ou moins forte au goût des aliments qui leur sont proposés module leur comportement alimentaire (plus ou moins sélectif). Du fait de l'implication communicative et affective des dyades mère-enfant dans les échanges alimentaires, il n'est pas étonnant de constater que cette réactivité différentielle (le fait d'être plus ou moins réactif) intervient de façon facilitatrice ou inhibitrice dans la qualité des relations entre la mère et son enfant.

On peut maximiser les échanges visuels avec un enfant en adoptant une posture en face à face. Les postures adoptées par les partenaires ont des effets peu dissociables de ceux qui sont produits par les regards et les gestes (contacts tactiles). On peut essayer de supprimer le rôle de la vision dans l'établissement des interactions, en filmant la façon dont le bébé réagit à la personne qui le tient, en les filmant dans l'obscurité avec une caméra à infrarouges. C. Widmer-Robert-Tissot (1981) a observé dans ces conditions que les bébés utilisaient des informations proprioceptives sur la façon dont ils étaient tenus dans les bras, pour faire la distinction entre leur mère et une autre femme. C'est entre un bébé et sa mère que la fusion corporelle est la plus étroite, surtout dans les premières semaines car ensuite, le bébé contrôle de façon plus active la distance entre les deux corps : vers 5-6 mois, il prend appui sur le corps de sa mère pour s'en écarter un peu et élargir le champ de son regard, alors que dès les premiers mois on peut observer des postures « à distance » avec évitement du contact quand le bébé se trouve dans les bras d'une femme étrangère. D'une façon générale, la mère contribue mieux à apaiser l'excitation engendrée par cette interaction. En outre les vocalisations des bébés ne sont pas les mêmes en présence de leur mère ou en présence d'une autre femme : elles sont plus riches et plus modulées quand ils sont dans les bras de leur mère. Les implications cliniques de ces observations sont donc importantes.

Les étonnantes capacités des nouveau-nés humains à s'orienter vers la voix humaine, et à exprimer une préférence pour la voix de leur mère, à condition que ses caractéristiques prosodiques soient conservées, ont été imputées soit à des capacités innées de détection et traitement de la parole humaine, soit à un apprentissage ultra-rapide dès la naissance de la voix de la mère (ou à un réapprentissage, si on considère que sa voix fait partie des stimulus auditifs prénataux privilégiés). Les nouveau-nés de quelques jours sont également capables de reconnaître la langue parlée par leur mère, quand on leur lit un texte dans deux langues différentes (avec des femmes bilingues russe-français) dont l'une est la langue parlée par leur mère. En revanche si aucune de ces deux langues ne correspond à celle de leur mère, ils ne réagissent pas de façon discriminative (cf. Mehler et coll., 1986).

Des analyses fines d'enregistrements vidéo de nouveau-nés pendant l'audition d'une voix humaine réalisées par Condon et Sander en 1974 (cf. Michiels-Philippe, 1984) ont montré une synchronisation des mouvements de l'enfant avec les segments articulatoires du discours de l'adulte, qui évoque (au ralenti) une sorte de danse gestuelle. Il y a une coordination entre la configuration des parties du corps en mouvement et le type de segments verbaux entendus. Cette synchronie ne se produit que quand l'enfant est déjà en mouvement et n'a pas besoin d'un contact visuel pour se manifester. C'est la voix humaine (même enregistrée ou dans une autre langue) qui déclenche cet accordage avec les mouvements des différents segments corporels du bébé.

Brazelton (voir par ex. Brazelton et Cramer, 1993) a montré combien le bébé était actif dans l'établissement de ces interactions, et qu'il pouvait inciter l'adulte à modifier son comportement. Il faut savoir que les nouveau-nés savent (plus ou moins bien selon les bébés) contrôler leur état de vigilance : ils s'endorment quand les stimulations sont trop intenses et s'éveillent doucement en s'orientant vers la source quand elles sont appropriées. Brazelton a mis au point une échelle d'évaluation de ces capacités néo-natales (la NBAS: Neonatal Behavioral Assessment Scale, cf. chap. 6), grâce à laquelle, on peut apprécier de quelle façon chaque bébé contrôle son état de vigilance, sa réactivité sensorielle ou son intérêt pour les stimulus sociaux. Au fur et à mesure qu'il se développe le bébé prend en compte les indices sociaux pour mieux contrôler ses capacités attentionnelles, et ses parents apprennent à mieux répondre à ses demandes d'engagement dans l'interaction ou de retrait. C'est donc dans la modulation des réactions des deux partenaires de l'interaction qu'émergent les sentiments d'autonomie de l'enfant et de compétence parentale.

De l'interaction adulte-enfant au langage

L'acquisition du langage s'inscrit dans la genèse des processus de communication : c'est en communiquant, même de façon non verbale, que l'enfant apprend à parler.

Comment l'enfant apprend à parler. L'enfant apprend à parler la langue qu'il entend autour de lui. Il y a un certain nombre de caractéristiques communes aux langues (les universaux) et des caractéristiques spécifiques à chaque langue. Plusieurs facteurs contribuent au développement du langage : les facteurs universaux : cognitifs et linguistiques, et des facteurs plus particuliers qui ont trait aux spécificités syntaxiques et sémantiques de la langue et aux formes diversifiées de l'interaction sociale.

On peut distinguer en gros trois moments dans les recherches sur l'acquisition du langage :

1) L'associationnisme empirique, pour lequel le langage s'apprenait comme tout autre objet, par établissement d'une relation entre stimulus et réponse, par une sorte de conditionnement dans l'établissement de ces associations objet-mot (cf. Skinner), avec un renforcement positif ou négatif des adultes. C'était oublier toute l'inventivité dont font preuve tous les jeunes enfants dans la production des premières structures syntaxiques.

2) La linguistique nativiste (ou innéiste). Par exemple, Chomsky considérait que pour parler, il fallait connaître les règles qui permettent de construire des phrases, mais que cette connaissance était innée. Il faisait l'hypothèse que l'enfant venait au monde avec un dispositif spécifique pour l'acquisition du langage : le LAD (Language Acquisition Device ou dispositif d'acquisition du langage), qui avait pour base une grammaire universelle (ou structure linguistique profonde). L'aspect très (trop ?) formel de cette théorie sur les mécanismes d'acquisition du langage (avec une fixation excessive sur les caractéristiques syntaxiques) a fait oublier quelque peu sa fonction première de communication sociale.

3) Celle-ci lui est restituée depuis deux dizaines d'années, par l'approche pragmatique qui intègre le contexte socio-communicatif dans lequel est utilisé le langage : il ne s'agit plus seulement de savoir ce que dit l'enfant, mais à qui, comment et pourquoi il le dit. Une dimension importante de cette perspective est l'intention communicative (celle du locuteur et celle de l'interlocuteur). On parlera par exemple d'« actes de langage » plutôt que d'énoncés, en renvoyant ainsi à l'aspect social de l'acte communicatif posé de façon intentionnelle par un locuteur, à ce qui est signifié au-delà de la forme linguistique de l'énoncé. Ce courant est représenté par exemple par Bruner (1983, ou 1987). Pour qu'un enfant apprenne à parler, il a besoin d'acquérir la syntaxe, car il doit être capable d'énoncer des phrases en conformité avec les règles de grammaire, mais il faut aussi que ce qu'il dit ait un sens, c'est l'aspect sémantique du langage (c'est l'apprentissage de la référence ou liaison entre les mots et les choses), et enfin il faut qu'il ait une intention communicative (nous communiquons pour dire ou faire quelque chose, pour pouvoir « faire des choses avec des mots »), c'est ici l'aspect pragmatique qui est pris en compte. Ces trois aspects ne sont pas vraiment dissociables car ils se construisent en même temps, et dès les premiers échanges non verbaux qui se créent entre le bébé et sa mère. La mère et l'enfant, pour Bruner, créent en quelque sorte un scénario prévisible (évidemment au début sous contrôle de la mère seule), qui fait partie de ce qu'il appelle un LASS (Language Acquisition Support System ou système de support pour l'acquisition du langage), qui associe étroitement langage et intention communicative. Le LASS, n'est pas exclusivement linguistique, il est aussi social car c'est par lui que l'adulte introduit l'enfant à sa culture. Comment interviennent dans cette optique les capacités précoces des enfants ? D'abord, dit Bruner, le bébé recherche dès sa naissance des régularités dans l'environnement, ce qui lui permet de prévoir. Pour cela il cherche aussi à mettre en relation causes et conséquences, moyens et fin, car les activités du bébé sont orientées vers un but. Bruner rejoint ici Piaget qui insiste sur l'intentionnalité des conduites sensori-motrices. Le premier outil utilisé par le bébé pour parvenir à ses fins est un être humain : c'est vers l'être humain que ses compétences le prédisposent à se tourner.

D'emblée Bruner, situe l'origine du langage dans les premiers échanges interactifs du bébé avec sa mère et souligne la continuité entre cette période non verbale et préverbale avec la période verbale ultérieure. Cette continuité est assurée au sein du LASS par des formats ou scénarios (modèles standardisés d'interaction) familiers, ou routines (qui correspondent par exemple à des jeux répétitifs, comme « coucou/le voilà ! » ou des comptines à variations), dans lesquelles l'enfant peut se repérer (et donc prévoir) sur la base des éléments réguliers de ces scénarios qu'il connaît déjà, et que la mère enrichit progressivement. Le LASS va aider au passage entre le non linguistique et le linguistique, en focalisant l'attention du bébé surtout sur les éléments variables de la situation, et sur la fonction de la communication. Un exemple souvent repris par Bruner est celui du jeu interactif entre l'adulte et le bébé (comme le jeu de « coucou »). Ce type de jeu permet à l'enfant de repérer les formes verbales ritualisées, la permutation de rôles interchangeables (se cacher et être caché), et l'incite à maintenir son attention sur une séquence ordonnée d'événements ; il permet à la mère d'introduire des variations visant à laisser progressivement la direction du jeu à l'enfant. D'autres types de formats se mettent en place, par exemple celui de l'attention conjointe : attention accordée des deux interlocuteurs sur un même objet, et qui a une fonction référentielle évidente. Le développement de l'attention réciproque (mère et enfant se regardent), puis partagée (ils regardent la même chose) puis conjointe (ils regardent la même chose en s'assurant qu'ils partagent bien le même centre d'attention), conduit progressivement l'enfant à la maîtrise de la référence et à la dénomination (étiquetage de l'objet regardé).

• *Des productions vocales des nourrissons aux premières productions verbales : l'intention communicative et la conventionnalisation de la communication.* Les premiers cris, pleurs, sons végétatifs (avaler, sucer, digérer…) sont, dès que produits par le bébé, interprétés par l'adulte qui leur confère une signification, bien qu'ils ne possèdent pas à proprement parler les caractéristiques des premiers phonèmes. Ceux-ci sont produits au cours du deuxième mois de la vie de l'enfant : ils sont d'abord vocaliques (les voyelles a, e…) puis consonantiques (g, r, p, m,…). La progression dans cette production de sons, est déterminée d'abord par des contraintes physiologiques (maturation de l'appareil buccophonatoire), qui participent des aspects universaux du langage (on peut le vérifier dans la similitude des répertoire phonétiques des bébés de quelques mois de tous pays) et ensuite par les caractéristiques du langage entendu dans l'environnement et qui conduisent à partir de 6 mois environ à une restriction du répertoire phonétique aux seuls phonèmes entendus dans l'environnement de l'enfant. La succession dans la production des différents phonèmes au cours du développement de l'enfant est donc semblable pour les enfants élevés dans le même environnement linguistique.

Simultanément les caractéristiques prosodiques du discours de l'enfant se rapprochent de celle du discours de l'adulte. L'intonation a effectivement un grand rôle car elle permettra à l'enfant à partir d'un seul mot d'en modifier la signification grammaticale (intonation interrogative ou impérative par exemple). Ces apprentissages se font jour après jour au cours des multiples échanges entre les adultes et les bébés, au cours desquels c'est autant l'adulte qui imite l'enfant que l'enfant qui imite l'adulte. L'apprentissage des règles de communication ont en effet commencé bien avant ces premières productions verbales au sein des premiers formats interactifs, par exemple par l'apprentissage des tours de parole (parler, s'arrêter pour laisser l'autre parler, etc.).

• *Naissance de l'intention de communiquer.* Les premiers mois de la vie de l'enfant se caractérisent par l'établissement de patterns interactifs dyadiques adulte-enfant. Ces premiers échanges dont nous avons décrit les bases sensorielles, sont d'abord centrés presque uniquement sur les personnes. Les comportements du bébé sont interprétés par l'adulte comme signifiants ou comme signal d'une communication, sans qu'il y ait une nette intention de communiquer. On parle alors de pseudo-dialogues ou de proto-conversations au cours desquels les bébés apprennent progressivement à utiliser la valeur expressive de leurs comportements pour les adultes ainsi que les règles de conversation comme l'alternance des tours de parole. Avec la maîtrise croissante de sa motricité, l'enfant délaisse progressivement le face à face social pour se tourner vers l'exploration de l'environnement physique : son attention se porte vers les personnes ou vers les objets physiques. Ce n'est qu'à partir du moment où il va coordonner simultanément ces deux centres d'intérêt, que va apparaître l'intention de communiquer à l'adulte quelque chose à propos des objets ou événements de l'environnement : on voit que le regard du bébé se déplace alternativement du regard de l'adulte à l'objet, en même temps qu'il vocalise. Les postures gestuelles émises par l'enfant montrent de plus en plus clairement que le bébé cherche à partager son centre d'intérêt. Le geste de pointage (pointer du doigt), qui apparaît au début de la seconde année, témoigne de la continuité des processus communicatifs, des gestes aux mots. Si l'enfant désigne du doigt un objet inaccessible qu'il désire fortement pour que quelqu'un lui donne, ce geste relève des comportements proto-impératifs (l'adulte est considéré comme un moyen pour parvenir au but). S'il désigne un objet pour attirer dessus l'attention de l'adulte, quand son regard fait un va-et-vient entre l'objet et la personne, on considère que son geste relève des comportements proto-déclaratifs (la personne est elle aussi objet de son attention : il y a de la part du bébé intention de communiquer avec la personne à propos de cet objet). Il y a donc transformation, au sein du même répertoire comportemental (regard/pointage) des comportements assujettis à des fins différentes. Les interactions sont devenues triadiques : mère-enfant-objet et la capacité d'attention conjointe entre la mère et l'enfant accordé sur un même objet vont se développer. Cette simultanéité des regards de l'adulte et de l'enfant sur un même référent permet à l'enfant de communiquer non-verbalement avec sa mère à propos d'un même centre d'intérêt et à la mère de donner le nom de l'objet que regarde le bébé, c'est ainsi qu'il peut apprendre le nom des choses. Une échelle américaine d'évaluation de ces compétences socio-communicatives, que nous avons adaptée, intègre ces différents comportements pour apprécier les progrès de l'enfant (cf. l'ECSP de Guidetti et Tourrette, 1993, dans le chapitre 6).

• *La conventionnalisation de la communication.* Les premiers mots (ou identifiés comme tels) sont produits à la fin de la première année, et sont utilisés seuls (on parle d'holophrases), c'est l'accompagnement non verbal et le contexte qui orientent la signification que l'adulte lui attribue. Du fait de la petite taille de son vocabulaire, un même mot peut être utilisé par l'enfant à cette époque pour désigner toute une classe d'objets par surextension (ex : « papa » pour tous les hommes, ce qui peut poser quelques problèmes…). On ne peut encore distinguer de catégories grammaticales, en revanche le contour intonatoire permet de moduler la fonction de cet énoncé élémentaire (ex. intonation interrogative ou impérative). La compréhension du sens accordé par l'enfant à cette première production verbale ne peut se faire sans l'aide du contexte de sa production ni sans les supports non-verbaux (regards, gestes, mimiques…) qui l'ont accompagné.

L'association de deux mots se produit quelques mois après, elle témoigne des nouvelles possibilités combinatoires de l'enfant. Chaque association de deux mots constitue alors un énoncé, dans lequel on peut voir, à partir de la position de l'un par rapport à l'autre, l'embryon d'une grammaire élémentaire (puisque dans notre langue la place des mots a une valeur grammaticale). Dans le cadre des recherches de modèles linguistiques génératifs, on a décrit une grammaire-pivot, dans laquelle un énoncé à deux mots est composé d'un mot pivot et d'un mot ouvert : un mot pivot est un mot dont la position dans l'énoncé est toujours la même et auquel est associé successivement un ensemble d'autres mots appartenant à une classe ouverte (non finie) de mots : ce sont les mots ouverts. Dans l'exemple : « bonjour lapin, bonjour maman, bonjour le chat », le mot pivot est « bonjour », les autres sont des mots ouverts. Le mot pivot peut se trouver en première ou en deuxième position, ce qui importe c'est son invariabilité dans l'association avec d'autres mots. Ces essais de formalisation ont été insatisfaisants, d'une part car ils comportent des prédictions sur la grammaticalité d'un énoncé, alors qu'on ne peut définir les limites de la grammaticalité pour un énoncé d'un enfant de cet âge, et que d'autre part, ils ne tenaient pas compte de la dimension sémantique des énoncés : une même association de deux mots peut correspondre à des sens différents marqués par l'intonation et/ou le contexte. L'interprétation des premiers énoncés est actuellement centrée sur leur valeur sémantique, mais les problèmes inhérents à la catégorisation des énoncés restent présents, en particulier du fait que toute catégorisation dans ce domaine est le fruit de l'analyse de l'adulte et tributaire de son interprétation de l'énoncé de l'enfant, sans réelle possibilité de vérification.

Les énoncés à plusieurs mots sont produits en général en début de la troisième année et sont à l'origine des phrases (ex : « papa, pati, auto » représente sans doute la phrase papa est parti en auto), qui consistent à combiner entre elles des unités signifiantes. Les phrases présentent des caractéristiques syntaxiques puisqu'on peut les décomposer, par exemple en syntagmes nominaux (article + nom) et syntagmes verbaux (verbe + syntagme nominal). Les progrès vont porter simultanément sur l'aspect quantitatif (longueur des énoncés) et qualitatif (complexité syntaxique), comme nous le verrons dans les années suivantes.

• *Les stratégies d'apprentissage*. En fait, si la succession de ces différentes étapes dans l'acquisition se retrouve en général chez tous les enfants, l'âge auquel chaque étape apparaît est très variable d'un enfant à l'autre. À ces différences de types quantitatif (vitesse de développement, taille du vocabulaire…), s'ajoutent des différences qualitatives, par exemple dans la diversité et la complexité du répertoire verbal. C'est à tous les niveaux : phonologique, lexical, syntaxique, ou même pragmatique, que se manifeste une importante variabilité interindividuelle. (Pour une vue d'ensemble de cette variabilité, on peut se référer à Espéret, 1990, Reuchlin et Bacher, 1989.) Cette variabilité, dont l'apogée se situe au milieu de la troisième année, a été interprétée par des auteurs, comme Nelson ou Bates, comme l'expression de stratégies différentes pour l'acquisition du langage. Certains enfants, en effet semblent accorder une priorité dans le langage, aux mots (substantifs en particulier), tandis que d'autres accordent une place plus importante aux expressions sociales ou aux pronoms par exemple. Ces deux types de stratégies, présentées de façon dichotomique semblent correspondre à des stratégies plus générales (peut-être des stratégies dans l'acquisition de connaissances ?) plutôt analytique (référentielle ou nominale), qui privilégie le contenu du vocabulaire (aspect sémantique), ou plutôt holistique (expressive ou pronominale), qui privilégie plus la forme du langage, et surtout sa fonction sociale. Les raisons de ces « choix » de stratégies sont mal connues. Mais un certain nombre d'auteurs suggèrent de rechercher dans les interactions qui s'établissent au cours de la première année entre la mère et l'enfant des facteurs responsables de l'orientation langagière de l'enfant. Les multiples échanges quotidiens entre l'adulte et le bébé dans un contexte chaleureux, prennent des caractéristiques spécifiques à la dyade, en fonction de la personnalité de chaque partenaire et des objectifs parentaux implicites d'éducation, par exemple par un marquage plutôt cognitif ou plutôt social des comportements des deux partenaires. Ils contribuent ainsi à façonner de véritables styles interactifs, qui seraient très schématiquement à orientation plutôt didactique (centrées sur la connaissance du monde) ou plutôt socio-affective (centrée sur les relations interpersonnelles), et ceci de façon stable. Il ne reste plus qu'à vérifier qu'il existe bien une correspondance entre style didactique et enfants plutôt référentiels, et style socio-affectif et enfants plutôt expressifs.

Nous avons souligné le fait qu'il y a dans les interactions un « ajustement » étroit entre parent et enfant, qui permet à l'adulte de répondre exactement à la demande de l'enfant tout en lui fournissant un modèle cognitif ou linguistique d'un niveau juste un peu supérieur au niveau actuel de l'enfant, c'est ce qui l'encourage à progresser. L'adulte suit étroitement la progression linguistique de l'enfant et les phrases qu'il lui destine sont toujours ajustées au niveau de développement du langage de l'enfant. Les caractéristiques de ce langage (appelé *motherese* ou encore LAE : langage adressé à l'enfant), sont repérables dès que les adultes ou les enfants plus âgés s'adressent à un bébé. Au niveau prosodique et phonétique, les adultes parlent avec une voix plus aiguë, plus lentement, en faisant des pauses et en articulant mieux. Au niveau syntaxique, la syntaxe est plus correcte que dans le langage familial (souvent elliptique aux phrases inachevées), les phrases sont plus simples et plus courtes. Au niveau sémantique et lexical, le langage est redondant (on dit plusieurs fois la même chose, éventuellement sous des formes différentes), avec un vocabulaire simple choisi par rapport au lexique de l'enfant. La complexité syntaxique et sémantique du discours de l'adulte évolue en fonction des progrès de l'enfant, le modèle présenté par l'adulte se situant généralement un peu au-dessus du niveau actuel de l'enfant, afin de le faire progresser. Ce *motherese* participe d'un ensemble de procédés didactiques utilisés par les parents, généralement de façon implicite et qui consistent à adapter les situations au niveau de développement des bébés, pour faciliter les apprentissages. La plupart des apprentissages des bébés se produisent au cours de situations d'interaction, d'échanges entre le bébé et son entourage social. Les adultes, et en particulier les parents, ont tendance par exemple à utiliser des stimulations simples, lentes, répétitives et expressives pour qu'elles soient faciles à percevoir et à analyser par le nourrisson, à moduler la situation en fonction de l'état d'éveil de l'enfant (besoin de stimulation ou au contraire de repos) et de ses derniers progrès, et le tout dans un contexte d'échanges chaleureux et ludiques qui ont une force motivationnelle inégalée.

B LA CONSTRUCTION DE LA PERSONNALITÉ

Le bébé émerge progressivement de la symbiose fusionnelle avec sa mère, il va devoir se construire comme une personne à part entière. Cette construction est décrite par plusieurs auteurs qui nous donnent des éclairages parfois différents et complémentaires sur cette construction. (Il est conseillé de se reporter au premier chapitre pour avoir une vue d'ensemble de chaque théorie et la définition des principaux concepts.)

L'analyse freudienne

L'investissement pulsionnel du bébé va se porter successivement sur les zones qui sont impliquées d'une part dans la fonction alimentaire et d'autre part dans la fonction d'excrétion (maîtrise des sphincters) et conduit a distinguer deux étapes : le stade oral et le stade anal. La théorie freudienne admet que l'enfant se trouve au début de sa vie dans un état d'indifférenciation, que Freud appelle la période de narcissisme primaire (le terme n'est peut-être pas très bien choisi : il s'agirait plutôt d'un narcissisme sans Narcisse puisque l'enfant n'a aucune conscience à cet âge de lui-même) et qui correspond au passage de l'auto-érotisme à la relation objectale. Le nouveau-né ne connaît pas l'objet qui peut satisfaire sa pulsion, son appareil psychique n'est pas élaboré : il n'y a ni Moi, ni SurMoi, que du Ça, réservoir d'énergie pulsionnelle qu'il va devoir investir dans un objet à trouver. Freud postule ainsi que la pulsion libidinale s'étaye, prend appui, sur la fonction alimentaire : la mère satisfait le besoin alimentaire et est ainsi associée au plaisir de l'enfant : c'est ce qu'on appelle la théorie de l'étayage. Au cours de la première année, il va y avoir dissociation entre le plaisir satisfait par la mère et le plaisir de voir sa mère indépendamment de tout besoin alimentaire. La mère prend alors une signification en elle-même et va devenir un objet libidinal.

• *Le stade oral (1re année)*. La vie affective du bébé est organisée autour de la fonction alimentaire. L'alimentation a pour Freud deux fonctions : nutritionnelle et libidinale (la diminution de l'état de tension est ressentie comme une satisfaction des pulsions). Ces deux fonctions vont se séparer : l'activité de succion va s'exercer pour elle-même en dehors des heures de tétée (prototype du plaisir érotique), au cours du premier semestre, c'est la phase pré-ambivalente, puis dans le deuxième semestre s'ajoutera à la succion la morsure (correspondant à l'apparition des dents), avec comportements d'agressivité, et ambivalence des sentiments (il veut en même temps incorporer sa mère et lui faire mal), c'est la phase sadique orale. À la fin de ce stade, où la relation à l'objet a été orale, le sevrage modifie la relation à la mère. Un Moi rudimentaire s'élabore progressivement, à partir du Ça.

EXTRAIT D'UN TEXTE DE FREUD

Il semble bien aussi que l'enfant, quand il suce, recherche dans cet acte un plaisir déjà éprouvé et qui, maintenant, lui revient à la mémoire. En suçant de manière rythmique une partie d'épiderme ou de muqueuse, l'enfant se satisfait. Il est aisé de voir dans quelles circonstances l'enfant a, pour la première fois, éprouvé ce plaisir qu'il cherche maintenant à renouveler. C'est l'activité initiale et essentielle à la vie de l'enfant qui le lui a appris, la succion du sein maternel, ou de ce qui le remplace. Nous dirons que les lèvres de l'enfant ont joué le rôle de zone érogène et que l'excitation causée par l'afflux du lait chaud a provoqué le plaisir. Au début, la satisfaction de la zone érogène fut étroitement liée à l'apaisement de la faim. [L'activité sexuelle s'est tout d'abord étayée sur une fonction servant à conserver la vie, dont elle ne s'est rendue indépendante que plus tard] (ajouté en 1915).

> Quand on a vu l'enfant rassasié abandonner le sein, retomber dans les bras de sa mère, et, les joues rouges, avec un sourire heureux, s'endormir, on ne peut manquer de dire que cette image reste le modèle et l'expression de la satisfaction sexuelle qu'il connaîtra plus tard. Mais bientôt, le besoin de répéter la satisfaction sexuelle se séparera du besoin de nutrition, et la séparation sera devenue inévitable dès la période de dentition, lorsque la nourriture ne sera plus tétée, mais mâchée. L'enfant ne se sert plus alors, pour la succion, d'un objet extérieur à son corps, mais préfère une partie de son propre épiderme, plus accessible, parce qu'il se rend ainsi indépendant du monde extérieur qu'il ne peut encore dominer ; et aussi parce que, de cette manière, se crée une seconde zone érogène, de moindre valeur cependant que la première. L'insuffisance de cette seconde zone sera une des raisons conduisant l'enfant à la recherche d'une partie de valeur équivalente : les lèvres d'une autre personne. « Dommage que je ne puisse me donner un baiser », pourrait-on lui faire dire.
>
> Source: *Trois Essais sur la théorie de la sexualité,* 1987, p.75-76.

• *Le stade anal, ou sadique-anal (2e et 3e année).* C'est avec le début du contrôle sphinctérien que commence ce stade. La zone érogène devient la région anale, avec le plaisir de la défécation et de la rétention volontaire. L'enfant considère le contenu de ses intestins comme une partie de lui même, qu'il peut ou non, selon son bon vouloir, offrir en cadeau à sa mère (dans le pot). Son autonomie croissante déclenche des interdits parentaux, qui suscitent chez lui des sentiments d'agressivité qu'il décharge sur des objets (aspect sadique). La relation de l'enfant à l'objet libidinal s'exprime en termes de possession/expulsion. Le Moi se renforce et les interdits parentaux sont à l'origine du SurMoi.

La première période décrite par Freud se poursuit au stade suivant : le stade phallique, entre 3 et 6 ans en s'achevant par le complexe d'Œdipe.

On sait que l'interprétation freudienne de la pathologie adulte s'est fait par référence à ces premiers stades de la vie psychique, où le développement peut se fixer.

L'évolution des relations objectales dans la théorie de Spitz

À la suite de Freud, plusieurs auteurs se sont attachés à décrire de quelle façon évoluaient les relations affectives entre le bébé et l'objet de son investissement pulsionnel, et de quelle façon cette évolution pouvait nous renseigner sur l'édification de la personnalité de l'enfant. L'objet d'investissement des pulsions, qui conduit à la satisfaction, n'est pas forcément extérieur à l'enfant : il peut être à certains moment une partie du corps de l'enfant, ou effectivement lui être extérieur. Il n'est donc pas forcement constant au cours du développement. L'évolution de la relation objectale (entre le sujet et l'objet de ses pulsions) peut être abordée sous différents angles : 1) la structuration de l'appareil psychique : on s'intéresse à la formation du Moi, dans le cadre de l'analyse freudienne, en termes de topiques (Inconscient, Préconscient, Conscient) ou en termes d'instances (Ça, Moi, SurMoi). Dans ce cadre, la relation à l'objet agit sur la formation des structures psychiques qui, à leur tour, agissent sur la relation objectale, dans un processus dynamique. 2) La répartition et le mode d'investissement des pulsions libidinales et/ou agressives : ce sont les aspects quantitatifs et qualitatifs de l'investissement pulsionnel qui sont examinés. 3) La constitution de l'objet d'investissement des pulsions : avec trois étapes : an-objectale, préobjectale et objectale. C'est ce point de vue que nous développons ici par souci de simplification à travers une seule théorie : la théorie de Spitz. D'autres auteurs importants, comme M. Klein ou M. Mahler ont proposé une description très complète de cette évolution, avec des points de convergence (en particulier sur la succession des différentes étapes dans ce processus d'individuation) et des points de divergence liés aux concepts propres à chaque auteur. Tous les auteurs (sauf M. Klein) s'accordent cependant sur l'état d'indifférenciation initiale entre le bébé et l'objet d'investissement de ses pulsions, et sur l'individuation croissante de l'enfant au cours des deux premières années.

• *Le stade an-objectal (0-2 mois).* Il n'y a au début de la vie d'un individu ni Moi, ni non-Moi, pas de sujet, pas d'objet distinct du sujet, on ne peut donc parler de relation objectale. Toute l'énergie pulsionnelle de l'enfant est centrée sur lui-même, sur ses affects (ce qu'il ressent). Deux remarques s'imposent sur le vécu de l'enfant : on observe une alternance des états de déplaisir/plaisir (ou quiétude), liés aux états de tension et à la liquidation de la tension (auxquels la mère accorde une signification et qui sont ainsi intégrés dans les premiers échanges communicatifs), et l'importance de l'investissement oral : la situation de nourrissage (qui ne se limite pas à l'introduction du sein dans la bouche de l'enfant, mais englobe tous les aspects sensoriels et affectifs associés à cette situation) a une place très importante, cependant le bébé ne reconnaît pas encore le sein (ou le biberon) comme extérieur à lui-même, il le perçoit comme partie intégrante de lui-même quand il l'a dans la bouche, mais ne le reconnaît pas en dehors de cette situation.

• *Le stade de l'objet précurseur (2-6 mois).* L'univers de l'enfant commence à se différencier. Il montre un intérêt très net pour le visage humain, dont la vue déclenche une réaction très spécifique du bébé : le sourire. Il s'agit ici du vrai sourire adressé à autrui, qui se distingue nettement du sourire asymétrique du nouveau-né endormi. Ce sourire est provoqué par la vue du visage humain (même présenté de façon symbolique avec un masque où le front, les yeux et le nez sont repérables : ils constituent une Gestalt, au sens de « bonne forme »), à condition que le visage soit vu de face et non de profil. Comme il a été souvent associé au besoin et à la satisfaction alimentaire, ce visage agit comme un signal associé à la satisfaction du besoin qui déclenche une activité cognitive de reconnaissance mnémonique.

Il est à noter que ce sourire n'est pas une réponse au sourire de l'adulte, puisqu'un masque sans bouche suffit à le provoquer. Il n'est pas non plus déclenché par la vue du biberon, que l'enfant reconnaît en s'agitant, mais sans sourire.

Pour Spitz le sourire de l'enfant en réponse à cette Gestalt-signal est le signe que s'est constitué un objet précurseur, précurseur de l'objet libidinal, mais il n'y a pas encore de véritable objet libidinal. Spitz appelle le sourire le premier organisateur (ce terme est employé en embryologie pour désigner le degré de structuration dans le développement, à partir duquel les tissus prennent des caractéristiques irréversibles, qu'ils gardent même en cas de transplantation, il indique donc qu'un degré de spécificité a été atteint), en ce sens c'est l'indice repérable qu'un début de construction psychique s'est réalisé : il y a une première esquisse de l'appareil psychique en systèmes conscient et inconscient et un début de différenciation entre le Moi et quelque chose d'extérieur.

• *Le stade objectal (6-12 mois environ).* Ce stade se caractérise par la constitution d'un objet d'investissement des pulsions distinct de l'enfant. La mère est perçue comme un objet libidinal total. Comment le sait-on ? 1) par la réaction de plaisir de l'enfant quand il aperçoit sa mère, qui est reconnue même en dehors des périodes de besoins : donc la relation à sa mère est dégagée de sa finalité biologique (alimentaire) et 2) par la réaction négative de l'enfant à un autre visage qui n'est pas celui de sa mère. Apparaît effectivement à ce moment là une réaction caractéristique d'angoisse à la vue d'un visage étranger dont l'enfant se détourne avec une réaction de déplaisir plus ou moins marquée. Brusquement, l'enfant « méconnaît » disent ses parents, exprimant par ce terme le fait que l'enfant qui, jusqu'à présent souriait à tous les visages humains, même étrangers, s'en détourne. Spitz appelle cette réaction l'angoisse du 8e mois (même si elle se manifeste plus tôt). Ce refus de contact est interprété par Spitz comme la première manifestation de l'angoisse proprement dite, et traduirait l'angoisse de la séparation d'avec la mère. Il ne s'agit donc pas d'une réaction à une personne particulière qui aurait été désagréable, mais d'une prise de conscience de l'absence de sa mère (il confronte la perception de ce visage avec la représentation de sa mère qu'il a en mémoire). Effectivement, la présence de sa mère atténue (ou empêche) cette réaction au visage étranger. Cette angoisse du 8e mois est considérée par Spitz comme le deuxième organisateur qui signale qu'une nouvelle étape a été franchie dans la construction de l'appareil psychique. La mère est alors reconnue comme un objet libidinal, total et unique. Sa mère est un objet total, à part entière : elle est perçue comme extérieure à l'enfant (il y a donc bien une différenciation Moi-non Moi) comme un objet unique (qui ne peut être confondu avec aucun autre) et comme un objet libidinal (car objet d'investissement des pulsions, libidinales ou agressives). Elle lui offre des possibilités d'identification qu'il va faire évoluer. La communication affective dyadique qui s'était installée entre la mère et l'enfant l'introduit aux relations sociales. Ce deuxième organisateur témoigne donc d'un progrès très net de l'enfant dans la construction de sa personne et dans sa socialisation. L'interprétation que donne Spitz de l'angoisse du 8e mois a été réexaminée par Bowlby qui tient à distinguer la peur de l'étranger de l'anxiété de séparation, puisque même quand la mère est là, l'enfant peut manifester sa peur des visages étrangers. Ces deux types de réactions semblent indépendants l'un de l'autre car leur ordre d'apparition peut varier selon les enfants. Bower (1978) a avancé l'idée que cette angoisse du bébé à cet âge était lié à une rupture des patterns habituels de communication.

• *Le stade des relations sociales différenciées (2e année).* La deuxième année de la vie de l'enfant est marquée par l'autonomie croissante de l'enfant dans tous les domaines (marche, propreté, langage). La communication avec la mère se faisait jusqu'alors de façon non verbale ou pré-verbale. Elle devient verbale et symbolique grâce à l'apparition du langage qui permet une distance entre les interlocuteurs, et sociale. En exerçant la liberté toute neuve que lui apporte son autonomie, l'enfant se heurte à des interdictions de plus en plus nombreuses (ne pas mettre les doigts dans la prise de courant, ni vider la poubelle, ni...). Dans le discours maternel apparaissent ordres et interdictions : la mère dit « non ! », en l'empêchant de faire certaines choses. L'enfant perçoit et comprend ces interdictions, mais éprouve de l'agressivité envers sa mère. Pour résoudre ces conflits, il va utiliser un mécanisme d'identification à l'agresseur (compromis entre l'amour qu'il a pour sa mère et les sentiments agressifs qu'elle suscite par ses interdictions), et se met à l'imiter par un geste symbolique de dénégation de la tête, puis de façon verbale en s'écriant « non ! ». Ce non ! sémantique est considéré par Spitz comme le troisième organisateur : il indique qu'un nouveau stade dans l'autonomie est atteint, que l'enfant perçoit l'autre en se reconnaissant comme distinct de son objet libidinal, qu'il s'affirme en s'opposant.

La description de Spitz est intéressante car les aspects affectifs ne sont pas dissociés des aspects cognitifs et sociaux et la description des différentes étapes avec la notion d'organisateur marque bien les progrès de la structuration de l'enfant. L'objet d'investissement des pulsions est investi avant d'être perçu et reconnu, puis il est perçu et reconnu et cette perception structure le Moi de l'enfant, la reconnaissance de sa mère comme une personne distincte de lui et objet d'investissement de ses pulsions, est un facteur essentiel de la maturation de l'enfant. L'apparition des différents organisateurs se produit sans doute un peu plus tôt que ne l'a décrit Spitz : le sourire à la fin du premier mois, l'angoisse de séparation à partir de 6 mois et le « non » vers 15 mois. Cela provient du fait, non pas que les enfants ont changé depuis Spitz, mais que ses observations ont porté sur des enfants en état de carences affectives plus ou moins importantes (par exemple sur des enfants vivant avec leur mère incarcérée, ou abandonnés). Les travaux de Spitz sur les carences affectives font d'ailleurs toujours autorité.

La théorie de l'attachement selon Bowlby (30)

La théorie de l'attachement élaborée dans les années 1950 par un psychanalyste anglais, J. Bowlby, a remis en question des postulats freudiens comme la théorie de l'étayage. Pour Freud, nous l'avons vu, l'attachement du bébé à sa mère est consécutif à la satisfaction des besoins alimentaires du bébé par sa mère, donc secondaire. La pulsion libidinale s'appuie, s'étaie, sur la fonction vitale d'alimentation (besoin primaire) puis s'en distingue.

Bowlby adopte une position radicalement différente : il affirme que le besoin d'attachement du bébé à sa mère relève d'un besoin inné (c'est bien le besoin d'attachement qui est inné mais non l'attachement à telle ou telle personne), constitutif, de contact social, ce besoin serait un besoin primaire au même titre que les autres.

Cette théorie, connue et diffusée en France dans les années 1970 grâce à la table ronde épistolaire organisée par Zazzo avec des psychologues, psychiatres, psychanalystes et éthologistes (Zazzo, 1974) représente une perspective d'évolution théorique intéressante et qui remet en cause un des postulats centraux de la théorie freudienne (l'étayage).

• *Le contexte historique*. Cette théorie est née dans les années d'après-guerre dans un contexte particulier puisqu'à cette époque s'effectuent des recherches sur les carences affectives consécutives à la séparation des enfants d'avec leur mère (il y a beaucoup d'orphelins). On peut ici citer les travaux de D. Burlingham et Anna Freud, R. Spitz (avec son remarquable travail sur les carences affectives et l'hospitalisme), J. Robertson, puis Bowlby lui-même.

À la même époque s'est développé un fort courant éthologique, à la suite des travaux de Lorenz sur ce qu'il a appelé « l'empreinte », c'est-à-dire ce mécanisme par lequel les bébés animaux (les oies, puis d'autres animaux) se mettent à suivre leur mère (ou en fait tout autre objet pourvu qu'il soit présent au moment de la naissance et mobile) dans les minutes ou les heures qui suivent la naissance. D'autres éthologistes ont observé aussi de quelle façon les bébés singes s'agrippaient à leur mère, d'abord de façon constante, puis en ne l'utilisant plus que de temps à autre comme base de sécurité quand ils avaient peur ou étaient fatigués. Ils ont souligné l'équilibre dynamique qui s'établissait entre le degré d'indépendance et le besoin de sécurité du jeune par rapport à sa mère. Les travaux d'Harlow ont porté sur les réactions des bébés singes rhésus quand on les séparait de leur mère à leur naissance, qu'on plaçait dans une situation d'isolement variable, avec différents types de substituts maternels. Par exemple quand on compare le comportement de bébés singes bénéficiant d'un substitut maternel doux (en chiffons) ou dur (en grillage), qui leur fournit ou non du lait. Les bébés singes passent presque tout leur temps sur la mère en chiffons, même si elle ne les nourrit pas et même si c'est la mère en grillage qui les nourrit. De l'ensemble de ses expériences, qui sont quand même très éloignées des conditions que peuvent rencontrer les bébés singes (qui ne se trouvent jamais en situation d'isolement total), et à propos desquelles on peut se poser la question de la légitimité des inférences entre les animaux et les humains, Harlow conclut que le besoin de contact physique (tactile, thermique) est un besoin premier, inné, habituellement satisfait par la mère et qu'à défaut il peut être satisfait par des substituts présentant les mêmes qualités de contact. Pour lui la variable primaire d'attachement est le réconfort du contact, les autres variables : température, allaitement et mouvement sont des variables secondaires, dont l'importance relative varie avec l'âge du bébé singe.

À la fin de la guerre, Bowlby a été chargé par l'ONU de faire un rapport sur la santé mentale des enfants sans foyer, qui, bien que bénéficiant de conditions matérielles correctes, présentaient un développement perturbé. Il a dans son rapport synthétisé toutes les autres recherches sur le même thème, et a montré qu'en dépit de différences liées aux pays, aux types d'institutions s'occupant des enfants, à l'âge des enfants, etc., toutes les analyses convergeaient pour décrire l'état de détresse mentale et de prostration dans lequel se trouvaient ces enfants séparés de leur mère, et qui bénéficiaient pourtant de soins, de conditions de nourriture et d'hygiène satisfaisantes. Il a également visité beaucoup d'établissements, vu beaucoup d'enfants, et sa conclusion a été que ce qui est essentiel au développement du jeune enfant c'est une relation continue et chaleureuse avec sa mère (ou avec un substitut maternel stable). C'est dans ce contexte qu'il propose un amendement au concept freudien d'étayage et élabore la première version de sa théorie du besoin social primaire.

C'est la même année, en 1958, et sans se consulter, que Harlow et Bowlby publient chacun un article important sur les conclusions de leur travail, et d'où ressort l'importance de ce que Bowlby appelle l'attachement, qui concerne les bébés humains et Harlow, l'amour, qui concerne les bébés animaux.

• *L'attachement comme système de régulation de la proximité.* Dans la perspective de Bowlby, un comportement d'attachement peut se définir par sa fonction qui est de maintenir la proximité avec un autre individu, ou de la rétablir si elle est compromise. Zazzo (1974) précise qu'« il suppose une tendance originelle et permanente à rechercher la relation à autrui », et qu'une fois formé, l'attachement a pour nature de durer. Sa fonction à l'échelle de l'espèce est vraisemblablement une double fonction : de protection à l'égard des prédateurs et de survie, puisque le bébé humain n'est pas du tout autonome.

• *Quels sont donc les comportements d'attachement* ? Dans la première version de sa théorie, Bowlby décrit cinq types de comportements contribuant à l'attachement : la succion, l'agrippement, les cris, le sourire, et dès qu'il en sera capable, le comportement de suivre son objet d'attachement. Tous ces comportements ont pour fonction de maintenir la proximité entre l'enfant et la personne objet d'attachement. Dans la deuxième version de sa théorie, il continue à penser que ces cinq types de comportements ont beaucoup d'importance, mais qu'ils sont incorporés à des systèmes plus complexes qui sont organisés et activés dans le même but. La première version de sa théorie se réfère au modèle hydrodynamique de la théorie des pulsions de Freud. Dans cette théorie, l'énergie spécifique de chaque instinct s'accumule comme dans un réservoir avec une soupape. Quand le besoin augmente, la tension monte jusqu'au moment où elle peut se décharger, ce qui a pour effet une chute brutale de la tension pulsionnelle, au moins de façon provisoire puisque la tension réapparaît ensuite progressivement. La valeur explicative de ce modèle était déjà fortement mise en question par les éthologistes (Lorenz et Tinbergen), car ils avaient constaté que la décharge d'énergie ne met pas forcément fin au comportement (l'acte sexuel ne met pas forcément fin au désir et encore moins à l'amour). Un autre modèle explicatif très en vogue dans les années 1960, séduit Bowlby, c'est le modèle cybernétique qui prend en compte le fait que certaines informations parviennent en retour *(feed-back)* à la machine ou à l'individu, pour en modifier le fonctionnement. Ainsi, en ce qui concerne l'attachement, ce système reste inactif quand les deux partenaires sont proches (au contact ou en vue). Quand les conditions changent (par exemple quand la mère s'éloigne, quand l'enfant a peur ou a mal…) ce système est susceptible d'être activé par l'un ou par l'autre des partenaires : le bébé n'est pas le seul à rechercher le contact. La mère aussi maintient une certaine proximité (elle appelle ou elle va voir l'enfant par exemple quand elle ne l'a pas vu ou entendu depuis un moment). Il s'agit donc d'une sorte d'homéostasie qui vise à maintenir constantes les conditions d'un bon fonctionnement.

Néanmoins la mère et l'enfant ne vivent pas en permanence l'un près de l'autre. Le besoin croissant d'indépendance et d'exploration de l'enfant, qui est également un besoin fondamental, permet de contrebalancer ce besoin de proximité physique. Quand l'enfant sent que la personne objet de son attachement est accessible (c'est une base de sécurité), il est disponible pour l'exploration de son environnement, car il sait que si quelque chose survient qui l'inquiète, il pourra la retrouver et avec elle la sécurité et réconfort.

• *L'évolution des conduites d'attachement avec l'âge.* Pour Bowlby, la construction du lien d'attachement se réalise en plusieurs étapes : dès le début de sa vie le bébé montre un intérêt pour les sources sociales de stimulation, et il utilise au maximum toutes ses compétences sensorielles pour entrer en relation avec les personnes. Puis, il devient plus sélectif dans ses réactions vis-à-vis des différentes personnes et se montre de plus en plus actif dans la recherche de proximité. Dans le second semestre de la vie (et donc, mais ce n'est pas un hasard, quand ils se trouvent dans la phase objectale), on considère que les bébés ont déterminé leur objet d'attachement par le fait qu'ils réagissent de façon négative à son départ, et l'accueillent de façon positive à son retour. L'enfant se construit progressivement une représentation interne de ses figures d'attachement qui va lui permettre de supporter de mieux en mieux leur absence (et des absences de plus en plus longues) et d'anticiper leur retour. Bowlby décrit aux environs de trois ans un palier maturatif dans la construction de cette représentation qui l'aidera à mieux supporter la séparation correspondant à l'entrée à l'école maternelle. Pendant les années suivant la constitution de l'objet d'attachement, les comportements d'attachement existent toujours, mais les circonstances dans lesquelles l'attachement se manifeste changent, il est réactivé dès qu'une séparation importante survient, ou quand l'enfant est fatigué ou malade. Plus tard, à l'adolescence ou l'âge adulte, cet attachement perdurera, mais en perdant de son intensité, tandis que s'établiront d'autres liens affectifs.

• *Quelles sont les personnes objets d'attachement (ou figures d'attachement) choisies par l'enfant* ? Bowlby parle d'attachement à la mère en considérant que dans notre culture c'est la mère qui occupe une place privilégiée dans la vie de l'enfant. Winnicott a d'ailleurs décrit un état particulier chez la mère juste après la naissance, qui la rend particulièrement sensible à tout ce qui concerne le bébé, et qui lui permet de s'adapter étroitement à ses demandes : c'est l'état de « préoccupation maternelle primaire ». Néanmoins, actuellement on peut penser que si le bébé se tourne de façon préférentielle vers sa mère, c'est aussi en raison des apprentissages prénataux ou néo-nataux de ses caractéristiques. Le plus souvent c'est la mère qui est choisie naturellement comme figure principale d'attachement. En cas d'absence de la mère (décès, maladie, abandon...), l'enfant a besoin d'un substitut maternel qui joue ce rôle. Ce dernier sera d'autant plus efficace qu'il sera attentif aux signaux de l'enfant pour s'ajuster à ses demandes. Si la mère occupe une place privilégiée dans l'investissement affectif de l'enfant, d'autres personnes appartenant en particulier à la constellation familiale peuvent être aussi objet d'attachement. Schaffer et Emerson se sont ainsi démarqués de la position de Bowlby en démontrant que très souvent les enfants avaient simultanément plusieurs figures d'attachement en même temps : le père, les frères et sœurs, les grands parents, ou certains familiers. Pour eux le fait de s'attacher à plusieurs personnes n'implique pas des sentiments moins profonds avec chacun, et assure en quelque sorte l'enfant contre la perte de sa mère, avec une plus grande continuité de soins et moins de risques de traumatismes ; il semble au contraire que le fait de développer des attachements multiples renforce l'attachement à la figure principale.

Ce qui détermine l'attachement de l'enfant à telle personne plutôt que telle autre, c'est, semble-t-il, la continuité (stabilité temporelle et cohérence des soins, qui permettent la prévisibilité) et la qualité des relations qui s'établissent entre eux, et non pas le fait que cette personne prenne soin matériellement de l'enfant ou la durée du temps passé avec lui. Voilà qui devrait rassurer toutes les mères qui confient leur enfant pendant la journée !

La fonction maternante assurée par la mère est-elle transférable ? Le choix du terme maternante au lieu de maternelle permet de dissocier la fonction de la personne qui l'assure. En quoi consiste cette fonction ? De façon nécessairement schématique, on peut distinguer trois aspects dans la fonction maternante : 1) les soins et la stimulation de l'enfant, 2) la régulation de l'enfant : il s'agit ici d'assurer des fonctions d'empathie (connaissance intuitive et immédiate d'autrui) et d'homéostasie (maintenir constantes les conditions intérieures de vie, la continuité physique et mentale) et 3) la structuration de l'enfant : cet aspect très important consiste à écouter les besoins de l'enfant et y répondre de façon adaptée, en favorisant une distanciation soi-autrui et en fournissant à l'enfant un cadre cohérent qui permet à l'enfant d'élaborer son identité, par exemple en donnant un sens à ce que fait l'enfant. La fonction maternante est donc organisatrice. Le père peut tout à fait remplir les tâches dévolues à la mère, mais il a une spécificité qui lui confère une place particulière dans la construction de la personnalité de l'enfant. Du fait qu'il ne peut totalement se substituer à la mère (il ne porte pas l'enfant dans son ventre, n'accouche, ni allaite), par cette différence liée à son sexe et au fait qu'il soit physiquement et comportementalement différent, il va pouvoir s'introduire dans le couple fusionnel mère-enfant, contribuant ainsi à la distanciation des deux membres de la dyade. Il a donc lui aussi une fonction organisatrice, qui lui est spécifique. On peut également considérer que les autres membres de la famille ont eux aussi une fonction organisatrice, d'expression différente.

Les enfants expriment aussi très souvent (mais pas toujours) un attachement à un objet fétiche (le doudou ou le « nin-nin » ou tout autre nom gentil...), qui ne les quitte pas, en particulier pour dormir. Cet *objet transitionnel*, comme le désigne le psychanalyste Winnicott, a une place particulière dans les attachements développés par les jeunes enfants. Ces objets seraient pour Bowlby des « substituts objectaux » : auxquels l'enfant peut recourir en l'absence de sa figure d'attachement habituelle. Winnicott a décrit « une zone d'expérience intermédiaire entre le pouce et l'ours en peluche, entre l'érotisme oral et la relation objectale vraie » (1969, p.110). Cette aire transitionnelle est une zone de transition entre l'interne et l'externe, entre le subjectif et l'objectif, qui procède simultanément de ces deux espaces (entre lesquels nous percevons une discontinuité alors que l'enfant les perçoit en continuité). Dans cette zone, il y a des phénomènes transitionnels (certains gestes ou mélodies fredonnées par l'enfant avant de s'endormir) et un objet transitionnel. Cet objet, « première possession non-Moi », dit Winnicott, car il est à la fois l'enfant et extérieur à l'enfant, est un indice palpable de l'aire transitionnelle. Il est choisi par l'enfant dans le second semestre de sa vie (période objectale), et présente certaines caractéristiques : doux au toucher et manipulable. Outre sa fonction d'aide à la différenciation, il protège contre l'angoisse de séparation et sert de support aux projections de l'enfant (extériorisation des premiers mécanismes de défense). Cet objet sera progressivement désinvesti.

• *Les réactions à la séparation*. Les travaux sur les carences affectives ont montré que les réactions fortes à la séparation n'apparaissaient pas avant que l'enfant ait investi un objet d'attachement, c'est-à-dire pas avant six mois, parce qu'on ne peut parler de séparation que quand il y a interruption d'une relation déjà formée. Selon Robertson, la réaction à la séparation se produit en trois temps : les protestations (pleurs, cris...), le désespoir (l'enfant se replie sur lui-même, croit que sa mère est partie pour toujours et n'essaie plus de la retrouver) et enfin apparaît le détachement (l'enfant perd l'attachement à la mère et se résigne à accepter les soins d'un substitut maternel). Ce schéma général, qu'on retrouve dans les réaction de deuil, est à moduler selon l'âge de l'enfant (le bébé ne réagit pas de la même façon), les circonstances de la séparation, sa durée, la possibilité ou non d'un recours à des substituts éventuels (par exemple les figures auxiliaires d'attachement). Dans le cas de séparations momentanées, M. Ainsworth, psychologue américaine qui a collaboré avec Bowlby au début de ses travaux, a voulu montrer que l'enfant est disponible pour l'exploration du monde environnant, à condition de disposer d'une figure d'attachement comme base de sécurité et que les réactions des enfants à la séparation d'avec leur mère étaient fonction de la qualité d'attachement qui s'était établie antérieurement.

M. Ainsworth a conçu en 1969 une situation expérimentale, appelée la situation étrange, dans laquelle l'enfant est confronté de façon répétée (ce qui engendre une tension croissante) à une séparation d'avec sa mère et à l'arrivée d'une personne étrangère. Les comportements des enfants en présence de leur mère (ou d'un adulte figure d'attachement), à son départ, à son retour, à l'arrivée et au départ d'une personne étrangère, sont filmés et catégorisés. Sont analysés en particulier, les réactions à la séparation, le mode de contact avec la mère et les comportements exploratoires de l'enfant. M. Ainsworth distingue trois grandes catégories d'enfants, subdivisées ensuite en huit sous-groupes selon le mode prédominant de relation à l'adulte : plutôt à distance (regards) ou au contact physique. Il s'agit des trois catégories suivantes : enfants B, à attachement confiant, qui, après une réaction à la séparation d'avec leur mère, l'accueillent de façon très positive à son retour, en recherchant une proximité,

LA SITUATION ÉTRANGE D'AINSWORTH ET WITTIG (1969)

Elle a été mise au point pour des enfants de 12 mois. Elle est composée de huit épisodes de trois minutes chacun :

1. Arrivée de l'adulte (mère ou autre figure d'attachement) avec le bébé dans une pièce conçue pour l'observation (miroir sans tain et vidéo), l'adulte s'assied et pose l'enfant par terre où se trouvent des jouets.
2. L'adulte (qui a pour consigne de ne pas interagir avec l'enfant, mais de répondre naturellement à ses demandes) et l'enfant restent seuls.
3. Une femme non connue de l'adulte ni de l'enfant entre et vient s'asseoir à côté du bébé, sans intervenir directement.
4. L'adulte quitte discrètement la pièce sans donner d'explication à l'enfant qui reste seul avec l'étrangère qui n'intervient qu'en cas de détresse de l'enfant.
5. L'adulte revient et l'étrangère sort. Il revient prendre sa place auprès de l'enfant sans modifier notablement son comportement.
6. L'adulte sort à nouveau de la pièce en laissant l'enfant seul après l'avoir averti de son départ et de son retour imminent. Une réaction de détresse de l'enfant peut faire revenir aussitôt l'adulte.
7. Si l'expérience se poursuit, l'étrangère entre à nouveau et reste seule avec l'enfant, elle ne fait que répondre aux demandes de l'enfant sans intervenir directement pour interagir avec lui.
8. L'adulte revient et l'étrangère sort. Après une pause, il prend le bébé dans ses bras et le garde en contact.

soit à distance, soit au contact (catégorisés de B1 à B4), des enfants A, à attachement anxieux évitant, car ils ont tendance à ignorer ou éviter la mère à son retour, des enfants C, à attachement anxieux résistant, car ils expriment leur ambivalence par la recherche de contact et le rejet brutal de la mère.

L'opérationnalisation de l'attachement à travers cette situation « étrange », a suscité beaucoup d'intérêt et de travaux : on montre ainsi l'importance pour l'enfant de la continuité et de l'accessibilité de ses figures d'attachement. La sécurité éprouvée par l'enfant est en partie dépendante des conditions environnementales d'éducation et la qualité de l'attachement qui lie l'enfant à sa mère serait prédictive du développement ultérieur de l'enfant : les enfants du groupe B se montrant par exemple plus sociables, plus entreprenants et plus compétents que les autres. Cette opérationnalisation a montré aussi ses limites car la réalité est évidemment plus complexe : par exemple, la catégorisation des enfants est difficile, la stabilité des trois grandes catégories ABC n'est pas si forte entre 12 et 18 mois qu'on a pu l'affirmer, sans que cela puisse être mis systématiquement en rapport avec des variations dans les relations des enfants avec leur mère. Il semble que la stabilité soit plus forte chez les enfants B, qui apparaissent aussi plus explorateurs et plus adaptables aux situations nouvelles. En outre, il faut souligner que les comportements d'attachement au père ou à d'autres figures importantes pour l'enfant sont indépendants, on ne peut donc associer la qualité d'attachement à une caractéristique personnelle de l'enfant.

On peut regretter une utilisation trop exclusive de cette situation, qu'on peut aussi contester en raison du stress qu'elle déclenche chez l'enfant, et qu'il ne soit pas tenu compte des représentations mentales que l'enfant élabore de lui-même, des autres et de ses relations avec les autres et qui constituent en quelque sorte un modèle interne évolutif auquel il peut se référer pour interpréter les comportements des autres. C'est en ce sens que s'orientent actuellement les recherches : d'une part on utilise une autre technique qui est un questionnaire, le Q-SORT, dans lequel la mère est cette fois en position d'évaluation des comportements de l'enfant, et d'autre part on explore le modèle interne de représentation de l'enfant et son évolution avec l'âge (on l'étudie plus facilement à partir d'interrogations d'adultes sur leurs souvenirs d'enfance et leur vécu relationnel).

La construction de la personne selon Wallon

La période de la naissance à trois ans correspond à la phase de construction de la personne décrite par Wallon en deux grandes étapes d'abord centripète (centrée sur soi), puis centrifuge (tournée vers le monde extérieur et la construction intellectuelle).

• *Les stades impulsif et émotionnel (la 1e année) : période centripète.* Ces deux stades sont en fait pour Wallon deux moments d'un stade unique :

1) Le stade de l'impulsivité motrice présente une apogée vers 2-3 mois et peut aller jusqu'à 6 mois. Le nouveau-né est tout à fait dépendant de son entourage et la satisfaction de ses besoins n'est plus automatique comme dans sa vie intra-utérine. Lorsqu'il se trouve en état de besoin, donc d'insatisfaction, il réagit par des décharges musculaires qui se traduisent par des mouvements impulsifs. Ces réactions impulsives deviennent rapidement expressives puisque l'entourage en satisfaisant les besoins de l'enfant leur confère une signification. Les agitations motrices de l'enfant deviennent des moyens d'expression de son état de tension qui se différencieront par la suite en attitudes et mimiques de plus en plus différenciées.

2) Le stade émotionnel peut débuter vers 2-3 mois, présente une apogée vers 6 mois (il y a recouvrement éventuel des deux stades) et se termine à la fin de la première année. Comme son nom l'indique, il se caractérise par la prépondérance des expressions émotionnelles qui constituent le mode dominant de relation de l'enfant avec son entourage. Les réactions émotives sont les premiers signes de la vie psychique qui soient observables et qui, à travers les échanges avec l'entourage qu'elles suscitent, vont organiser la vie psychique de l'individu. Les expressions vocales et motrices du bébé vont se diversifier, les émotions différenciées (joie, douleur, chagrin…) contribuent aux relations du bébé avec son entourage et sont à la base de sa sociabilité. Grâce à ses réactions émotionnelles, l'enfant prend peu à peu conscience (même de façon globale) des situations dans lesquelles il se trouve impliqué et qu'il commence à anticiper. « L'émotion, dit Wallon, c'est une première forme de compréhension », c'est grâce à elle qu'il progresse dans sa compréhension du monde qui l'entoure.

Le passage au stade suivant est marqué par des conflits et des antagonismes, l'enfant va passer d'une activité tonique et affective à une activité relationnelle qui le met en rapport avec le monde des objets.

• *Les stades sensori-moteur et projectif (1-3 ans) : période centrifuge.*

1) Le stade sensori-moteur correspond à la 2e année. L'activité sensori-motrice a commencé à se manifester à la fin de la période précédente dans des réactions circulaires qui relient les mouvements de l'enfant aux données sensorielles et aux excitations provenant de la manipulation des objets extérieurs. L'activité sensori-motrice se déploie dans deux directions indépendantes mais complémentaires : d'une part, l'activité de

EXTRAITS DE TEXTES DE WALLON : LE MOUVEMENT

(p.140) Parmi les moyens que l'être vivant a de réagir sur le milieu, le mouvement est celui qui doit aux progrès de son organisation dans le règne animal et chez l'homme une efficacité et une prépondérance telles que ces effets ont pu être considérés par les behaviouristes comme l'objet exclusif de la psychologie. Mais cette limitation même impose d'attribuer au mouvement des significations extrêmement diverses. Il serait dérisoire, en effet, de limiter celle du langage, par exemple, au simple fait de la phonation et de ne pas distinguer entre des gestes, même extérieurement semblables, suivant les situations qui les motivent et le genre de résultats auxquels ils tendent. Ramené aux contractions musculaires qui le produisent ou au déplacements dans l'espace qui s'ensuivent, le mouvement n'est en effet qu'une abstraction physiologique ou mécanique. Le psychologue ne saurait le dissocier des ensembles qui répondent à l'acte dont il est l'instrument.

Par lui, l'acte s'insère dans l'instant présent. Mais il peut, tantôt n'appartenir par ses conditions et ses buts qu'à l'environnement concret : c'est l'acte moteur proprement dit ; tantôt tendre à des fins actuellement irréalisables ou supposer des moyens qui ne dépendent ni des circonstances brutes, ni des capacités motrices du sujet : d'immédiatement efficient, le mouvement devient alors technique ou symbolique et se réfère au plan de la représentation et de la connaissance. Ce passage ne semble s'opérer que dans l'espèce humaine.

(p.144) Chez l'enfant, c'est seulement par étapes successives que cette fonction complexe du tonus parvient à son achèvement. Les centres nerveux dont elle dépend n'arrivent pas tous en même temps à maturation. Leur équilibre fonctionnel change avec l'âge. Il peut même y persister des différences selon les individus. Il en résulte des types moteurs et aussi des types psychomoteurs différents, les relations entre les manifestations du tonus et le psychisme étant étroites par l'intermédiaire de l'équilibre, des attitudes et par suite des connexions serrées qui existent dans le moyen cerveau entre les centres de la sensibilité affective et ceux des différents automatismes où les fonctions de posture ont un rôle considérable.

(p. 146) Il est souvent possible d'assister au conflit de systèmes successifs entre eux. En s'agitant dans sa baignoire l'enfant voit le bouchon s'éloigner ; il ne peut d'abord que refaire les mêmes gestes ; puis il arrive à orienter le mouvement de son bras dans la direction du bouchon, mais en tenant le point crispé, et l'écarte encore de lui. C'est dans la suite seulement qu'il parviendra à lancer sa main ouverte et à ne la fermer que sur le bouchon. La réduction des obstacles que ces mouvements s'opposent entre eux exigent l'avènement d'une formule nouvelle, qui n'est pas la simple addition d'éléments primitivement distincts. Les exercices qui précèdent la marche offrent un exemple semblable. Assurément, il est loisible de reconnaître dans la suite des rétablissements dont l'enfant devient successivement capable l'avènement d'aptitudes indispensables à la marche. Mais ils ne sont pas, comme on l'a dit, les fragments déjà tout prêts de la locomotion bipède et verticale. Ils appartiennent à des systèmes actuels de comportements dans l'espace, ou même de locomotion, qui pourront un jour entrer en opposition avec la marche, comme chez ces enfants qu'il faut empêcher de courir à quatre pattes pour les mettre dans la nécessité de se dresser sur leurs jambes. Un mouvement ne se construit pas comme un édifice de morceaux taillés selon son plan ; il faut qu'il substitue son propre plan à ceux de ses activités antérieures.

Source : *L'Évolution psychologique de l'enfant*, 1957.

manipulation et d'exploration (des objets, de l'espace proche, puis élargi quand l'enfant marche) au cours de laquelle il apprend à connaître les objets, leurs propriétés, leur nom, elle contribue à la naissance de ce que Wallon appelle l'intelligence pratique (en action) qui caractérise cette période, et, d'autre part, l'activité sensori-motrice va se déployer dans des postures et attitudes (activité tonique posturale), qui contribuent à l'apparition de l'imitation (les postures imitatives), elle-même prélude de la représentation mentale qui accompagnera la naissance du langage. Cette orientation contribue à la naissance d'une intelligence caractérisée par Wallon de discursive. Cette opposition entre deux formes d'intelligence qui signent le passage du sensori-moteur au représentatif, est un des points de désaccord entre les théories piagétienne et wallonienne.

2 Le stade projectif correspond à la 3e année. Il est marqué par le passage des actes moteurs aux représentations mentales. Avec les progrès de la marche et du langage, se déploie une activité « projective » (qui correspond à la projection d'images mentales en actes). À cet âge l'enfant s'exprime autant par des gestes que par des mots, le mouvement accompagne et sert de support à la représentation mentale : il y a intériorisation des actes moteurs. L'imitation illustre ce processus d'intériorisation lorsqu'elle se réalise de façon différée en l'absence du modèle, cette imitation différée est pour Wallon l'imitation « vraie », elle apparaît dans la seconde moitié de la troisième année. Les relations qui s'établissent de plus en plus entre signifiants (représentations mentales, conduites imitatives, langage…) et signifiés traduisent bien l'émergence des représentations, qui ont ici, un caractère nettement social.

La genèse de la conscience de soi

Tous les auteurs ne s'accordent pas sur l'âge auquel l'enfant accède à la conscience de soi : cet âge varie de 6 à 30 mois. Une possibilité d'objectiver la conscience de soi est de l'étudier à travers l'image spéculaire (ou image que nous renvoie le miroir), en observant les réactions de l'enfant face à son image dans le miroir : quand et comment reconnaît-il que cette image est la sienne ? Les travaux de R. Zazzo et de A.M. Fontaine (1992) apportent une description assez complète de ces étapes. Cette reconnaissance de soi est assez tardive : l'enfant reconnaît les autres (en vrai ou dans le miroir) bien avant de se reconnaître. Compte tenu des travaux que nous venons de présenter sur la différenciation très progressive de l'enfant par rapport à sa mère et le temps nécessaire pour se construire comme sujet autonome, il n'est pas étonnant que cette identification ne se produise pas avant la troisième année, et corresponde au moment où l'enfant parlera de lui à la première personne : « je ». En effet, pour s'affirmer comme sujet, il faut que l'enfant se reconnaisse d'abord comme un objet parmi d'autres objets, il faut donc que l'enfant ait atteint un certain degré de décentration pour se voir en quelque sorte de l'extérieur. L'image de lui qu'il voit dans le miroir est en fait une prise de connaissance de lui-même, et non une reconnaissance, car l'enfant connaît son corps (au moins ce qu'il peut en voir), mais ne connaît pas son visage, alors que très tôt il reconnaît très bien ceux des autres, sans distinguer leur image réelle de leur image virtuelle (dans le miroir). Pour savoir que celui qu'il voit dans la glace c'est lui, il va devoir faire correspondre deux expériences différentes : ce qu'il connaît de son corps (par l'intérieur ou l'extérieur) et ce qu'il voit en face de lui dans le miroir. Ensuite, il devra comprendre que cette image de lui n'est pas lui, mais n'en est que le reflet.

• *Quelles sont les étapes de cette identification dans le miroir, d'après Zazzo et Fontaine* ? Dans la première année : l'intérêt pour le visage d'autrui est beaucoup plus vif que pour sa propre image, mais ne se manifeste guère avant 2-3 mois. Il a, à partir de ce moment, des réactions très sociales envers l'image du miroir (il sourit, parle à son image, comme s'il avait un autre enfant devant lui). Vers 8 mois (au stade objectal), il est intrigué par la double image d'une personne (réelle et dans le miroir), ensuite, il s'intéresse de plus en plus à sa propre image et dans les mois suivants (en début de 2e année), s'interroge de plus en plus sur le « truc » du miroir. Dans la seconde année : l'enfant passe du sourire à la perplexité : au milieu de la seconde année, il passe par une période d'évitement de son regard (il jette un coup d'œil et se détourne vite), qui peut coexister avec une fascination (il se regarde avec surprise, parfois mêlée d'anxiété). Cette réaction de fascination ou d'évitement a été observée fréquemment chez les animaux qui perçoivent le côté déroutant de ce congénère qui ne respecte pas les conventions sociales habituelles de prise de contact, et auquel ils vont réagir avec agressivité. À cet âge l'enfant pressent que celui qu'il voit dans la glace n'est pas un autre enfant et commence à s'intéresser à la simultanéité des deux images (il joue par exemple avec le reflet de ses mains). Un test facile permettant de savoir si l'enfant se reconnaît, est de mettre à l'insu de l'enfant une tache sur son nez (avec un peu de rouge par exemple), et de le placer ensuite devant le miroir : l'enfant voit aussitôt cette tache, mais il porte la main soit à son propre nez (il a donc compris que l'enfant du miroir qui a une tache sur le nez c'est lui), soit au nez de l'enfant du miroir (il n'a pas encore atteint cette étape importante d'identification de lui-même). C'est entre 18 et 24 mois que la plupart des enfants ne font plus cette erreur. On peut faciliter cette prise de conscience en donnant quelque chose à manger à l'enfant quand il se trouve devant le miroir : il prend alors conscience de la synchronisation des mouvements de la bouche qu'il peut voir et de ceux qu'il ressent en les effectuant.

L'enfant doit ensuite comprendre que cette image de lui n'est qu'une image, le reflet de la réalité. Pour savoir quand l'enfant comprend le reflet, il faut qu'en silence quelqu'un s'approche de lui par derrière, alors que l'enfant est devant le miroir. Dans cette situation, ou bien il se retourne aussitôt vers la personne réelle (il a donc compris que l'espace vu dans le miroir n'est que le reflet de l'espace réel), ou bien il reste fasciné par l'image de la personne dans le miroir sans se retourner. On considère qu'il faut encore quelques mois pour passer de la compréhension de l'image spéculaire à celle de l'espace spéculaire. À trois ans l'image de soi est bien construite et intégrée, mais cette construction est encore fragile car on peut modifier l'image spéculaire (par exemple avec la vidéo en inversant la droite et la gauche ou en introduisant un délai entre ce que fait l'enfant et l'image diffusée). Les réponses des enfants à la situation témoignent de la perturbation introduite dans leur identification.

L'évolution des processus de construction de l'image de soi et d'identification peut être aussi observée dans les réactions des enfants à leur ombre ou devant leurs photos, comme en témoigne le joli livre de Fontaine (1992). On y retrouve les mêmes étapes.

L'analyse des dessins (voir le chapitre suivant pour l'évolution du geste graphique) des enfants peut également nous renseigner sur cette évolution, cependant la maladresse du geste graphique de l'enfant jeune interfère avec la représentation élémentaire qu'il donne à cet âge de la personne humaine.

L'INDIVIDUATION DES JUMEAUX

Les jumeaux constituent depuis longtemps une population de choix pour l'étude de la contribution des facteurs génétiques et/ou environnementaux à la genèse des comportements humains. Pour les partisans de la « méthode des jumeaux », la comparaison de jumeaux identiques (monozygotes ou MZ) et de jumeaux différents (dizygotes ou DZ, de même sexe ou de sexe différent), permet d'apprécier le poids des facteurs génétiques (puisque le patrimoine génétique des MZ est identique et celui des DZ différent) par rapport à celui des facteurs environnementaux. S'il est vrai que des jumeaux MZ se ressemblent beaucoup plus physiquement et physiologiquement que des DZ, encore que les corrélations intrapaires soient rarement supérieures à.60, cela n'implique pas qu'ils aient les mêmes traits de personnalité. Les interactions entre les deux membres de la paire sont en général ignorées. Or Zazzo (1960) a mis en évidence ce qu'il appelle « l'effet de couple ». Zazzo s'est intéressé aux jumeaux car ils représentent à ses yeux le prototype du couple. Il postule qu'il existe à l'intérieur d'un couple une tendance qui pousserait chacun à se distinguer de l'autre en accentuant leurs différences. L'observation selon laquelle des jumeaux vivant ensemble seraient finalement plus dissemblables que des jumeaux élevés séparément conforte cette hypothèse (que Zazzo appelle « le paradoxe des jumeaux », 1984), et s'explique par le fait que « dans l'univers du couple, les jumeaux adoptent des attitudes inverses, rivales ou complémentaires » (1986, p.15). Cependant d'une façon générale, le processus d'individuation chez des jumeaux est plus tardif que pour un enfant singulier : chaque jumeau doit se différencier de sa mère mais aussi de son jumeau, avec lequel il a vécu de façon quasi symbiotique. C'est dans cette perspective que doit s'orienter la pédagogie des parents de jumeaux (cf. Tourrette et coll., 1988) : aider chacun à devenir un individu à part entière, sans nier ce qui fait la spécificité de leur situation gémellaire y compris sa richesse.

Les interactions entre enfants (60)

L'observation des interactions sociales entre adulte et enfant, ou entre enfants, nous renvoie au marquage culturel des relations sociales : dans la relation à la mère ou à l'adulte que nous avons évoquée les variations culturelles sont nettes : la durée et le type de contacts entre l'enfant et sa mère, les routines de soins quotidiens, comme les comportements d'attachement, tous ces comportements relèvent de « choix » culturels. On trouvera dans Bril et Lehalle, 1988, une approche interculturelle du développement. Le développement à l'intérieur d'une culture donnée de certains gestes, de certaines habiletés (qui sont encouragées, alors que d'autres sont non renforcées ou découragées), contribue à orienter le développement des capacités de l'enfant dans le sens de celles qui sont requises et donc valorisées chez les adultes de la société considérée, en incluant la dimension sociale des comportements.

Dans notre culture, l'enfant entre très progressivement dans le groupe social. La fréquentation de la crèche l'y introduit un peu plus tôt, mais à cet âge (c'est-à-dire avant trois ans), les enfants interagissent-ils entre eux ?

Baudonnière qui a étudié « l'évolution des compétences à communiquer » (1988), définit l'interaction dans ce cadre comme « une séquence d'au moins deux comportements socialement orientés contigus réciproquement adressés » (1988, p. 27), alors que la communication concerne le contenu de l'interaction (et suppose donc : émetteur, message et récepteur). Qu'observe-t-on dans la première année ? La prise en compte d'un autre bébé, ne semble pas nette au cours des trois premiers mois, puis on note entre 3 et 6 mois, des gestes d'atteinte, des contacts tactiles, et après 6 mois, des comportements beaucoup plus sociaux : les regards sont accompagnés de sourires et de vocalises, sans susciter systématiquement de réponses. La présence d'un jouet peut déclencher un peu plus d'interactions entre les bébés. Cependant les occurrences de telles interactions sont faibles par rapport à celles des interactions adulte-enfant à cette époque. Dans la deuxième année, les prises de contact avec l'autre deviennent plus fréquentes, les interactions sont plus longues et plus complexes, comme c'est le cas dans l'engagement commun dans un jeu. Les actions à support d'objets facilitent nettement les communications interpersonnelles. La troisième année marque un changement capital dans la nature des relations entre enfants par l'apparition des conduites verbales, les interactions deviennent de plus en plus fréquentes et l'imitation prend une place centrale dans les échanges entre enfants au sein de petits groupes (se constituent surtout des dyades). Les travaux sur l'imitation sont très variés, et portent sur des dimensions très différentes, ils lui confèrent une place très importante dans l'appropriation des connaissances et dans les progrès dans la compétence à communiquer. On peut se référer à l'ouvrage très documenté de Winnykamen (1990). Comme Baudonnière, J. Nadel (1986) postule que l'imitation a une valeur importante de communication entre enfants de même âge, mais elle assure également une fonction importante dans le processus de différenciation soi-autrui. Il s'agit ici de l'imitation immédiate du partenaire, au cours de la troisième année, c'est-à-dire avant que les échanges ne deviennent à prépondérance verbale. Dans ces travaux, il apparaît nettement que l'imitation constitue dans la troisième année une remarquable base de communication, qui pourrait être encouragée chez les enfants dont les capacités de communication verbale sont altérées ou retardées (cf. encadré p. 88).

Les travaux éthologiques de Montagner et son équipe (cf. par exemple Montagner, 1978 ou 1988), ont eux aussi porté sur la valeur communicative des échanges entre enfants. Ils ont mis en évidence que les comportements (gestuels et posturaux) de menaces et d'agression d'une part, d'offrandes et de sollicitations d'autre part étaient bien compris des autres surtout à partir de la deuxième année et dans la troisième année, et qu'ils ont une valeur organisatrice dans la régulation des rapports interpersonnels au sein des petits groupes d'enfants. Ces gestes et ces postures caractéristiques de ces comportements se conventionnalisent progressivement et introduisent les échanges verbaux des enfants plus âgés. Cependant, l'observation éthologique, qui constitue un excellent outil descriptif, se distingue très nettement des précédentes car elle ne se réfère pas à un modèle théorique du développement. Or, c'est en resituant les comportements observés au sein de la dynamique évolutive de l'enfant que leur signification peut être saisie et leur fonction dans le développement de l'enfant appréhendée.

LA FONCTION COMMUNICATIVE DE L'IMITATION DANS LA TROISIÈME ANNÉE : J. NADEL (1986)

Dans cet ouvrage, J. Nadel procède à la démonstration d'une hypothèse très intéressante sur la valeur communicative de l'imitation directe et réciproque entre enfants du même âge, en particulier au cours de la troisième année. Elle reprend l'idée wallonienne de la fonction socio-personnelle de l'imitation qui est envisagée non pas comme un processus unidirectionnel modèle/imitateur, mais dans les échanges réciproques bi-directionnels entre les deux partenaires. Il s'agit bien d'une interaction entre deux personnes, chacune influençant l'autre et modifiant de ce fait la relation existant entre eux. Ce processus contribue ainsi à la genèse de l'identité à travers les échanges avec autrui. C'est dans la troisième année que Wallon situe l'émergence des comportements imitatifs à valeur socio-communicative. Il s'agit ici d'une imitation en présence du modèle, qui n'est pas encore l'imitation « vraie » de Wallon mais qui la précède. Ces deux types d'imitation : directe ou différée, ont des fonctions différentes.

J. Nadel met en place une situation qu'elle qualifie d'« ouverte contrôlée » : des enfants de même âge qui se connaissent déjà sont placés par groupes de deux ou trois dans une pièce spécialement aménagée, où sont disposés divers objets identiques (en deux ou trois exemplaires). Les enfants volontaires sont conduits, puis laissés seuls « pour jouer » dans la pièce, dont ils peuvent librement sortir. Chaque enfant peut choisir le même objet que son partenaire, un objet différent ou encore ne pas en choisir et faire autre chose. L'objet en plusieurs exemplaires déclenche une imitation directe et immédiate du partenaire et apparaît donc comme un médiateur social très puissant, en particulier dans la troisième année. On constate effectivement de fréquentes imitations mutuelles et réciproquement orientées : chacun à son tour imite l'autre et s'offre à l'autre en modèle à imiter, le modèle étant incité à répondre à l'imitation qu'il a suscitée. Il n'y a donc pas ici de relation hiérarchique entre modèle et imitateur, mais une relation égalitaire qui est issue de cette alternance de rôles. La relation entre comportements signifiants et signifiés démontre bien la valeur communicative de cette imitation. Un certain nombre de comportements produits par les enfants ont pour fonction de déclencher chez le partenaire des comportements imitatifs : l'offrande d'un objet identique (le refus de l'offrande conduit à l'abandon provisoire de l'objet), le retournement du modèle vers l'imitateur qui reprend, prolonge et modifie ses imitations. On observe également une recherche de synchronisation des comportements d'imitation entre les partenaires. Cette synchronisation modèle/imitateur contribue à la prise de conscience de l'identité entre les deux partenaires qui s'accompagne du partage d'une émotion intense. L'imitation devient donc un mode de communication important qui prédomine à cette période. Il s'agit effectivement d'une prédominance transitoire (dans la troisième année et qui diminue par la suite) qui correspond à la fonction communicative de l'imitation pour l'enfant de cet âge, qui ne maîtrise pas encore bien le langage. Dès la quatrième année, la place des productions verbales en accompagnement des comportements imitatifs devient de plus en plus importante et la fréquence des imitations décroît de façon corrélative à l'augmentation de la communication verbale entre les pairs.

On voit donc que l'étude des capacités d'imitation directe et simultanée permet d'étudier le rôle de l'imitation dans la genèse de la communication, tandis que celle des capacités d'imitation différée permet d'étudier son rôle dans la genèse de la représentation.

40 **APPRENTISSAGE ET ENVIRONNEMENT**

Qu'est ce qui fait progresser l'enfant, le pousse à changer, à apprendre, à s'adapter ? Le développement de l'enfant est d'abord guidé par les processus de maturation nerveuse qui étendent progressivement le champ de ses possibilités. Dès qu'elles apparaissent, ces potentialités donnent lieu à des exercices qui permettent leur actualisation, leur consolidation et leur développement.

Nous avons vu (cf. chap. 1) que pour Piaget le facteur essentiel de développement est l'équilibration des structures mentales. Pour que l'équilibration soit possible, il faut deux conditions : d'une part que les événements se produisent avec une certaine régularité qui permette aux schèmes de fonctionner (la stabilité permet aux schèmes d'assimiler les événements et de s'y accommoder) et d'autre part que se produisent aussi des perturbations déséquilibrantes qui vont déclencher des compensations et provoquer des rééquilibrations constructives.

C'est en référence à ce modèle que Lautrey (1980) a conduit une recherche très novatrice sur la contribution du milieu familial au développement cognitif. Il fait l'hypothèse qu'un milieu familial (envisagé à travers ses règles de conduite et ses habitudes concernant l'organisation des activités quotidiennes) sera d'autant plus favorable au développement cognitif : 1) qu'il est source de perturbations (en offrant des résistances aux schèmes d'assimilation du sujet) et 2) qu'il offre simultanément des conditions nécessaires aux rééquilibrations donc aux constructions (en présentant des régularités). Ces deux conditions doivent être réunies car s'il n'y a que des régularités (milieu familial à structuration rigide) il n'y a pas d'événements nouveaux qui puissent provoquer des déséquilibres, et s'il n'y a que des perturbations sans régularité, (milieu familial à structuration aléatoire ou faible) les événements ne sont pas prévisibles, les schèmes ne peuvent pas fonctionner. Le milieu le plus favorable au développement cognitif est celui qui présente dans son fonctionnement simultanément ces deux caractéristiques : c'est le milieu à structuration souple, où les événements sur la base de la régularité de leur occurrence sont prévisibles, mais où d'autres événements non prévus vont obliger le sujet à changer de stratégie pour intégrer ces perturbations, ce qui l'oblige à des rééquilibrations des schèmes existants. Cette hypothèse a été vérifiée tant au niveau collectif qu'individuel, à la fois dans une épreuve permettant de voir à l'œuvre les processus de rééquilibration (aspect fonctionnel des processus cognitifs), et dans des épreuves de niveau opératoire (aspect structural résultant du fonctionnement), où les enfants qui, à milieu social égal, bénéficiaient de pratiques éducatives caractéristiques du milieu souplement structuré, se montraient supérieurs à ceux des milieux familiaux faiblement et rigidement structurés.

Un environnement qui présente ces caractéristiques de régularité et d'imprévu est un environnement qui offre sans cesse des opportunités d'apprentissage et qui soutient la motivation de l'enfant à apprendre. La diversité des stimulations de l'environnement augmente la probabilité que chaque enfant rencontre des situations problèmes présentant une légère divergence par rapport aux schèmes déjà existant dont il dispose, qui vont accélérer les processus assimilateurs et accommodateurs dont le nouvel équilibre précaire pourra à nouveau être perturbé par d'autres événements. Les enfants qui se trouvent dans un environnement physique et social qui répond de façon ajustée à la mise en œuvre de ses capacités (en lui fournissant des stimulations adaptées à la fois à son niveau actuel et à un niveau un peu plus élevé pour le faire progresser), éprouvent manifestement du plaisir à anticiper les événements prévisibles, à exercer un contrôle sur les événements mais aussi à intégrer les nouveaux événements non attendus. On ne peut dissocier cependant la nature didactique des interactions parent-enfant de leur nature affective ; en effet la motivation à agir et à apprendre est largement sous-tendue par les adultes qui soutiennent la motivation de l'enfant, le renseignent sur le niveau de ses réalisations et l'encouragent à poursuivre.

En effet, l'enfant seul n'existe pas, il est indissociable de l'environnement dans lequel il se développe et qui change en même temps que lui. Comme l'enfant, l'environnement, même si on peut le caractériser par quelques paramètres physiques et sociaux, est par nature évolutif et s'adapte à la progression de l'enfant à la fois par les réponses qu'il apporte à ses interrogations et par les questions nouvelles qu'il lui pose. On peut voir cette adaptation très fine de l'environnement aux possibilités croissantes de l'enfant dans les stratégies parentales de guidage de l'enfant qui s'adaptent étroitement aux possibilités de l'enfant tout en lui offrant l'opportunité de progresser. Nous les avons déjà évoquées à propos de l'acquisition du langage (à travers le motherese par exemple), où elles apparaissent clairement, peut-être pour des raisons méthodologiques (les enregistrements successifs des dialogues parent/enfant constituent un matériau plus facilement manipulable que les autres types d'interactions). Cette modulation des interventions parentales à visée didactique (même implicite), en particulier dans l'évolution des modèles linguistiques offerts à l'enfant au cours de son développement, a été développée par deux auteurs qui ont consacré une partie de leurs travaux au langage et aux rapports qu'il entretient avec la pensée : Vygotsky et Bruner.

L.S. Vygotsky est un contemporain de Piaget, mais il est mort beaucoup plus jeune (à 38 ans). Son œuvre, importante malgré son jeune âge n'a été diffusée que récemment car ses idées étaient condamnées par les politiciens soviétiques. Dans un ouvrage récemment édité en français (Schneuwly et Bronckart J.-P., 1985), Vygotsky évoque les rapports entre apprentissage et développement de l'enfant tels qu'ils sont évoqués par les théoriciens. Il distingue sur cette question trois groupes de théories : celles qui postulent une indépendance entre processus de développement et apprentissage, comme celle de Piaget, où l'apprentissage suit le développement, et ne fait que profiter des conséquences du développement, celles qui affirment que l'apprentissage est le développement : les deux processus se développent en parallèle, il y a simultanéité et synchronisation, sans interaction, et enfin, celles qui synthétisent ces deux points de vue en affirmant que le développement se caractérise par deux processus ; la maturation et l'apprentissage qui, bien que de nature différente, sont en interdépendance. L'idée sous jacente est que le processus de maturation prépare et rend possible certains apprentissages, et que le processus d'apprentissage stimule la maturation (car les bénéfices d'un apprentissage ne sont pas spécifiques mais se généralisent aux autres activités intellectuelles). Vygotsky se démarque légèrement de cette dernière position en sortant les processus d'apprentissage du cadre scolaire où ils avaient été cantonnés. Pour lui, l'apprentissage commence bien avant l'école et prend appui sur un niveau initial de développement correspondant au niveau actuel de l'enfant et peut le faire progresser jusqu'au niveau suivant. Il définit ainsi ce qu'il appelle une Zone Proximale de Développement (ZPD). Celle-ci est délimitée par le niveau de résolution d'un problème atteint par l'enfant lorsqu'il est seul (et qui correspond à son niveau actuel) et le niveau qu'il peut atteindre quand il est dirigé, aidé, par un adulte.

L'adulte-expert guide l'enfant dans sa recherche de la solution du problème et ainsi le fait progresser. Le nouveau niveau alors atteint par l'enfant constituera par la suite son niveau actuel car ce que peut faire l'enfant aujourd'hui avec l'adulte, il pourra le faire seul demain. Dans cette perspective, l'activité proposée à l'enfant doit donc toujours précéder légèrement son niveau de développement pour l'entraîner à progresser. Pour Vigotsky, le rapport de l'enfant à l'environnement est médiatisé par le groupe social auquel il appartient, car le bébé est social dès sa naissance et ce sont les autres qui lui offrent ses premières occasions d'interaction.

J.S. Bruner, se réclame de Vigotsky, car, dit-il, « c'est son œuvre qui m'a très tôt convaincu qu'il est impossible de concevoir le développement humain comme autre chose qu'un processus d'assistance, de collaboration entre enfant et adulte, l'adulte agissant comme médiateur de la culture » (1983, p.8). On trouvera l'essentiel des idées de Bruner dans le recueil de textes de 1983, précédé d'une présentation par M. Deleau. Le concept introduit par Bruner d'interaction de tutelle, qui permet à l'adulte d'étayer la progression de l'enfant dans un apprentissage, peut être considéré comme relevant de la ZPD (au sens de Vygotsky). Les interactions adulte-enfant sont par nature asymétriques : l'adulte ayant une position d'expert et l'enfant de novice. Les comportements de l'adulte au cours des interactions avec l'enfant constituent un étayage pour la progression de l'enfant (Bruner, 1983). Ils consistent à : 1) engager l'intérêt de l'enfant pour la tâche, 2) réduire les degrés de liberté, c'est-à-dire à simplifier la tâche par réduction du nombre des actes constitutifs requis pour atteindre la solution, 3) maintenir l'attention de l'enfant sur le but à atteindre et à soutenir sa motivation, 4) lui signaler des caractéristiques de la tâche déterminantes pour l'exécution de la tâche (ce qui procure à l'enfant des informations sur l'écart entre l'état de sa réalisation et la production attendue), 5) contrôler la frustration de l'enfant en rendant la situation d'interaction agréable, sans le rendre trop dépendant du tuteur, et 6) procéder éventuellement à des démonstrations ou des présentations de modèles de solution de la tâche, qui peut comporter une « stylisation » de l'action à exécuter et la maîtrise de réussites partielles, en suscitant ainsi des imitations en retour de l'enfant sous une forme plus appropriée. On constate que généralement le niveau de réalisation de la tâche proposé à l'enfant par l'adulte est légèrement supérieur au niveau actuel des compétences de l'enfant, ce qui l'incite à progresser. L'aide de l'adulte ne constitue qu'un étayage transitoire pour ses apprentissages, puisque l'apprentissage réalisé, l'enfant utilise ces acquisitions de façon tout à fait autonome. C'est de ces processus d'étayage que relève la mise en place des formats dont nous avons parlé à propos de l'acquisition du langage. D'une façon générale, les formats construits par l'adulte au cours des moments d'interaction avec les enfants « encadrent les actions de l'enfant et rendent possible la transformation de leur niveau actuel en relation avec leur niveau potentiel » (Bruner, 1983, p.289).

Il reste cependant, nous dit Flavell (1992) que ce qui donne le plus d'élan au développement de l'enfant c'est l'enfant lui-même, car le développement cognitif est une motivation en soi. Les enfants sont des « chercheurs de savoir », ils développent leurs propres théories sur le monde qui les entoure et soumettent sans arrêt leurs théorie à la validation. Les enfants, comme les adultes « jouent » en développant leur savoir. Ils s'engagent dans des activités d'accroissement de leurs connaissances, qu'ils affinent spontanément, argumentant avec eux-mêmes dans un dialogue intérieur.

POUR ALLER PLUS LOIN

Baudier A. et Céleste B. 1990. *Le Développement affectif et social du jeune enfant.* Paris, Nathan.

Bower T.G. 1978. *Le Développement psychologique de la première enfance.* Bruxelles, Mardaga.

Brazelton T. et Cramer B. 1993. *Les premiers liens.* Paris, Laffond (Livre de Poche).

Fontaine A.-M. 1992. *L'Enfant et son image.* Paris, Nathan.

Lécuyer R. 1990. *Bébés astronomes, bébés psychologues : l'intelligence dans la première année.* Bruxelles, Mardaga.

Lécuyer R., Pêcheux M.G., Streri A. 1994. *Le développement cognitif du nourrisson.* Tome 1. Paris, Nathan.

Piaget J. et Inhelder B. 1968. *La Psychologie de l'enfant.* Paris, PUF (Que sais-je).

Rondal J.-A. 1983. *L'Interaction adulte-enfant et la construction du langage.* Bruxelles, Mardaga.

Smirnoff V. 1968. *La Psychanalyse de l'enfant.* Paris, PUF.

Tourrette C. 1991. *D'un bébé à l'autre : les différences individuelles du début du développement.* Paris, PUF.

Wallon H. 1974 (réed). *L'Évolution psychologique de l'enfant.* Paris, Colin.

Winnicott D. 1969. *De la pédiatrie à la psychanalyse.* Paris, Payot.

4 *Le développement des enfants d'âge scolaire*

Entre 3 et 12 ans environ, les enfants sont sortis de cette période intense de construction de soi et vont continuer à se développer dans tous les domaines avant d'affronter les turbulences de l'adolescence.

LE DÉVELOPPEMENT PSYCHOMOTEUR

Nous allons distinguer pour la clarté de l'exposé deux aspects du développement psychomoteur : l'évolution des capacités psychomotrices et la latéralisation. Il est évident qu'ils relèvent tous les deux de la même évolution, mais comme les problèmes de latéralisation se posent au début de la scolarisation, nous les développerons un peu plus.

Comme dans la description des autres aspects du développement, les âges que nous donnons comme points de repère sont toujours approximatifs et ne servent pas à distinguer la normalité de ce qui est hors normes. Ils sont surtout utiles pour connaître la succession des acquisitions avec quelques points de repères. Dans le domaine psychomoteur, la progression des acquisitions relève de la progression de la myélinisation des liaisons neuromotrices, mais, dans ce domaine comme dans les autres, la variabilité interindividuelle est forte et c'est par rapport à lui-même qu'il faut évaluer les progrès d'un enfant, plus que par rapport aux autres enfants de même âge. L'effet de l'exercice, de l'entraînement, est particulièrement sensible dans la maîtrise, la précision et la rapidité des mouvements.

L'ÉVOLUTION DES CAPACITÉS PSYCHOMOTRICES AVEC L'ÂGE

Progressivement l'enfant va devoir atteindre le degré de maîtrise motrice de l'adulte : stabilité, dissociation des mouvements, coordination motrice plus fine, et sa latéralisation va s'affirmer. Au-delà de 12 ans, l'équilibre et la maîtrise des gestes sont considérés comme acquis, mais l'importante poussée de croissance physique à la puberté, les obligera à un rééquilibre, en particulier dans l'ajustement des gestes (dosage de la force musculaire) et la rapidité.

L'évolution des capacités psychomotrices peut être étudiée sous trois aspects : la souplesse, la statique, la qualité des mouvements (cf. Guilmain, 1971).

Évolution de la souplesse

La souplesse peut être appréciée par le degré d'extensibilité et la détente musculaire volontaire.

• *L'extensibilité.* Elle est mesurée par l'angle compris entre deux segments de membres (ex. l'angle poplité derrière le genou, ou celui des adducteurs correspondant à l'écartement des cuisses). D'une façon globale, on peut dire :

— qu'elle diminue avec l'âge (cela paraît une évidence de dire qu'on est de moins en moins souple au fur et à mesure qu'on vieillit). Plus précisément, cela dépend de l'âge et des membres concernés : entre la naissance et la marche, nous avons vu que l'extensibilité des membres augmentait ; ensuite elle diminue jusqu'à 10 ans environ, pour réaugmenter ensuite en particulier dans les jambes, permettant ainsi le « saut en ciseaux ».

— Qu'elle est toujours plus grande chez les filles que chez les garçons, et cela quel que soit l'âge.

— Qu'elle est normalement plus grande du côté non dominant du corps (à gauche pour les droitiers). (On sait que le corps est asymétrique, qu'il présente un côté dominant et un côté non dominant. Cette asymétrie est la preuve d'une bonne latéralisation.) Pour le mettre en évidence, on peut demander à l'enfant de replier le pouce vers le poignet, et de comparer ce que font les enfants de trois ans par rapport à ceux de 12 ans ou les adultes.

• *La détente musculaire volontaire.* C'est la possibilité d'obtenir un relâchement musculaire total à la demande. Elle est donc liée à ce qu'on appelle l'indépendance musculaire, qui est le fait de ne mobiliser, pour un geste, que les groupes musculaires concernés par ce geste, et aucun autre. Les jeunes enfants n'y arrivent guère avant 5-6 ans. Elle est plus facile à obtenir au niveau des membres supérieurs qu'au niveau des jambes (en position allongée). On ne constate pas ici de différences entre garçons et filles. Pour l'apprécier, on peut demander à l'enfant de faire le bras « mort », ou allongé, de relâcher complètement la jambe, ou la tête, ce qui est encore plus difficile.

Évolution de la statique

La maîtrise de la statique, c'est-à-dire le fait de garder son équilibre debout ou au cours d'un mouvement, augmente sensiblement avec l'âge, surtout avant 10 ans.

Pour évaluer la statique sans déplacement, on demande à l'enfant de rester debout sans bouger, totalement immobile, ce qui implique une inhibition musculaire volontaire pendant un temps relativement court. On pressent qu'il n'est pas possible d'obtenir cette immobilisation volontaire chez le tout petit.

Pour évaluer la statique dans les mouvements, il suffit d'observer comment l'enfant garde son équilibre dans un mouvement répété à une cadence rapide, comme des sautillements.

Évolution de l'indépendance des groupes musculaires

Il est très important pour qu'un geste soit précis et adapté, qu'il soit réalisé en ne mettant en œuvre que les muscles concernés (en inhibant tous les autres) : pour cela il faut que les groupes musculaires soient indépendants les uns des autres. Lorsque cette indépendance n'est pas réalisée, on observe des syncinésies. Les syncinésies sont des mouvements involontaires associés à des mouvements intentionnels, qu'ils parasitent en quelque sorte. Une syncinésie très fréquente chez les enfants (et parfois chez certains adultes !) consiste à tirer la langue alors qu'ils sont concentrés sur un mouvement précis des doigts (tirer un trait ou faire du découpage), alors que la bouche ou la langue ne sont en aucune façon impliquées dans le geste moteur demandé. La symétrie par rapport à l'axe corporel induit très souvent des syncinésies symétriques controlatérales : pendant qu'une main effectue un mouvement (ex. remuer les doigts) il n'est pas rare que l'autre main se mette simultanément en mouvement. Les syncinésies sont très fréquentes chez les jeunes enfants, puis elles diminuent vers 7-8 ans. Cependant, elles réapparaissent en cas d'effort musculaire : si l'enfant doit serrer fort quelque chose qui est dans sa main, une pression faible n'engendre pas de syncinésie, alors qu'en cas de forte pression, elles apparaissent de façon symétrique ou par diffusion au niveau de la face. Il n'y a qu'à observer quelqu'un qui empoigne une valise très lourde et de regarder son visage : les grimaces qui y sont associées sont des mouvements syncinésiques, qui se manifestent aussi chez les adultes, surtout en cas d'effort musculaire intense.

Pour évaluer l'indépendance des groupes musculaires, on observe la correction du geste demandé, sa précision, sa rapidité et les syncinésies éventuelles qu'il provoque. D'une façon générale, chez les enfants jeunes (4-6ans), mouvements incorrects et syncinésies vont de pair, mais à partir de 8ans, on observe des mouvements incorrects sans syncinésie et des mouvements corrects avec syncinésie. Dès lors, il n'y a plus de liaison entre la correction du geste et la présence ou non de syncinésies.

Évolution de la coordination de mouvements simultanés

La coordination de mouvements simultanés, c'est-à-dire la possibilité de mener simultanément des mouvements intéressant plusieurs segments corporels, peut être acquise relativement tôt, mais elle est alors réalisée lentement. L'évolution avec l'âge portera donc sur une amélioration du rythme.

Évolution de l'adresse

Un mouvement adroit est un mouvement : précis (bien adapté au but), rapide (exécuté dans le temps le plus court possible) et bien dosé en force (avec une dépense d'énergie la plus économique possible). Il exige donc un ajustement moteur précis à un acte défini. L'adresse est un domaine où affectivité et motricité interfèrent. Ne dit-on pas d'un timide qu'il est maladroit ? La conscience des difficultés que les enfants peuvent rencontrer augmente leur maladresse, tout comme le fait de se sentir observé.

Pour évaluer l'adresse des gestes d'un enfant, on peur regarder son adaptabilité sensori-motrice à des tâches simples : sur le plan visuo-moteur on peut lui demander de faire un pointillage de carrés de papiers quadrillés (d'une main, puis de l'autre), d'enfiler des perles ou de faire un découpage (les deux mains doivent se coordonner), ou encore, dans un espace éloigné, de lancer une balle dans une cible. L'adresse (évaluée à travers l'adaptation du geste à la tâche, sa précision et sa rapidité) évolue régulièrement entre 5-6 ans et 12 ans où les performances sont comparables à celles des adultes. L'adaptabilité à une tâche auditivo-motrice peut être appréciée lorsque l'enfant doit synchroniser des coups frappés avec un rythme extérieur comme celui d'un métronome. L'adaptabilité idéomotrice implique encore davantage les représentations mentales car l'enfant doit adapter ses mouvements à la représentation mentale qu'il a élaborée, et en programmer la réalisation (ex. allumer une bougie ou mimer un geste).

LA LATÉRALISATION

Le cerveau a une symétrie anatomique mais une asymétrie fonctionnelle puisqu'il y a répartition des fonctions dans l'hémisphère gauche ou dans le droit. La spécialisation relative des hémisphères n'est pas réalisée d'emblée, elle s'exprimerait dans l'enfance par des préférences, qui en s'organisant vont se stabiliser. C'est cette indétermination relative qui confère au cerveau sa remarquable plasticité dans les premières années.

La latéralité va s'affirmer progressivement, c'est pourquoi on parle de processus de latéralisation. Azmar (in Dailly et Moscato, 1984, p. 26) définit ainsi la latéralité : « c'est l'ensemble des caractères et des états des asymétries fonctionnelles observés au niveau des éléments corporels (main, œil, pied) et qui se traduisent par une prévalence d'un élément sur son homologue, lors de conduites spontanées ou dirigées », la latéralisation consisterait en l'organisation progressive de ces prévalences (dominance).

Il existe des différences dans l'organisation cérébrale des hommes et des femmes, et comme les proportions de gauchers et de droitiers ne sont pas les mêmes dans les deux sexes (il y a plus d'hommes gauchers que de femmes), certains pensent que les deux faits sont liés. Une des (nombreuses) hypothèses émises pour expliquer les fonctionnements cérébraux différents des hommes et des femmes (citée par Dailly et Moscato, 1984), est que les fonctions du langage (normalement régies par l'hémisphère gauche), se développeraient chez les femmes dans l'hémisphère gauche et dans l'hémisphère droit, occupant une partie des structures cérébrales normalement imparties aux fonctions visuospatiales. C'est ce qui expliquerait simultanément la supériorité verbale des femmes et leur infériorité dans les tâches spatiales par rapport aux hommes. Les hommes présentent plus de troubles du langage que les femmes, mais ils sont aussi plus souvent gauchers. Ce n'est pas une raison suffisante, nous le verrons, pour associer de façon causale les troubles du langage à la gaucherie. La proportion de personnes gauchères se situe avec constance remarquable à travers les pays, les époques et les critères retenus, aux environs de 10 % d'une population.

Néanmoins tous les gauchers ne présentent pas la même organisation cérébrale : les 3/4 auraient une organisation cérébrale de droitiers (avec peut-être une répartition des fonctions moins tranchée entre les deux hémisphères), et seul, le quart restant aurait une organisation cérébrale inversée. La transmission génétique de la gaucherie est une hypothèse mais qui n'est pas complètement confirmée : s'il y a des familles à forte proportion de gauchers, quand les deux parents sont gauchers, presque la moitié de leurs enfants sont droitiers.

Latéralité d'usage, fonctionnelle et neurologique

Dailly et Moscato (1984) distinguent dans la latéralité trois composantes : la latéralité d'usage, fonctionnelle et neurologique. Bien que la dominance latérale soit le plus souvent remarquable au niveau des mains, elle existe aussi au niveau des yeux, et des membres inférieurs. Il n'y a pas forcément concordance entre ces trois niveaux et selon les objectifs de l'évaluation (cf. chap. 6), on les prendra, ou non, simultanément en compte tous les trois.

• *La latéralité d'usage.* C'est l'aspect le plus accessible puisqu'elle peut-être évaluée dans les actes de la vie courante, le plus souvent au niveau manuel. M. Auzias qui a conçu une épreuve de latéralité usuelle (1975) distingue avec pertinence la latéralité manuelle et la latéralité graphique (dans le dessin et l'écriture) : il peut parfois y avoir discordance entre les deux, imputable par exemple à des choix pédagogiques inappropriés dans l'apprentissage du geste graphique. Elle propose aux enfants entre 5 et 11 ans des tests de préférence manuelle (le terme de préférence n'implique aucune intentionnalité, mais une tendance à utiliser telle main dans telle tâche) pour évaluer quelle est la main qui est la plus fréquemment utilisée dans l'exécution des tâches, plutôt que des tests d'efficience comparée, où on demande à l'enfant de réaliser la tâche avec une main puis avec l'autre, pour comparer les temps d'exécution. Les tâches proposées appartiennent au répertoire des actions quotidiennes, et impliquent soit une seule main, soit les deux : visser un bouchon sur une bouteille, découper du papier, gratter une allumette, tirer une fermeture éclair, gommer, se brosser, utiliser une cuiller.... L'examinateur observe de quelle main (celle qui effectue le geste et non pas celle qui immobilise l'objet) est effectuée la tâche. Il n'est pas rare, d'utiliser telle main pour tel acte précis et l'autre main pour tel autre. Aussi on s'intéresse à la fréquence d'utilisation d'une main par rapport à l'autre. Pour l'ensemble des 20 items, on calcule le nombre de fois où la tâche a été réalisée avec l'une ou l'autre des mains : on sait tout de suite quelle est la main utilisée préférentiellement

La prévalence manuelle est établie avec un taux de 75 % des tâches effectuées par la même main. On peut également calculer un quotient de latéralité (QL) qui permet de situer l'enfant avec un peu plus de précision par rapport à ce que font les autres enfants du même âge, ce quotient varie de – 100 (à gauche) à + 100 (à droite). Les gauchers usuels (QL entre – 100 et – 41), représentent 39 % des 240 enfants évalués, les droitiers usuels (QL entre = 41 et + 100), 51 %, et les 10 % restants sont considérés comme ambidextres usuels. Ce qui est intéressant pour éclairer ces chiffres bruts, c'est de regarder comment évolue la répartition gauchers/droitiers avec l'âge au sein de l'échantillon des 5-11 ans : la caractéristique la plus frappante est le resserrement de la distribution dans les extrêmes : il y a avec l'âge plus de droitiers et plus de gauchers, ceci est imputable à la disparition de l'ambidextrie observée plus fréquemment chez les plus jeunes. Il y a donc bien ici confirmation de l'accentuation de la latéralisation avec l'âge. Un autre aspect intéressant du travail d'Auzias est de mettre en rapport latéralité usuelle et graphique. Si la concordance n'est pas totale, elle est néanmoins élevée et permet de prédire la latéralité graphique à partir de la latéralité usuelle (surtout pour certains items plus différenciateurs).

• *La latéralité fonctionnelle*. Elle peut être évaluée dans des tâches moins courantes où on compare l'efficacité des gestes effectués de la main droite et de la gauche. Comme dans la batterie de dominance latérale de N. Galifret-Granjon (in Zazzo, 1969). La latéralité est ici évaluée en six épreuves simples aux trois niveaux du corps où elle peut s'exprimer : les yeux, les mains et les pieds. Pour les mains : la distribution de cartes et la diadococinésie (mouvement manuel des marionnettes), pour les yeux : le *sighting* (regarder par un petit trou dans une feuille de papier) et la visée (donner à l'enfant un petit flacon dans le fond duquel il doit regarder), pour les pieds : le *shooting* (shooter du pied dans un ballon), et la marelle. Un indice de dominance manuelle peut être évalué dans la distribution de cartes en comparant les temps de la main droite et de la main gauche, les gauchers ont un indice négatif, les droitiers un indice positif et les ambidextres, un indice proche du zéro. Dans son échantillon de 305 enfants de 6 à 14 ans, on remarque là aussi que la proportion d'ambidextres diminue avec l'âge, au profit surtout des droitiers : à 6 ans, 5 % des enfants sont gauchers, 22 % de droitiers et 72 % ambidextres. La forte proportion d'ambidextrie est due vraisemblablement à la nature des épreuves. À 13-14 ans les ambidextres ne sont plus que 21 %, alors que les gauchers représentent 8 % de la population et les droitiers 70 %. L'intérêt de cette épreuve est de pouvoir comparer l'homogénéité de la dominance latérale à travers les trois niveaux : œil, main, pied. Elle est cependant assez grossière par son faible nombre d'items. Il peut être intéressant dans certains cas d'affiner l'analyse de la latéralité d'un enfant (par ex. pour lequel il faut prendre des options pédagogiques), par des épreuves complémentaires de construction fine, ou de découpages.

• *La latéralité neurologique.* C'est celle qui apparaît quand on compare le degré de tonicité musculaire de différents segments de membres et le contrôle moteur. Il existe en effet une asymétrie dans le tonus musculaire en fonction de la latéralisation : le tonus est toujours plus élevé dans les muscles du côté dominant du corps. On peut évaluer le tonus de fond, du corps au repos et le tonus d'action, du corps en mouvement.

Comme nous l'avons dit pour les bébés, le tonus de fond s'évalue par le degré d'extensibilité des muscles et le ballant (relâchement musculaire). On mesure l'extensibilité à différents points d'articulation de segments de membres : au cou, à l'épaule, au coude, au poignet, à l'angle poplité (genou) ou au pied (flexion du pied sur la jambe). Le ballant peut être évalué aux mêmes niveaux articulaires. Le plus important est de comparer les mesures effectuées des deux côtés. Le tonus d'action est évalué dans les mouvements, en évaluant surtout la production de syncinésies, quand le geste est effectué de la main dominante il y a moins de syncinésie à l'autre main, en revanche quand le geste est effectué de la main non dominante, les syncinésies contralatérales sont plus fréquentes. La fréquence des syncinésies diminue progressivement avec l'âge.

• *La dominance latérale est-elle homogène et stable* ? Les corrélations qu'on a pu calculer entre les performances des enfants à ces différentes épreuves ne sont pas aussi élevées qu'on pourrait s'y attendre et des chercheurs ont proposé de distinguer la latéralité d'équipement et la latéralité d'utilisation, une latéralité axiale (axe du corps) et une latéralité distale (dans les extrémités). La latéralité distale correspond surtout à une latéralité d'utilisation, et hormis des investigations neurologiques par nécessité médicale, ce qui est le plus utile au psychologue c'est d'évaluer la latéralité d'usage.

On peut résumer en quatre points les conclusions qui se dégagent des travaux (parfois contradictoires) sur le sujet :

1) la latéralité n'est pas une donnée toute faite : elle se construit progressivement sur le fond d'une asymétrie cérébrale et corporelle, avec l'âge et avec l'exercice : c'est le phénomène de latéralisation ;

2) la latéralité n'est pas un tout cohérent, car le choix d'une main par exemple peut varier pour un individu donné selon les situations (sans doute la conséquence de la façon dont l'enfant a appris à faire ce geste) ;

3) la dominance latérale ne s'exprime pas en tout ou rien : on n'est pas gaucher ou droitier, mais plus ou moins gaucher ou droitier. La dominance, pour un niveau donné peut être forte, moyenne ou faible ;

4) Il est rare que la dominance latérale soit homogène sur les trois niveaux : on peut être gaucher du pied et de l'œil et droitier de la main etc. Les répartitions de ces hétérogénéités varient selon les recherches (citées par Dailly et Moscato) ; on a trouvé par exemple chez les gauchers manuels que 34 % des hommes et 19 % des femmes

étaient droitiers de l'œil, tandis que chez les droitiers manuels, 14 % des hommes et 21 % des femmes présentaient une gaucherie oculaire. En fait l'homogénéité de la latéralité entre la main et l'œil n'est pas une donnée physiologique initiale, mais elle se construit activement par l'exercice de la coordination oculomanuelle.

Le rôle de l'éducation et de l'exercice a été évoqué à plusieurs reprises comme complément des prédispositions héréditaires, l'apprentissage des gestes quotidiens par le jeune enfant se fait en grande partie par observation et imitation d'autrui, dans des conditions qui peuvent engendrer des confusions quand le modèle à imiter se trouve en face de l'enfant et non à côté de lui.

• *La connaissance droite/gauche : un progrès intellectuel.* À quel âge un enfant peut-il reconnaître sa droite de sa gauche ?

Les notions de droite et de gauche ne sont pas absolues mais relatives : il n'y a pas une seule gauche ni une seule droite : tout dépend de la référence qu'on prend. La première référence dans l'espace est le corps propre de l'individu : est à gauche ce qui est à ma gauche. Ce n'est pas avant 5-6 ans que l'enfant peut faire cette distinction sur lui-même, qu'il pourra étendre à l'espace proche. Reconnaître la gauche et la droite d'une autre personne est beaucoup plus compliqué, puisque cette personne selon l'endroit où elle se situe par rapport à vous n'a pas les mêmes repères que vous, il faut donc se décentrer pour se mettre à la place d'autrui pour comprendre l'inversion de la droite et de la gauche quand on se trouve face à face. C'est environ deux ans plus tard que l'enfant peut le faire, justement quand il entre dans cette phase de décentration cognitive. L'étape suivante consiste à pouvoir situer les positions relatives de plusieurs objets, de deux objets d'abord : A est à la gauche de B qui est à le droite de A, de trois objets ou plus : B est simultanément à droite de A et à gauche de C. La décentration requise pour répondre correctement à ce genre de problème doit être encore plus avancée, il faut compter encore deux années supplémentaires dans le développement de l'enfant, c'est-à-dire vers 10 ans.

Piaget a proposé aux enfants une situation-problème sur cet aspect de la logique des relations, qui a été intégré dans une batterie d'évaluation de la droite et de la gauche, dite épreuve de Piaget-Head (in Zazzo et coll., 1969). Trois degrés dans cette construction sont distingués : la connaissance de la droite et de la gauche : sur soi, sur autrui et de la position relative de trois objets. La fréquence des réussites pour chaque niveau sont (à titre indicatif) les suivantes : sur soi, 69 % des enfants de 6 ans et 74 % des enfants de 7 ans (à 9 ans, il n'y a pas encore 100 % de réponses justes, mais 93 %), sur autrui : 75 % des enfants de 8 ans, position relative de deux objets : 75 % à 8 ans, 92 % à 10 ans, de trois objets : 49 % à 10 ans, 62 % à 12 ans.

Dans le test de Head : « Main, Œil, Oreille » l'enfant doit exécuter ou imiter des mouvements relatifs à la position de la main droite ou gauche sur l'oreille ou sur l'œil, droits ou gauches. L'exécution sur ordre est la plus facile, la moitié des enfants de 7 ans réussissent bien, en revanche, dans l'imitation des mouvements exécutés en face de lui, la moitié des enfants de 9 ans réussissent bien contre 12 % à 7 ans et 70 % à 13-14 ans. La dernière situation consiste à imiter ces mêmes mouvements sur le modèle d'une figure schématique vue de face, c'est à 10 ans que réussissent la moitié des enfants.

La combinaison de ces deux épreuves permet une bonne évaluation de la reconnaissance de la droite et de la gauche, en situant l'enfant par rapport à la progression : sur soi (vers 6 ans), sur autrui (vers 8 ans) et position relative des objets (vers 10-12 ans).

La maîtrise relativement tardive de ces notions spatiales doit attirer l'attention sur ce que requièrent les pédagogues pour l'apprentissage de la lecture et de l'écriture à l'entrée à l'école primaire. Comment réaliser sans peine ce type d'apprentissage quand on ne sait pas encore bien distinguer sa droite de sa gauche ? Si la plupart des enfants qui entrent en Cours Préparatoire savent distinguer leur gauche de leur droite, ce n'est pas pour autant qu'il sauront distinguer la gauche du livre et la droite du livre. Et encore moins le haut et le bas de la page, puisqu'on se situe dans un espace à deux dimensions où, par convention, le haut se situe devant plus loin (au-dessus ?) et le bas : devant aussi mais plus près (au-dessous ?).

Une gaucherie ou une « mauvaise latéralisation » ont été souvent invoquées comme facteur explicatif de troubles du langage : qu'en est-il exactement ? La rigueur scientifique impose une remarque : ce n'est pas parce que des troubles sont associés (encore faut-il qu'ils le soient avec une fréquence supérieure à ce qu'aurait donné le hasard) que l'un peut être considéré comme la cause de l'autre. Une corrélation entre deux phénomènes n'exprime jamais une relation de causalité, qui peut être existe directement ou indirectement (par l'intermédiaire d'une autre variable à qui ils seraient également associés).

Latéralité et troubles du langage

Les troubles du langage peuvent affecter le langage oral ou écrit et ont été parfois associés à des problèmes de latéralité. Pourquoi une telle association ?

• *Les troubles du langage oral* sont nombreux, ils peuvent affecter différents aspects de la mise en œuvre du langage (retard de langage, troubles de la prononciation, troubles du rythme...). Le plus fréquent et le plus fréquemment associé à la latéralisation est le bégaiement. Il existe deux sortes de bégaiement : clonique (avec répétition incoercible de syllabes) et tonique (avec blocage momentané de l'émission vocale). Le bégaiement se produit spontanément et de façon transitoire chez les enfants qui apprennent à parler, c'est lorsqu'il est durable qu'il convient d'intervenir. Le bégaiement peut être isolé, ou une caractéristique familiale (dans environ 1/3 des cas), il est parfois associé à un retard de langage. Si certains chercheurs ont cru associer bégaiement et gaucherie, c'était d'abord sur la base d'une plus grande fréquence des deux troubles chez les garçons par rapport aux filles, une analyse plus précise ne confirme pas cette association. En revanche les troubles du langage seraient plus fréquemment associés à une mauvaise latéralisation (avec des confusions fréquentes).

• *Les troubles du langage écrit* : les principaux sont la dyslexie et la dysorthographie qui lui est souvent (mais pas toujours) associée, et la dysgraphie. La dysgraphie (une écriture mal tracée, malhabile) est étroitement liée à la maturité neuromotrice, on peut la rencontrer chez des enfants en avance scolairement (plus jeunes que les enfants de la même classe), ou ayant un petit retard moteur (par exemple d'origine neurologique), c'est un trouble qui peut s'estomper avec la maturation. La dyslexie est une difficulté de lecture qui se manifeste par des confusions ou inversions de lettres ou de phonèmes. Ce type d'erreur, comme pour le langage oral est fréquent, donc normal, au cours de l'apprentissage. Ce n'est que lorsque cette difficulté est durable et qu'elle se produit chez un enfant normalement intelligent, qu'on parle de dyslexie. La dysorthographie qui lui est souvent associée se traduit par des difficultés d'orthographe. Là aussi ne sont prises en compte que les difficultés durables car l'orthographe ne s'acquiert que progressivement. La dysorthographie peut exister sans dyslexie, l'inverse est moins fréquent. L'association recherchée entre troubles dyslexiques et de la latéralisation n'ont pas conduit à des conclusions univoques. Les résultats des recherches sont assez contradictoires. En fait on met dans la catégorie « dyslexie » des troubles très divers, qui ne renvoient pas tous au même tableau clinique. Les discussions sur l'origine de la dyslexie sont aussi nombreuses et contradictoires que passionnées. Il y a en gros : les partisans d'une transmission héréditaire, ceux qui pensent que les troubles de la dyslexie sont l'expression de difficultés relationnelles plus profondes (mais les perturbations affectives ne sont peut-être que réactionnelle à la difficulté ?), ceux qui mettent en avant des difficultés temporelles et spatiales, et ceux qui pensent que l'origine en est pédagogique (apprentissage de la lecture inadéquat). Les thérapies proposées pour y remédier sont évidemment fonction de l'interprétation qui a été faite de ces troubles. Sans prendre position dans ce débat passionné et sans fin prévisible, où aucune interprétation à elle seule peut être considérée comme la bonne (la diversité des troubles conduirait plutôt à envisager différentes origines possibles), on peut se demander si, compte tenu de ce qui précède, ces troubles ne proviendraient pas dans certains cas, mais peut-être pas dans tous, d'exigences pédagogiques mal adaptées à l'âge des enfants confrontés à ces apprentissages.

• *Que faut-il en effet pour apprendre à lire et à écrire* ? Il faut que l'enfant accepte d'apprendre ce nouveau mode de communication sociale, avec ce qu'il a d'abstrait et de conventionnel donc d'arbitraire, et d'élargir le champ social de ses interlocuteurs possibles. Il faut par ailleurs que l'enfant ait un niveau de développement intellectuel normal, et un vocabulaire suffisamment important pour qu'il puisse établir la correspondance indispensable à la saisie du sens, entre signifiants (mots) et signifiés (choses), pour que le mot lu renvoie à un mot connu (oralement). Il faut naturellement que l'enfant n'aie pas de difficulté de repérage spatial, c'est-à-dire qu'il distingue sans erreur le haut (de la feuille…), le bas, la gauche et la droite, pour être capable de respecter l'orientation conventionnelle de notre écriture : de haut en bas et de gauche à droite, sans lequel aucun déchiffrage n'est possible. Le repérage temporel (avant/après) peut l'aider dans la mise en correspondance du déroulement des phrases orales et écrites. On voit donc que cet apprentissage n'est pas facile et qu'un enfant qui présente un petit retard dans l'un ou l'autre de ces domaines risque de se trouver très vite en difficulté.

Pour en revenir à la latéralisation, il importe de souligner le fait que les gauchers ne présentent pas plus souvent que les droitiers l'un ou l'autre des troubles du langage écrit que nous avons évoqués, mais que en revanche le risque est plus grand pour les enfants mal latéralisés, qui se repèrent mal dans les directions spatiales. L'ambidextrie n'est pas un avantage mais serait plutôt un handicap dans la mesure où la direction motrice comme les ajustements moteurs de l'organisation des gestes exigent une spécialisation entre la gauche et la droite, une dominance d'un côté sur l'autre ; les gestes des ambidextres sont d'ailleurs moins précis et adroits que ceux des personnes qui sont latéralisées, à droite ou à gauche.

LE DÉVELOPPEMENT INTELLECTUEL ET COMMUNICATIF

L'ÉVOLUTION DES CAPACITÉS EXPRESSIVES

L'évolution du langage

Au début de cette période, vers 3 ans, le langage est en pleine expansion et les progrès spectaculaires, en particulier dans la complexité croissante des phrases produites. Si le développement phonologique est presque achevé, le vocabulaire va augmenter de façon exponentielle et la syntaxe se développe rapidement en se complexifiant. Vont apparaître aussi, mais plus tardivement des activités métalinguistiques, c'est-à-dire de réflexion sur la langue.

• *Le développement phonologique.* La chronologie du développement phonologique indique que quelques phonèmes apparaissent un peu plus tard que les autres, c'est-à-dire au-delà de trois ans : en particulier les consonnes constrictives (s, z, v, f, j, ch, l, r…), que, bien sûr, l'enfant discrimine depuis longtemps, mais qui sont un peu plus difficiles à articuler.

• *Le développement du code linguistique.* Le vocabulaire s'enrichit, non seulement en substantifs, mais en verbes, adjectifs, pronoms. L'utilisation correcte des différents éléments de la phrase se met en place très progressivement. Les articles indéfinis doivent s'accorder en genre et en nombre avec les mots qu'ils accompagnent (environ entre 3 et 4 ans). Les pronoms personnels les plus faciles à acquérir sont ceux qui renvoient aux conditions des dialogues : moi, je, tu, toi,… et sont suivis des autres pronoms, du singulier et du pluriel, entre 2 et 4 ans. Il en est de même pour les pronoms possessifs : ceux qui sont utilisés dans le dialogue (mon, ton,) sont acquis en premier vers trois ans, en particulier, le mien, le tien (d'abord utilisés dans la forme incorrecte mon mien, ton tien… puis vers 5 ans dans leur forme correcte : le mien, le tien…), les autres sont acquis entre 4 et 6 ans, et le pluriel apparaît généralement en dernier.

Les prépositions et adverbes qui sont souvent acquis en premier sont relatifs à la possession ou le bénéfice, vers deux ans (à, de, pour…), au lieu, vers 3-4 ans (d'abord de façon élémentaire comme dedans, dessus, puis dans, sur, près de…) et au temps, vers 4-5 ans (aujourd'hui, demain, maintenant…).

Le marquage verbal du temps : L'enfant exprime sa connaissance du temps avant d'utiliser les formes conjuguées des verbes : l'enfant, qui avant 4 ans s'exprime d'abord au présent (infinitif, indicatif présent ou impératif) ou au passé indéfini (parti, tombé…), se lance dans le marquage du futur qui est exprimé d'abord sous une forme périphrastique (demain on va se promener), avant la production de la forme conjuguée correctement. Les formes les plus fréquentes de l'imparfait et du conditionnel sont produites entre 5 et 6 ans.

À cette période l'enfant va devoir apprendre toutes les formes irrégulières (et elles sont nombreuses en français), il commet des erreurs correspondant à la régularisation inadéquate de formes verbales irrégulières (j'ai prendé une pomme, tu va viendre demain). Les formes verbales correctes apparaissent entre 5 et 6 ans, avec quelques erreurs persistantes (ex. : Damien, 5 ans : « maman, tu peux me *tiendre* mon ballon ? — Mais oui, je peux, mais on ne dit pas tiendre, on dit tenir. — Ah oui, s'écrie Damien, j'arrive jamais à m'en *souviendre* ! »), mais l'enfant a cependant du mal à utiliser ces formes verbales pour situer les événements les uns par rapport aux autres, il préfère pour cela utiliser des conjonctions ou des adverbes de temps (après, pendant que, et puis…).

Le marquage syntaxique des différents types de phrases qui a pour but de permettre au récepteur de comprendre la fonction attribuée à l'énoncé par le locuteur (ex. fonction instrumentale, interactive, informative…) évolue de façon très nette : dans les premières années, l'enfant a beaucoup utilisé l'intonation et le contexte pour donner une forme interrogative, affirmative ou impérative. Par exemple, l'intonation montante suggère une question, l'intonation descendante, un ordre, une intonation stable une déclaration informative. La négation était exprimée par *pas* associée à un mot : « pas dodo ». À partir de 4 ans, il y a intégration de la négation dans l'énoncé, sous sa forme partielle : par ex : « je veux pas » ou totale « je ne veux pas ». Les interrogatives ne seront pas prononcées avec l'inversion avant longtemps : l'enfant utilisera d'abord des locutions (est-ce que ?), ou des pronom ou adverbes interrogatifs : (où il est le chien ?). La voix passive n'est pas comprise avant 6-7 ans, du fait de la décentration requise pour le renversement des phrases (ex : le garçon pousse la voiture, la voiture est poussée par le garçon).

Les coordinations et subordinations de phrases : l'enfant passe de la juxtaposition (« mangé gâteau ») à la coordination de phrases (avec les conjonctions : et, alors, après, mais…), puis à la subordination : phrases subordonnées relatives (« c'est le gâteau que j'ai mangé ») ou circonstancielles (« je suis sage pour que le Père Noël il vienne »). Les phrases produites par l'enfant sont donc de plus en plus complexes entre 3 et 6 ans. On peut considérer qu'en moyenne un enfant qui entre en cours préparatoire s'exprime avec des phrases sémantiquement et syntaxiquement correctes. Néanmoins, les formes syntaxiques plus élaborées continuent de se développer. Par exemple, la production comme la compréhension de subordonnées circonstancielles de temps, posent problème pendant longtemps dans la mesure où les événements ne se succèdent pas forcément dans la phrase comme ils se succèdent dans le temps, l'ordre d'énonciation et d'action ne correspondent pas toujours : « j'éteins la lumière avant de dormir » est plus facile à produire que « je dors après avoir éteint la lumière ».

• *Les activités métalinguistiques.* Elles apparaissent très tardivement chez l'enfant, puisqu'il s'agit d'une prise de distance avec la langue considérée comme un objet, et qu'elles traduisent une connaissance explicite de la langue à différents niveaux. Au niveau phonétique (par exemple la segmentation syllabique en CP), au niveau sémantique : par exemple la compréhension de la synonymie, ou des ambiguïtés : lexicales (j'aime les avocats) ou syntaxiques : (il tua l'homme à la carabine), au niveau syntaxique enfin, avec les jugements de grammaticalité. Ces activités métalinguistiques s'exercent essentiellement à l'école, et toujours tardivement.

L'enfant est capable de comprendre et de produire des phrases simples bien avant de pouvoir évaluer leur correction grammaticale, et d'expliquer en quoi c'est correct ou non. L'apprentissage du langage se fait donc sans cette prise de conscience linguistique, (à moins qu'il en soit capable sans pouvoir l'exprimer ?). On verra que cette évolution linguistique est indissociable des progrès cognitifs.

L'évolution du jeu

Le jeu du bébé est essentiellement un jeu sensori-moteur, jeu d'exercice de toutes ses capacités sensorielles et motrices nouvelles, qui va grâce aux progrès cognitifs de l'enfant, se transformer en partie en un nouveau type de jeu. L'analyse qu'on peut faire de l'activité ludique de l'enfant dépend en grande partie des fonctions qu'on lui attribue dans le développement de l'enfant, en le prenant sous un angle projectif, social ou cognitif.

• *Tout d'abord qu'est-ce que le jeu pour l'enfant* ? Si pour l'adulte on peut tenter une opposition triviale entre jeu et travail (le jeu serait du non-travail) elle n'a aucun sens en ce qui concerne l'enfant. Comment faire la part dans les activités de l'enfant entre ce qui est jeu, ou non jeu ? Est-ce le plaisir qu'il prend à exercer une fonction ? Il est pourtant très sérieux parfois quand il est en plein jeu. L'activité ludique de l'enfant présente plusieurs caractéristiques, dont la première est son importance vitale pour l'enfant, c'est un besoin aussi vital que de manger et dormir. On considère qu'un enfant qui ne joue pas est un enfant malade, le jeu paraît donc indispensable à son développement. C'est une activité générale qui peut se déployer n'importe où et n'importe quand. Elle se distingue de la réalité en ce que les séquences de comportement ne vont pas jusqu'à leur terme (on joue à se tuer, on ne se tue pas en vrai), n'a pas de but précis (l'enfant joue non pas pour un résultat, mais pour jouer), et implique toutes les capacités de l'enfant au fur et à mesure qu'elles se développent (sensorielles, motrices, verbales, etc.), et n'implique pas forcément d'autres partenaires sociaux. Une caractéristique fondamentale distingue le jeu humain du jeu animal, qui est essentiellement un jeu d'exercice des capacités et d'apprentissage social, c'est sa dimension symbolique : les objets servent de support à une activité purement représentative ou symbolique (un simple bout de bois se tranforme en pistolet). C'est justement cette dimension symbolique qui apparaît dès la troisième année qui s'ajoute à l'activité ludique purement sensori-motrice.

La place que prend le jeu dans les thérapies d'enfants est due à la valeur expressive qu'il a chez l'enfant jeune dont le langage n'est pas encore très développé, l'enfant y projette tout ce qui lui paraît difficile à vivre, et peut y trouver une occasion de décharger des tensions (engendrées par exemple par les interdits parentaux ou sociaux), et ainsi de se défendre contre l'angoisse générée par ces tensions. Il peut aussi s'y donner des opportunités de compenser des besoins inassouvis (de domination par exemple). Le jeu lui permet souvent de revivre des scènes difficiles en en modifiant des éléments qui lui permettent de mieux les intégrer. Car le jeu a aussi une fonction d'accommodation des schèmes existants à la réalité, facilitant ainsi l'intégration des données nouvelles. S'il devient aussi un lieu d'apprentissage des rôles sociaux (conventionnels : jouer à la poupée, aux voitures et...) la dimension sociale du jeu n'existe pas d'emblée et apparaît très progressivement : d'abord seul au centre de son jeu, l'enfant rejoint d'autres enfants occasionnellement (il peuvent paraître jouer ensemble, mais ils jouent simultanément seuls), puis de plus en plus souvent.

• *Classification des jeux.* Différentes catégorisations du jeu de l'enfant ont été proposées. Nous reprenons celle de Piaget, qui nous semble complète et permet de voir de quelle façon l'activité ludique de l'enfant se transforme corrélativement à ses possibilités cognitives : du jeu d'exercice du bébé au jeu de société de l'enfant plus âgé ou de l'adulte. Les trois catégories de jeu décrites par Piaget (*La Formation du symbole*,

1945 pour la classification et *Le Jugement moral chez l'enfant*, 1957, pour l'apprentissage des règles de jeu) sont les suivantes :

1) Le jeu d'exercice : regroupe divers exercices sensori-moteurs, comportant des mouvements (gestes, danses…) ou activités physiques (courir, sauter, se rouler par terre…) et des manipulations d'objets ou de matières (sable, pâte à modeler, eau, transvasements divers…).

2) Le jeu symbolique : on y joue à être quelque chose ou quelqu'un (« on dirait que je serais le papa et toi tu serais la maman »…) ; on y trouve des reproductions (d'animaux, de personnages, de scènes de la vie courante…) et des fabulations (soit à partir de la réalité, soit à partir de la fiction).

3) Le jeu de règles : qui regroupe les jeux ritualisés de la petite enfance (farandoles, rondes, comptines…) et tous les jeux encadrés par des règles : du jeu de billes aux jeux de société.

• *Évolution des jeux avec l'âge.* À la période sensori-motrice n'existent que des jeux d'exercice. Les exercices sensori-moteurs divers contribuent aux progrès psychomoteurs (préhension, marche…), aux progrès cognitifs (exploration des objets avec extension des schèmes assimilateurs, développement de l'accommodation, coordinations de schèmes…), aux progrès affectifs (satisfaction de la répétition de gestes, d'actions qui permettent de retrouver l'objet caché et, en faisant revenir à volonté l'objet disparu, et ainsi de maîtriser l'angoisse liée à la disparition), aux progrès sociaux (multiples échanges entre la mère et l'enfant à l'occasion de jeux).

À la période préopératoire apparaît une nouvelle forme de jeu, qui s'ajoute à la précédente : le jeu de fiction ou symbolique (évocation de personnes ou d'objets absents). Il est rendu possible par les possibilités d'imitation et l'apparition des représentations mentales. Les fonctions de ce nouveau type de jeu sont importantes : communication, reproduction du réel (permet une meilleure connaissance des choses donc facilite l'assimilation), transformation du réel (fonction accommodatrice : l'enfant reproduit le réel en le modifiant pour mieux l'assimiler), expression du vécu intérieur et donc liquidation : des angoisses liées à des interdictions, de l'agressivité, des sentiments de jalousie (tuer le nouveau petit frère en crevant un ballon), et intériorisation des normes sociales. Son rôle dans la construction de la personnalité est donc essentiel.

À la période des opérations concrètes apparaît le jeu de règles qui s'ajoute aux jeux sensori-moteurs et symboliques. La place prise par les activités de fiction s'atténue parce que l'enfant est mieux adapté à la réalité extérieure et s'exprime sans peine avec le langage. La socialisation s'intensifie et la décentration qui conduit à la pensée opératoire l'amène à concevoir des relations d'égalité et de réciprocité avec ses camarades, ce qui lui permet de se soumettre à une règle commune.

L'évolution des rapports de l'enfant à la règle a été joliment décrit par Piaget dans l'évolution du jeu de billes. L'enfant accède au jeu de billes codifié après avoir joué avec elles de façon sensori-motrice et symbolique. Lorsqu'il en prend conscience, la règle est d'abord perçue par l'enfant comme individuelle : chacun suit ses propres règles qui semblent assez loin de la forme codifiée que les plus grands leur ont transmise. Puis, comme chaque joueur cherche à l'emporter sur son voisin, apparaît un souci de contrôle mutuel et donc un besoin de règles valables pour tous, qui conduit à une codification parfois excessive, avec des règles de plus en plus complexes. À ce moment la règle est conçue comme sacrée et intangible, supra individuelle, imposée par un adulte (« c'est papa, ou la maîtresse, qui l'a dit ») et ne doit pas être transgressée. C'est à la période opératoire que l'enfant comprendra qu'une règle n'est pas arbitraire ou absolue, qu'elle résulte d'un consensus (que Piaget appelle le contentement mutuel) auquel chacun accepte de se soumettre et qu'on peut donc la modifier si tous en sont d'accord.

Au cours de cette évolution, aucun des types de jeu ne disparaît, mais chaque nouveau type de jeu devient prédominant par rapport aux précédents. C'est pourquoi le jeu des enfants plus âgés et des adulte est le jeu codifié, comme les jeux de société. Cependant les types de jeux antérieurs n'ont pas disparu, et se manifestent occasionnellement : par exemple la manipulation de tous les boutons d'un nouvel appareil vidéo, ou de tout autre objet nouveau, pour observer les effets produits s'apparente clairement au jeu sensori-moteur, les jeux de rôles dont sont friands les adolescents, et même les adultes, sont des jeux de fiction.

L'évolution du dessin

Le dessin est une activité transitoire qui apparaît chez l'enfant, dès la deuxième année et va se développer très rapidement les années suivantes, pour s'atténuer, voire disparaître avec l'avènement de l'adolescence. C'est donc une activité caractéristique de l'enfance, qui tient une grande place en particulier par la possibilité d'expression qu'il apporte à l'enfant jeune. Le dessin peut être considéré comme un témoin de l'évolution de l'enfant. Évolution psychomotrice (puisque la qualité du graphisme dépend de ses possibilités psychomotrices), intellectuelle (car on y trouve des éléments significatifs de l'évolution de sa pensée, par exemple dans l'excès de centration puis dans la décentration de son point de vue), évolution affective (car l'enfant y projette sa façon d'être au monde, en y exprimant son vécu intérieur avec tous les conflits vécus et les angoisses non dites). C'est pourquoi, comme le jeu, le dessin tient une place essentielle dans les thérapies d'enfant. Il ne s'agit pas à proprement parler d'interprétation des dessins de l'enfant, au sens d'un décodage de ses caractéristiques de taille, de couleurs etc., mais de saisir à travers lui le comportement de l'enfant, les traces de l'expérience vécue, l'évolution de la relation thérapeutique, puisqu'il est utilisé comme support pour le dialogue entre le thérapeute et l'enfant. Un dessin considéré isolément n'a pas de valeur en soi, il ne peut être dissocié de l'enfant qui l'a produit (son âge, son sexe…) et du contexte dans lequel il a été produit (est-ce un dessin spontané ou en réponse à une demande ? Dans quelles circonstances ? Qu'avait-il à sa disposition comme matériel ? Quels commentaires a-t-il faits ? etc.). Comprendre le dessin implique une excellente connaissance de l'enfant, de son développement et des caractéristiques générales de l'évolution de son dessin. Ce n'est que par rapport à ces repères dans le développement normal qu'on pourra apprécier une production graphique.

• *Les étapes du développement du dessin.* Plusieurs auteurs se sont intéressés à l'évolution des caractéristiques des dessins avec l'âge. Une des descriptions les plus complètes a été fourni par G.H. Luquet (1927) dont l'ouvrage princeps pourtant ancien est toujours un classique. La succession des stades qu'il décrit traduit l'effort d'adaptation de l'enfant au réel et de traduction du réel : il les caractérise de « réalisme » : fortuit, manqué, intellectuel, visuel…

— *Le stade du gribouillage : les premières traces graphiques (la 2e année).* L'apparition des premiers tracés à la fin de la première année est rendue possible par les progrès psychomoteurs (contrôle des gestes moteurs fins de la main) : le premier dessin n'est en fait que la trace graphique laissée par la main (le doigt sur la vitre embuée ou dans la purée...), et correspond à une décharge motrice. Puis constatant cette trace, l'enfant va chercher à la reproduire. Les premiers tracés correspondent à une décharge motrice : l'alternance de flexions et d'extensions du bras, dans un geste global (de tout le bras), senestrogyre (tourné vers la gauche) et centripète (retour vers soi), engendre un tracé en cycloïdes, dont l'enfant ne peut encore contrôler la direction. Le contrôle moteur progressif d'une part, avec le freinage volontaire des gestes, l'utilisation de l'articulation du poignet, et le contrôle du pouce (tenue du crayon) et d'autre part la possibilité de contrôler visuellement le geste graphique (avec reprise possible d'un geste interrompu), va faire évoluer le tracé : les mouvements sont moins amples, plus précis, les traits prennent la forme de hachures verticales puis horizontales, ou de courbes guidées, qui deviennent fermées. Quelle signification accorde l'enfant à ces premières traces graphiques ? Les premières n'ont pas de signification particulière, autre que le plaisir de cette décharge motrice, puis, un jour, spontanément ou à la suite d'une question de son entourage, il attache une signification à son dessin. Ce moment important le fait entrer dans le stade du réalisme fortuit.

— *Le stade du réalisme fortuit : attribution de la signification (la 3e année).* L'apparition d'une signification est due à l'apparition de la fonction sémiotique qui lui permet d'évoquer des objets ou événements qu'il ne perçoit pas forcément à ce moment, il se réfère donc à des représentations mentales, si élémentaires soient-elles à leur début. La signification qu'il attribue à son dessin ne semble pas avoir de rapport direct avec la morphologie du tracé, l'enfant peut même accorder à un seul dessin plusieurs significations, ajouter *a posteriori* à son dessin quelques éléments ayant pour but d'en augmenter le réalisme. Il y a dès lors apparition de l'intentionnalité graphique. C'est elle qui va marquer le passage à l'étape suivante.

— *Le stade du réalisme manqué : l'intention de représentation (la 4e année).* La découverte de la possibilité de représentation de la réalité le conduit à rechercher des analogies entre les traits qu'il trace et des objets connus. Même si par hasard, il y a une certaine adéquation entre ce qu'il veut représenter et ce qu'il arrive à dessiner, il y a encore un écart assez grand entre intention et réalisation : du fait de ses possibilités limitées, à la fois dans l'analyse de ce qu'il veut représenter, et de ses capacités graphiques, on peut dire que le plus souvent ses moyens ne sont pas à la hauteur de ses intentions.

— *Le stade du réalisme intellectuel : montrer ce qu'on sait du réel (entre 4 et 8 ans).* La convergence des progrès moteurs (gestes plus précis permettant des détails, coordination des traits...), des progrès des connaissances (l'enfant connaît de plus en plus de choses qu'il a vues, manipulées dénommées...), les progrès de son analyse (avoir perçu les détails qu'on veut représenter), entraînent un progrès rapide de ses dessins, qui deviennent beaucoup plus précis, complets, dynamiques, avec tous les détails nécessaires à l'identification des personnages ou objets représentés. Ce sont de véritables récits de son expérience. Il utilise un certain nombre de procédés destinés à mieux faire comprendre la connaissance qu'il a du monde : d'abord la transparence (l'intérieur de la maison est visible en même temps que l'extérieur, le bonhomme dans son lit est visible sous les couvertures), puis le rabattement (aplatissement des façades de maisons le long d'une rue, des oreilles décollées du visage, des pieds de la table, rabattus autour de la surface plane...), et enfin la schématisation (herbe, cheveux, sont représentés par de petites hachures, les vêtements peuvent n'être symbolisés que par quelques boutons sur le ventre du bonhomme...).

Cependant si les progrès de ses connaissances enrichissent ses dessins dans lesquels l'enfant montre tout ce qu'il sait (et non pas ce qu'il voit), ils ne peuvent l'entraîner au-delà des limitations de sa pensée. La pensée de l'enfant de cet âge est fortement égocentrique, c'est-à-dire que l'enfant ne peut voir que son propre point de vue sans pouvoir le coordonner avec d'autres points de vue possibles, cela se traduit par l'excès de centration sur tel ou tel aspect de la représentation, et surtout par la difficulté à coordonner des éléments. L'enfant juxtapose les éléments là où il faudrait les coordonner : le chapeau posé au-dessus de la tête, et non enfoncé sur la tête, la façade de la maison est contiguë au pignon latéral, le train est représenté de profil sur des rails vus de dessus… Tout se passe comme si l'objet n'était pas vu d'un seul point de vue mais vu successivement sous différents angles, sans que l'enfant puisse mettre en relation ces différents points de vue, les coordonner entre eux. C'est sur ce point que les progrès de l'enfant vont être les plus sensibles.

– *Le réalisme visuel : montrer ce qu'on voit du monde (de 9 à 12 ans environ).* En quelques années, par les progrès de sa maturation perceptive et intellectuelle, l'enfant va pouvoir donner de la réalité une représentation la plus objective possible. Il y a un effort permanent d'ajustement au réel, visible dans l'analyse de l'objet à représenter, dans les comparaisons entre dessin et modèle. Un seul point de vue synthétise toutes les informations sur l'objet ou la scène, qui sont situés dans un espace de plus en plus euclidien (à trois dimensions) où les éléments sont bien coordonnés les uns par rapport aux autres. La technique l'aide à rendre compte dans son dessin en deux dimensions, de la troisième dimension (profondeur) indispensable à une représentation objective de la réalité, par l'introduction de la perspective et de l'ombre. Le dessin de l'enfant de cet âge n'a plus la valeur expressive qu'il avait les années précédentes parce que l'enfant recourt préférentiellement aux modalités verbales de communication qui offrent des possibilités de plus en plus grandes d'adéquation à sa pensée et d'abstraction de ses idées. À cette époque, certains enfants prennent conscience de la difficulté à rendre compte objectivement de la réalité dans un dessin, ne maîtrisent pas bien les techniques qui les y aideraient, ou se désintéressent de ce mode d'expression qui ne les satisfait pas, leur production graphique s'appauvrit et diminue progressivement. D'autres au contraire continuent de progresser dans ce mode d'expression qui va s'enrichir, permettre de représenter des aspects nouveaux : stylisation, caricature, sentiments, abstraction.

• *Un exemple de l'évolution du dessin : la représentation humaine.* Le corps humain est très fréquemment représenté dans les dessins d'enfants, et, comme dans les autres dessins, on peut repérer à travers les différentes caractéristiques de la représentation humaine, les étapes dans l'évolution de sa pensée. Corps vécu ou corps représenté ? Certainement les deux. Le corps est vécu, senti de l'intérieur, bien avant que l'enfant ne s'en forme une représentation mentale, qu'il essaiera de traduire dans ses dessins. Ces étapes dans la représentation de la personne humaine sont universelles : tous les enfants du monde et de tous les temps donnent des représentations graphiques comparables dans leur principales caractéristiques : elles sont donc bien révélatrices des processus de maturation de l'être humain.

Les premiers tracés cycloïdes de l'enfant peuvent être déjà interprétés en ce sens, néanmoins, c'est le bonhomme-têtard, qui, sans conteste, constitue la première représentation humaine aux environs de trois ans, âge repère dans l'identification de soi. Elle a effectivement l'apparence d'un têtard, constitué d'un gros ovoïde d'où partent maladroitement quelques filaments figurant sans doute les membres, comme peuvent l'indiquer les commentaires spontanés de l'enfant (cf. dessin 1 d'un enfant de 2 ans et 8 mois).

PWAM!
1
2
3
4
5
6
7
8

L'écart entre la connaissance qu'il a des éléments de son corps et la pauvre représentation qu'il en donne peut frapper ; il est dû autant à sa difficulté de représentation qu'à son incapacité à bien maîtriser ses gestes graphiques. Ce premier rond représente -t-il la tête ou le corps ? La question n'a pas de sens pour l'enfant qui vit son corps de l'intérieur comme une entité : à la fois tête et corps, cet ovoïde va rapidement s'enrichir des éléments sensoriels qui en sont l'essence : les yeux, la bouche, modes privilégiés de plaisir, de communication et de prise de connaissance sur le monde (cf. dessin 2 à 3 ans 2 mois). Vers quatre ou cinq ans, deux ovoïdes marqueront la distinction entre la tête et le tronc (dessin 3 fait à 4 ans 1 mois, dessin 4 à 4 ans 10 mois). Les bras auxquels s'ajoutent des mains (dessin 5 à 5 ans 2 mois), sont attachés à la tête, les pieds complètent les jambes. Le dessin 6 a été fait à 4 ans 10 mois et représente (en utilisant le procédé de transparence) une maman enceinte de jumeaux. Entre 5 et 6 ans, les membres acquièrent de l'épaisseur, les mains ont des doigts (peu importe leur nombre), le cou sépare la tête du tronc et la position verticale du bonhomme semble stabilisée. Les détails vestimentaires apparaissent. C'est un bonhomme complet, vu de face, et généralement très expressif. Le dessin se dynamise, les bras et les jambes sont attachés à l'endroit correct, le personnage est en mouvement : il marche, il danse, il fait quelque chose (sur le dessin 7 fait à 7 ans 3 mois est représentée une famille avec le petit frère qui n'est pas encore très intégré). Apparaît ensuite (vers 7-8 ans) le profil : la difficulté de coordination propre au stade du réalisme intellectuel se manifeste dans les juxtapositions de points de vue différents (tête ou pieds de profil, tronc de face) (cf. le dessin 8 fait à 8 ans 6 mois qui a toutes les caractéristiques d'un récit ; les difficultés de coordination sont visibles aux points d'articulation du corps). Ce sont ensuite l'accumulation de détails (vestimentaires ou de mise en scène) qui enrichissent le dessin du bonhomme, avec des éléments plus féminins ou masculins. Et puis, comme les autres dessins, le bonhomme disparaîtra des modes d'expression de l'enfant, comme il était venu : petit à petit.

Cette progression générale dans le dessin du bonhomme au cours de son évolution et sa dépendance par rapport à l'évolution des capacités cognitives est à l'origine de l'utilisation du dessin de l'enfant pour apprécier le niveau de développement intellectuel (ex : le test du Bonhomme de Goodenough au chapitre 6). Comme toutes les évaluations, le niveau de développement de l'enfant tel qu'il a été évalué, ne traduit pas forcément son niveau réel, car il peut être sous estimé par cette évaluation (il n'est jamais surestimé car cela supposerait que l'enfant a produit des comportements qu'il n'a pas encore acquis), par exemple s'il n'est pas motivé par la tâche ou s'il a des difficultés personnelles dont on a vu qu'elles pouvaient être projetées dans le dessin de l'enfant, c'est en ce sens qu'on utilise parfois le dessin comme test projectif. Cependant ces deux utilisations du dessin ne sont pas antinomiques, elles évaluent des aspects différents du développement de l'enfant, mais du fait des interférences possibles entre les aspects intellectuels et affectifs qui interviennent simultanément dans le dessin de l'enfant, on ne se contente jamais de cette seule évaluation ; il faut y adjoindre d'autres épreuves complémentaires.

La période préopératoire

La période préopératoire débute vers la fin de la deuxième année, avec l'apparition des représentations mentales et les possibilités formidables d'évocation qu'elles apportent. Nous avons déjà évoqué dans le chapitre précédent, l'intériorisation des actions et les reconstructions cognitives nécessaires pour la transformation des schèmes sensori-moteurs en schèmes représentationnels. Trois temps marquent cette période : l'apparition de la fonction sémiotique, l'apogée de l'égocentrisme de la pensée et le début de la décentration cognitive.

• *L'apparition de la fonction sémiotique.* À la fin du stade sensori-moteur, l'enfant possède un système élémentaire de significations (prévision des événements à partir d'éléments qui prennent valeur de signal) et une possibilité élémentaire de se représenter mentalement certaines actions (les déplacements successifs invisibles d'un objet). Ces représentations et utilisations de signifiants se développent avec l'apparition de la fonction sémiotique ou symbolique, qui est la capacité d'évoquer des objets ou situations non perçus actuellement au moyen de signes ou de symboles. Elle permet donc de se représenter quelque chose (objet, ou événement, qui est le signifié), au moyen de signes différenciés (langage, dessin gestes symboliques, etc. qui sont les signifiants). Cette fonction génératrice de la représentation est appelée par Piaget symbolique puis sémiotique, les signes étant plus arbitraires que les symboles car ils n'ont aucun lien avec l'objet qu'ils représentent. Cette fonction va se développer de façon privilégiée à travers différentes conduites, qui sont (en ordre de complexité croissante, mais d'apparition à peu près simultanée) : l'imitation différée, le jeu symbolique, le dessin, les images mentales et le langage.

L'imitation différée marque la transition entre le sensori-moteur et le représentationnel : l'imitation (sensori-motrice) apparaît (pour Piaget) dans le second semestre de la vie, après que l'enfant ait imité des mouvements qu'il avait déjà observé sur lui-même, puis des gestes qu'il n'a pas pu observer sur lui-même (mouvements du visage), ou tout à fait nouveaux (les gestes sociaux conventionnels : au revoir, bravo etc.). Dans la deuxième année, on note de brèves imitations d'autrui, sans que la signification en soit structurée, elles relèvent des conduites accommodatrices (imitation de la réalité). Pendant toute cette période, il ne peut y avoir d'imitation en l'absence du modèle à imiter, c'est une imitation en actes réels. Vers 18-20 mois, l'imitation devient différée (dans le temps), c'est-à-dire qu'un délai temporel existe entre la vue du modèle et sa reproduction imitative. Elle est rendue possible par les progrès spatiaux et temporels de l'enfant et permet d'introduire une distinction entre modèle et imitation. Vers 24 mois, elle devient possible en l'absence du modèle, l'imitation a été intériorisée, et pour qu'elle soit réalisée il faut que l'enfant dispose d'une représentation mentale comme support de son évocation. La conduite imitée devient le signifiant de ce qui a été vu (le modèle est signifié).

Le jeu symbolique, procède des conduites accommodatrices qui faciliteront ensuite l'assimilation de la réalité extérieure. Nous les avons décrites précédemment.

Le dessin est pour Piaget, à mi-chemin entre le jeu et les images mentales, il est proche de l'activité ludique, mais son caractère figuratif le rapproche des images mentales. Nous avons vu comment les progrès de sa pensée apparaissaient dans l'évolution du dessin du jeune enfant.

Les images mentales : ce sont les images que l'enfant forme en pensée, elles correspondent à des représentations mentales d'objets ou d'événements évoqués en pensée. La différence avec les conduites précédentes, c'est qu'on ne peut les observer directement, mais seulement inférer leur existence à partir de dessins, choix entre des dessins, ou commentaires verbaux. Elles résultent en quelque sorte d'une imitation intériorisée de l'objet réel, mais ne s'élabore qu'en l'absence de l'objet, par reproduction intériorisée. Dérivent-elles de la perception ? non, car 1) il semble que l'évocation mentale d'un mouvement déclenche des tracés électriques de même nature que ceux qui sont observés au cours des mouvements réels et 2) dans ce cas, elles apparaîtraient en même temps que la perception, dès la naissance, or elles n'apparaissent que tardivement avec la fonction symbolique (par l'intermédiaire d'une imitation intériorisée). Les premières images mentales sont exclusivement statiques : l'enfant est incapable de reproduire des mouvements ou des transformations, ainsi que leurs résultats. Ce ne sera possible qu'au stade des opérations concrètes où elles deviendront anticipatrices et dynamiques (cinétiques et de transformation), car l'enfant ne peut reproduire des transformations sans les comprendre. Pour l'instant elles ne sont que reproductrices d'objets connus, vus antérieurement, par copie immédiate ou différée.

Pour Piaget, les images mentales ne constituent qu'un système de symboles qui traduit avec un certain retard et plus ou moins d'exactitude, le niveau de compréhension d'un enfant, et ne peuvent donc engendrer de progrès opératoires. Les images mentales relèvent comme la perception, l'imitation et le dessin, des aspects figuratifs de la pensée que Piaget oppose aux aspects opératifs (actions et opérations). Les rapports que Piaget supposait de subordination des aspects figuratifs aux aspects opératifs de la pensée ont donné lieu à un certain nombre de recherches récentes qui ont abouti à des conclusions tout à fait différentes et renouvelé la problématique.

Le langage est la plus complexe des conduites sémiotiques. Nous avons résumé de quelle façon se déroulait cet apprentissage. Les conduites verbales marquent un net progrès par rapport aux conduites sensori-motrices car elles permettent une plus grande rapidité du récit (que par l'action), de se libérer du présent de l'action immédiate pour aller dans le passé et le futur (dans l'évocation d'événements passés ou à venir), et surtout elles permettent une représentation simultanée d'un ensemble d'actions qui ne peuvent être exécutées que de façon successive. Cependant ces progrès caractérisent la fonction sémiotique dans son ensemble, au sein de laquelle le langage a quand même une place particulière par son rôle de communication sociale et par les instruments cognitifs en puissance qu'il contient (concepts et relations). Pour Piaget, le langage est clairement subordonné à la pensée qui lui est bien antérieure puisque l'intelligence plonge ses racines dans l'action sensori-motrice. Il pense donc qu'il ne suffit pas que l'enfant ait un lexique exact pour qu'il l'emploie de façon adéquate. Par exemple, un enfant de 5 ans connaît le nom des fruits et le concept de fruit. Si on lui montre une corbeille de fruits où les pommes prédominent largement par rapport aux oranges, et qu'on lui demande : « y a-t-il plus de pommes ou plus de fruits ? », l'enfant de cet âge répondra qu'il y plus de pommes, parce qu'il est prisonnier de sa perception qui se centre sur la plus grande quantité de pommes, sans pouvoir comparer le sous-ensemble des pommes à l'ensemble des fruits. Quelques années plus tard (au stade des opérations concrètes), il répondra tout à fait correctement à cette question. Donc on peut dire que si le langage va faciliter le fonctionnement de la pensée, il ne la crée pas.

• *La prépondérance de l'égocentrisme.* L'égocentrisme de la pensée est une donnée première et va aller dans le sens d'une diminution corrélative de la décentration cognitive. Cette évolution est continue depuis la naissance (avec la distinction qui va s'établir entre le sujet et les objets), mais apparaît plus clairement après l'apparition du langage, qui va permettre à l'enfant d'expliquer ses actions et d'expliciter ses jugements. Nous avons défini l'égocentrisme cognitif (attention de ne pas confondre ce terme avec *égoïsme*, dont seule la racine latine *(ego)* est commune : l'égoïsme a une connotation morale que n'a pas du tout l'égocentrisme cognitif) comme l'incapacité de l'enfant à se décentrer, à se mettre à la place d'autrui et à coordonner le point de vue d'autrui avec le sien propre, il ne peut donc d'une façon générale coordonner méthodiquement des points de vue successifs et différents. Cette incapacité est liée à un excès de centration sur le seul point de vue possible : le sien. Cet égocentrisme intellectuel transparaît dans l'égocentrisme verbal de l'enfant. Piaget distingue l'égocentrisme logique et l'égocentrisme ontologique. L'enfant de cet âge a une logique particulière qui ne peut avoir l'objectivité de notre logique adulte, néanmoins, elle en constitue les fondements, et en ce sens, ce serait plutôt une prélogique.

L'égocentrisme logique apparaît dans les caractéristiques du raisonnement de l'enfant : le syncrétisme et la transduction. Le concept de syncrétisme exprime le fait que la pensée ne peut coordonner les détails à l'ensemble, les parties au tout, il s'oppose donc aux concepts logiques adultes : analytique (aller de l'ensemble aux détails) et synthétique (aller des détails vers l'ensemble). On en a déjà vu des exemples dans le dessin et le langage de l'enfant jeune. Le concept de transduction précède l'apparition des concepts logiques de déduction (aller du général au particulier) et d'induction (aller du particulier vers le général), il procède du singulier au singulier, car l'enfant associe dans une sorte de logique apparente des éléments qui ne sont pas liés entre eux, mais qui apparaissent liés. Exemple de réponse d'enfant de 4 ans : « pourquoi est-ce qu'il y a la mer ? — parce qu'il y a des bateaux » ou encore « pourquoi il y a la lune ? — parce qu'il y a le soleil », ou encore : « qu'est-ce que c'est la lune ? — c'est le soleil ; qu'est ce que c'est la terre ? — c'est le ciel ». Ces éléments associés par paires (Wallon parle avec justesse de « pensée par couple ») sont comme fondus en un schème unique qui prend la forme d'une implication réciproque (l'un implique obligatoirement l'autre).

L'égocentrisme ontologique exprime la façon dont l'enfant perçoit la réalité : ce qu'il comprend du monde, comment il se le représente. Il se manifeste à travers des caractéristiques comme : le réalisme, l'animisme ou l'artificialisme. Le réalisme traduit le fait que l'enfant attribue à la réalité extérieure des caractéristiques subjectives. Mais l'enfant n'a pas conscience de sa subjectivité, il confond l'imaginaire (subjectif) et le réel (objectif), son point de vue propre est considéré comme le seul possible. L'animisme exprime la tendance qu'a l'enfant de croire que les choses sont vivantes et douées de conscience le vent « chante », la lune « court » pour me rattraper. L'artificialisme traduit la croyance propre au jeune enfant que tout a été fabriqué par les hommes et pour les hommes. Par exemple : « comment fait-on pour remplir le lac ? — avec un arrosoir », ou encore, Emmanuel (5 ans) qui a marché longtemps pour grimper en haut de la montagne s'écrie « mais je me demande comment ont fait les camions pour apporter tous ces cailloux ici ! ».

La pensée égocentrique est donc une pensée prélogique, intuitive, et préconceptuelle. Une pensée intuitive, car l'intuition est pour Piaget une action intériorisée, c'est-à-dire effectuée en pensée, grâce aux représentations mentales, encore très liée à l'action et à la perception dont elle a du mal à se détacher. Une pensée préconceptuelle car à mi-chemin entre les schèmes et les concepts. Le point de départ est constitué des schèmes sensori-moteurs qui se transforment à la fin du stade sensori-moteur en schèmes verbaux (par généralisation et association, on peut les voir dans les surextensions du jeune enfant qui utilise un seul mot pour désigner tout un ensemble d'objets, ne relevant pas de la même classe catégorielle). Les schèmes verbaux deviennent eux-mêmes des préconcepts : c'est-à-dire que le mot se détache de l'action et de la perception, il est encore très lié à la représentation d'un objet particulier (ex : le mot « chien », renvoie au chien de l'enfant et non au terme générique). Du point de vue du fonctionnement de la pensée, elle traduit une prédominance de l'assimilation.

Ce qui manque à la pensée égocentrique de l'enfant de cet âge, c'est une plus grande mobilité qui lui permettrait de se décentrer pour examiner simultanément tous les points de vue. Il ne peut donc concevoir la symétrie éventuelle des relations qui implique la réversibilité. Olivier (5 ans) a un frère Paul. Si on lui demande s'il a un frère il répond — oui, il s'appelle Paul. Si on lui demande si Paul a un frère, il s'exclame : — ah non nous ne sommes que deux dans la famille ! La pensée de l'enfant est prisonnière de la perception, de la configuration des objets perçus, et il pense que si on modifie cette configuration (en gardant les mêmes objets), toutes les propriétés de cet ensemble changent.

• *Le déclin de l'égocentrisme par décentration.* Vers 5-6 ans, le raisonnement de l'enfant se modifie, on observe une diminution des réponses égocentriques, par exemple dans l'animisme, l'artificialisme, avec une accommodation beaucoup plus forte à la réalité extérieure objective. L'enfant va se décentrer et ainsi envisager simultanément différents points de vue et se situer par rapport à l'ensemble des perspectives possibles. Il va établir entre les choses, les personnes et lui-même un système de relations communes et réciproques. Les raisons de ce changement proviennent d'une plus grande mobilité de la pensée, les représentations s'articulent en se coordonnant, annonçant ainsi la réversibilité de la pensée. L'enfant devient capable d'analyser certains rapports et de coordonner entre elles les données de la perception, cette coordination nouvelle des actions intériorisées se fait par régulations successives, correspondant à des tâtonnements mentaux dans la recherche de la solution d'un problème.

Voici un exemple de situation où on peut observer cette évolution de la décentration par régulations : on construit devant l'enfant une rangée de 8 jetons bleus un peu espacés et on donne à l'enfant des jetons rouges en lui demandant d'en faire une pareille, pour qu'il y en ait autant. L'enfant de 3-4 ans qui fonctionne par intuition globale (représentation globale de la ligne à remplir) ne s'occupe pas du nombre de jetons mais seulement de la longueur de la ligne, il ne se fie donc qu'à la configuration globale (en remplissant toute la ligne de jetons rouges). L'enfant de 5-6 ans procède de façon différente : il construit une correspondance terme à terme entre les deux rangées (un jeton rouge à côté de chaque bleu), quand cette correspondance est établie, il admet qu'il y en a autant : il y a ici articulation des éléments perceptifs : intuition articulée. Cependant, la correspondance qu'il a établie, est encore fragile et peut être remise en question par l'expérimentateur qui resserre la rangée de jetons bleus en lui demandant s'il y en a toujours autant, la rangée resserrée paraît plus courte et l'enfant nie la correspondance terme à terme antérieure qu'il a établie : il affirme que c'est plus long là (rangée de jetons rouges) donc qu'il y en a plus, ou que c'est plus court ici (jetons bleus) donc qu'il y en a moins. La modification de la configuration perceptive a altéré toutes les propriétés de l'ensemble donc la quantité de jetons. Or, celle-ci est en principe invariable et garantit que l'équivalence des deux rangées est respectée, permettant le retour à l'état antérieur (ou réversibilité de l'action qui a conduit à la déformation perceptive). Si on lui demande de rétablir lui-même la correspondance terme à terme antérieure, il admet à nouveau l'équivalence des deux rangées. L'enfant se situe bien à ce niveau intermédiaire dans le développement de sa pensée, entre les intuitions du très jeune enfant et les opérations réversibles.

À la fin de cette période préopératoire, l'enfant commence à se détacher de l'emprise de sa perception immédiate, qui le conduit à déformer la réalité. Toute cette période a marqué la prévalence des aspects figuratifs de la pensée (l'enfant base son raisonnement sur les configurations perceptives) sur les aspects opératifs. Il va y avoir au stade suivant renversement de situation : les aspects figuratifs vont apparaître dominés par les aspects opératifs avec la constitution de structures opératoires s'attachant aux transformations logiques. Cette modification importante s'accompagne d'un renversement progressif du rapport de prépondérance entre assimilation et accommodation, qui vont agir de façon équilibrée et continue et non plus alternative. L'équilibration des structures cognitives, qui rend la réversibilité possible, ne peut se faire que lorsque assimilation et accommodation se trouvent toutes deux à égalité dans les échanges qui s'établissent entre la pensée de l'enfant et la réalité extérieure.

b

Le stade des opérations concrètes (de 7-8 ans à 11-12 ans)

Grâce à la décentration progressive et à la coordination de plus en plus poussée des différents points de vue, l'intuition préopératoire va se transformer en une pensée opératoire mobile et réversible. Le critère du passage de l'intuition à l'opération (rappelons qu'une *opération* au sens piagétien est une action intériorisée, réversible et qui peut se coordonner en structure d'ensemble) est la réversibilité. Pour qu'il y ait réversibilité d'une action (l'accomplir dans un sens puis dans un autre), il faut qu'il y ait quelque chose d'invariant qui permette ce retour à l'état antérieur, quelque chose qui se conserve au cours de la transformation de l'objet, comme par exemple dans les rangées de jetons évoquées plus haut, c'est la quantité de jetons (leur nombre) qui reste invariante quelle que soit la façon dont on dispose les jetons de la rangée, ou encore, dans le groupe des déplacements de la fin du stade sensori-moteur, l'invariant est constitué par la permanence de l'objet et permet la réversibilité des déplacements. Une action réversible est une action qui peut s'effectuer dans les deux sens, mais il faut que l'enfant ait conscience qu'il s'agit de la même action, s'il n'est pas conscient de l'identité de l'action il n'est pas encore au stade opératoire (car il n'a pas encore acquis la réversibilité opératoire, seulement la renversabilité). À partir du moment où l'enfant reconnaît l'existence d'un invariant permettant de réaliser la même action dans les deux sens, la réversibilité est possible et la pensée peut réaliser des opérations. Ces opérations sont dites dans un premier temps *concrètes* parce qu'elles portent sur des objets réels, concrets, manipulables (soit directement soit par la pensée). Le raisonnement de l'enfant dépend étroitement du contenu auquel il s'applique. Plusieurs années plus tard, elles pourront être réalisées sur des abstractions (idées, hypothèses…), sur des aspects plus formels, c'est la forme du raisonnement qui importe et non plus son contenu.

Deux types d'opérations apparaissent au cours de ce stade : les opérations logico-mathématiques et les opérations infralogiques. Elles ne portent pas sur la même réalité : les opérations *logico-mathématiques* portent sur des quantités discontinues (ou discrètes) et conduisent aux notions de classe, relation et nombre. Elles sont issues du fonctionnement assimilateur de la pensée (fonction implicatrice). Les opérations *infralogiques* qui s'élaborent en même temps, portent sur des quantités continues (non fragmentées) d'espace, de temps, et sont à l'origine de la mesure. Elles sont issues du fonctionnement accommodateur de la pensée (la fonction explicatrice).

Pour qu'une transformation soit perçue par l'enfant comme opératoire, il faut qu'il se représente qu'une seule action peut être faite dans l'un et l'autre sens, le retour possible à l'état initial annulant la transformation antérieure, il faut donc qu'il comprenne qu'il y a un invariant, quelque chose qui se conserve au cours de la transformation. Cet invariant c'est le schème de la conservation.

• *Le schème de la conservation*

1) La conservation de la substance (ou matière) (vers 7-8 ans)

a) La conservation des solides (quantités discrètes ou discontinues) : l'exemple de la boule de pâte à modeler

L'expérimentateur montre une boulette de pâte à modeler (A) devant l'enfant et lui demande d'en faire une pareille (B) (« pour qu'il y ait la même chose de pâte »). Quand l'enfant l'a fait, on prend sa boule B et on l'aplatit en une galette (transformation B'), on demande à l'enfant si en B' il y a toujours « la même chose de pâte » (donc si B' = B = A). Avant 7 ans (environ) l'enfant affirme qu'il n'y a plus la même chose, qu'il y en a plus parce que c'est plus « grand » (en désignant la surface), ou qu'il y en a moins en désignant l'épaisseur. Pour l'enfant de 7-8 ans, la réponse est évidente : il y en a autant. Pourquoi ? lui demande-t-on « — c'est la même chose parce qu'on peut refaire la boule (argument de réversibilité simple par inversion), ou parce qu'on n'a rien ajouté ni rien enlevé (argument par invariance simple ou identité), ou encore parce que c'est plus grand ici (ex. la surface), mais c'est plus petit là (ex. l'épaisseur) (argument de réversibilité par réciprocité ou par compensation) »… Le même problème est posé avec d'autres transformations possibles : on déforme la boule initiale B en boudin, ou émiettée. Pour toutes ces transformations le raisonnement de l'enfant est comparable. L'enfant préopératoire, prisonnier de sa perception déformante (il y a l'air d'en avoir plus parce que la surface est plus grande), croit que la transformation a altéré toutes les propriétés de l'objet (donc, la quantité de matière ou substance), parce qu'il ne conçoit pas qu'une propriété au moins reste invariante dans cette transformation. Or, seule l'invariance permet le retour au point de départ, l'annulation de la déformation par une action inverse (réversibilité). Il ne peut se décentrer, c'est-à-dire changer de point de vue pour coordonner différents points de vue (c'est plus grand ici, mais c'est plus petit là). Par contre le raisonnement de l'enfant plus âgé est correct, parce qu'il admet l'existence d'un invariant permettant le retour à l'état initial et qu'il peut prendre simultanément en compte les deux dimensions qui se compensent (décentration).

b) La conservation des liquides (quantités continues) : l'exemple de l'eau ou des perles

L'expérimentateur place l'enfant devant deux verres à moitié remplis d'eau : A et B. L'enfant est convié à vérifier que les deux niveaux sont égaux et à les égaliser, le cas échéant. Ensuite, on montre à l'enfant un autre verre de forme différente (B') : par exemple beaucoup plus haut et mince, dans lequel on pourrait verser l'eau du verre B. L'enfant doit anticiper le niveau de l'eau en B' si on effectuait ce transvasement : sera-t-il pareil, plus haut, plus bas ?. L'enfant très jeune (4-5 ans), qui ne raisonne que sur des états ou configurations et non sur des transformations, va penser que « le niveau monte pareil ». Il raisonnera de la même façon sur d'autres transformations possibles, obtenues par transvasement de B dans d'autres verres B' : plus large et plus bas, ou plusieurs petits verres. C'est vers 7 ans, qu'il reconnaîtra que le niveau montera plus haut lorsque le verre est plus étroit, en utilisant les trois arguments de réversibilité que nous avons déjà évoqués. Les transformations sont alors perçues comme réversibles car elles possèdent un invariant (ici la quantité), la conservation devient donc logiquement nécessaire. Au lieu d'utiliser un liquide, on peut utiliser des perles, considérées ici comme une quantité continue (on peut les verser et transvaser), mais elles présentent en plus l'intérêt de pouvoir être traitées par unité : par exemple l'enfant peut s'assurer de l'égalité des niveaux initiaux en remplissant en même temps les deux verres en mettant simultanément une perle dans chaque, et en établissant ainsi une correspondance terme à terme entre les contenus des deux verres. En ce qui concerne la conservation des quantités continues, il y a contrairement aux quantités discontinues, une anticipation d'une sorte de conservation générale, car l'eau qui épouse la forme du verre semble moins altérée dans son apparence physique que ne l'est la boule de pâte à modeler. La conservation des quantités liquides peut donc se produire un peu avant celle des quantités solides. La conservation des longueurs, relève aussi des quantités continues et peut être appréciée en montrant à l'enfant deux segments de ficelle de même longueur et dont on modifiera l'apparence de l'une en faisant des courbes : la longueur de la ficelle paraît plus courte car il n'y a plus correspondance des extrémités, mais en fait elle se conserve, en dépit du raccourcissement apparent.

2) La conservation du poids (vers 9-10 ans)

Revenons à la conservation des solides (pâte à modeler) avec le même enfant opératoire que précédemment qui a admis l'existence d'un invariant (la quantité de pâte à modeler), on essaie une autre expérience afférente à une autre propriété de la boule de pâte à modeler : le poids. Pour cela on s'assure que l'enfant comprend bien la situation en mettant la boule A sur le plateau d'une balance à deux plateaux, on demande à l'enfant ce que va faire l'autre plateau, si on y place la boule B dont il admet qu'elle est pareille à la boule A. (Piaget a été vraiment très ingénieux dans la conception des dispositifs expérimentaux. Avec les enfants de cet âge, qui s'expriment bien, il ne leur demande pas de réaliser l'action mais de parler à propos de cette action et d'anticiper les effets de l'action, ce n'est qu'après que l'enfant ait répondu à la question posée en justifiant son point de vue, qu'il peut être convié s'il le désire à la vérification expérimentale de l'hypothèse qu'il a émise.) En général un enfant de cet âge (7-8 ans) répond correctement (les deux plateaux seront équilibrés). Après transformation de la boule B en B', on lui demande ce que va faire le plateau de la balance si on y place B' (A étant toujours de l'autre côté). Or, cet enfant qui admettait juste avant l'existence d'un invariant (la quantité de matière), n'admet pas que l'autre propriété de l'objet : le poids, se conserve aussi. Il est à nouveau prisonnier de sa perception déformante qui le conduit à dire que le plateau où se trouve B' sera plus bas (parce que c'est plus « grand » donc plus lourd), ou qu'il sera plus haut (parce que c'est plus « petit »). Il pense qu'au cours de la transformation, la quantité de la matière se conserve, mais pas le poids. Son raisonnement est analogue pour les autres transformations B'. Il lui faudra attendre environ deux ans de plus pour admettre l'invariance de cette autre propriété, et les arguments avancés seront les mêmes : par identité, réversibilité ou compensation (l'enfant peut utiliser l'un ou l'autre de ces arguments, ou plusieurs). La conservation du poids est admise aux environs de 9-10 ans.

3) La conservation du volume (11-12 ans)

Qu'en est-il du raisonnement de l'enfant à propos d'une troisième propriété de l'objet : le volume ? Comment accéder à cette propriété ? La solution la plus simple consiste à évaluer le volume d'eau déplacé par l'immersion de l'objet dans un liquide. L'expérimentateur et l'enfant se retrouvent dans la même situation que précédemment, mais l'adulte propose cette fois-ci à l'enfant de regarder les niveaux d'eau de deux bocaux identiques à moitié remplis d'eau et de les rendre égaux s'ils ne le sont pas. Ensuite il propose de placer la boule A dans un des deux bocaux pour voir ce que fait le niveau de l'eau. Après avoir vérifié que le niveau de l'eau contenant A s'élève, et reconnu que la boule B étant pareille que A, les deux niveaux devraient être pareils, l'enfant doit se prononcer sur ce qui se passerait si on plongeait B' dans le deuxième bocal. L'enfant de 10 ans qui a admis la conservation de la matière, puis du poids, n'admet pas pour autant la conservation du volume, il refait les mêmes erreurs de raisonnement sur cette troisième propriété de l'objet, dont il pense qu'elle est modifiée par la transformation physique qui en a modifié l'apparence. Il faut attendre 11-12 ans, donc la fin du stade opératoire concret et le début du stade formel pour que le raisonnement de l'enfant soit correct. Il faut d'ailleurs s'assurer que la propriété considérée par l'enfant soit bien celle du volume, car les enfants justifient parfois la conservation du volume par le poids : « ça monte pareil, parce que ça pèse pareil ». Pour éviter ce glissement d'une propriété à l'autre, on utilise deux boules de même volume mais de poids différent (ex. en pâte à modeler et en laiton), obligeant l'enfant à dissocier le volume du poids.

4) Le décalage horizontal dans l'acquisition de la notion de conservation

La conservation des différentes propriétés de la matière correspond à une seule opération, appliquée à des contenus différents (substance, poids, volume). Elle s'acquiert de façon progressive et en plusieurs étapes. De façon progressive, car pour chaque propriété examinée, il n'y a pas changement brutal mais progressif : en effet un enfant qui commence à admettre la conservation d'un invariant l'admet si la déformation perceptive n'est pas trop forte. Il suffit d'exagérer la transformation (faire une grande galette très aplatie) pour que l'enfant revienne sur son affirmation et nie la conservation de la propriété. On voit donc dans la fragilité du raisonnement de l'enfant que cette construction se fait progressivement. Elle se fait par étapes : en effet le décalage constaté entre la conservation des trois propriétés : matière, poids, volume, est constaté chez tous les enfants et dans le même ordre. Il s'agit ici d'un décalage *horizontal* (c'est-à-dire à l'intérieur d'un même stade) et collectif. Il est donc différent d'un décalage *vertical* qui correspond à la construction d'une structure à travers plusieurs stades, comme par exemple la classification qui est pratique au stade sensori-moteur, puis opératoire. Ce décalage est collectif (reproduit chez tous les enfants) et non individuel. Piaget n'envisage dans sa théorie que des décalages collectifs, or, les travaux récents qui ont voulu éprouver la théorie (la mettre à l'épreuve des faits), en particulier son caractère d'universalité, ont montré la grande fréquence de décalages individuels, suggérant une pluralité de modes de développement.

L'âge auquel un enfant accède à la conservation n'est pas constant, mais l'ordre d'acquisition est invariable. Il est néanmoins possible que le dernier stade (conservation du volume) ne soit pas atteint chez tous les enfants, en particulier chez les enfants débiles mentaux puisque la conservation du volume implique le schème de proportionnalité, qui est une caractéristique de la pensée formelle. Ce décalage montre bien que l'acquisition de la conservation ne relève pas d'un savoir physique qu'il suffirait d'acquérir, mais d'un progrès logique sur un contenu physique.

Remarque importante : la notion de conservation a été présentée en premier, puisqu'elle permet de comprendre comment l'enfant admet la réversibilité sur la base de la conservation d'une propriété invariante. Néanmoins elle relève des opérations infralogiques, qui portent sur le réel, et que nous présenterons ensuite.

• *Les structures logico-mathématiques : classification, sériation, nombre.* Lorsque la réversibilité est admise, les opérations sont possibles. Elles peuvent se constituer en structures d'ensemble, qui sont des systèmes d'opérations coordonnées. Trois structures logico-mathématiques s'élaborent en même temps à cette période : la classification, la sériation, et le nombre, qui est une structure un peu plus complexe que les deux précédentes, qui se construit en même temps et en prenant appui sur elles, mais qui finalement les dépasse.

– *La classification.* La classification telle que la conçoit Piaget est une classification logique avec emboîtement de classes, comme la classification zoologique (êtres vivants/vertébrés/mammifères/humain…), classer, c'est regrouper des objets en collections qui s'emboîtent les unes dans les autres.

Chez les enfants préopératoires, on peut obtenir ce que Piaget appelle des collections (regroupement d'objets ayant quelque chose en commun). Les premières collections sont figurales, c'est-à-dire qu'elles représentent quelque chose de concret : si on donne aux enfants (3-4 ans) des formes géométriques différentes (carré, rond, triangle), de couleurs différentes (rouge, bleu, jaune), et qu'on leur demande de les ranger pour « qu'elles aillent bien ensemble », ils peuvent s'amuser à les disposer pour faire une maison, on un clown. Vers 5-6 ans l'enfant sera capable de faire des regroupements sur la base de la couleur, puis de la forme : ce sont des collections non figurales (plus abstraites), qui ne sont pas encore des classifications car elles ne présentent pas la réversibilité qui permettrait la subdivision de la collection en sous catégories et leur réunion en grand groupe. Il faut attendre le stade opératoire concret pour que l'enfant soit capable de construire une classification de type multiplicative, selon une matrice à double entrée permettant de classer les objets simultanément selon leur forme et leur couleur. Dès lors, il peut comparer un sous-ensemble à l'ensemble, la partie au tout.

Pour s'assurer qu'il s'agit bien d'une opération réversible, Piaget a proposé d'étudier la quantification de l'inclusion : c'est-à-dire de voir si l'enfant peut comparer un groupe d'éléments inclus dans le tout, au tout dans lequel il est inclu. C'est l'exemple que nous avons évoqué précédemment de la comparaison des pommes et des oranges par rapport à la classe des fruits dans laquelle ces deux sous-ensembles peuvent être réunis. Piaget propose à l'enfant le problème suivant : il y a 1 à 10 perles en bois qui peuvent servir à faire un collier : 2 rouges et 8 jaunes. Une petite fille fait un collier avec les perles jaunes, puis elle défait le collier et une autre petite fille fait un collier avec les perles en bois : laquelle aura le plus long collier ? Pour répondre juste à cette question, l'enfant est obligé de comparer le sous-ensemble des perles jaunes par rapport à l'ensemble des perles en bois, qui est forcément plus grand puisqu'il regroupe les perles jaunes + les perles rouges. Si A est inclu dans B, il peut comparer (de façon intensive mais non numérique) A à B. La maîtrise de la classification lui permet donc de comparer quelques éléments à l'ensemble dans lequel ils sont inclus (« le tous et le quelques ») : si les chats appartiennent à la classe des animaux, cela veut dire qu'il y a quelques animaux qui sont des chats, mais que tous les animaux ne sont pas des chats, car il y a dans la classe des animaux beaucoup d'autres animaux que les chats. La réversibilité prend dans le cadre de la classification la forme d'une négation : il y a dans la classe des animaux, les chats et les non-chats, dans la classe des perles en bois, les perles jaunes et les perles non jaunes.

La sériation. Si la classification consiste à regrouper les éléments en fonction de leur équivalence (tous les objets d'une classe sont considérés comme équivalents par rapport au critère choisi pour la classification), la sériation consiste à regrouper les éléments selon une relation d'ordre. La sériation consiste à ordonner des éléments selon une qualité qui varie. L'ordre est donc antisymétrique (il y a forcément une séquence ordonnée dans un sens) et transitif (si $A < B$ est composé à $B < C$, alors $A < C$).

Si on donne aux enfants dix petits bâtons de taille variable, et qu'on leur demande de les ranger, de les mettre en ordre, les petits n'y arrivent (quand ils y arrivent !) qu'après de multiples tâtonnements empiriques (comme la sériation pratique des anneaux de taille décroissante enfilés sur une tige, que les petits arrivent à empiler après de longs essais et tâtonnements). Vers 3-4 ans, les enfants les regroupent sans vraiment mettre d'ordre, vers 4-5 ans, ils constituent des couples (un grand, un petit, un grand, un petit…), vers 5-6 ans, des trios, vers 6-7 ans, ils arrivent à les mettre en ordre à peu près correctement, après essais et erreurs, en une seule série, ascendante ou descendante, sans considérer qu'il s'agit d'une seule et même série qu'on peut parcourir (grâce à la réversibilité qui est ici une réciprocité de relations) dans un sens ascendant ou descendant. Vers 7-8 ans, ils opèrent avec beaucoup plus de certitude, sans tâtonner, en utilisant les inférences tirées de la composition transitive des relations observées (si $A < B * B < C$, alors $A < C$, il n'y a pas besoin de comparer A à C). Pour vérifier que l'ordre des éléments est bien acquis, on peut proposer à l'enfant un nouveau bâton à intercaler dans la série. L'enfant peut désormais établir des correspondances sériales entre deux séries qu'il coordonne (par exemple des bonhommes de taille variable avec des cannes de taille variable). L'âge auquel l'enfant maîtrise la sériation dépend du matériel à sérier. L'exemple que nous avons pris correspond à la sériation des longueurs, s'il s'agit de la sériation de poids, la réussite se fait deux ans plus tard. À partir de 7-8 ans, l'ordre est donc considéré comme une structure et non comme une juxtaposition empirique. Par exemple, l'ordre de différents points d'une droite se conserve quels que soient les déplacements dans l'espace que l'on fait subir à cette droite.

La réversibilité à l'œuvre dans les opérations de sériation n'est pas la même que dans la classification où elle la forme d'une négation, mais elle correspond ici à la réciprocité des relations. Ce sont deux formes que peut prendre la réversibilité, mais qui sont pour l'instant encore indépendantes l'une de l'autre.

Le nombre. Si l'enfant dès 4-5 ans sait énumérer la suite des nombres, comme il réciterait une petite comptine, et s'il sait associer chacun de ces nombres en établissant une correspondance terme à terme entre chacun des nombres et chaque élément (dénombrer des cailloux par ex), cela ne signifie pas qu'il sait compter. L'énumération de quelques éléments est encore basée sur leur disposition spatiale. Acquérir le nombre n'est pas un apprentissage verbal mais un progrès logique : l'enfant doit abstraire le nombre de la configuration perceptive des éléments et admettre que le tout est égal à la somme des parties. Ainsi, si 8 éléments sont étalés devant lui et qu'il les compte, si on modifie l'agencement des objets (ex : 3 d'un côté et 5 de l'autre), est-ce que le nombre total d'éléments est le même ? Nous avons évoqué cette situation-problème à la fin de la période préopératoire pour montrer que la régulation des actions effectuées en pensée exprimait le début de décentration de sa pensée. Pour que le nombre soit acquis, il faut qu'il se conserve au cours des transformations que l'on fait subir à l'ensemble des éléments. Cette construction est très progressive, et elle se fait à partir des deux structures de classification et de sériation, car chaque nombre est à la fois une unité distincte des autres mais qui appartient à la même classe (des nombres entiers par ex) dans laquelle ils sont inclus (2 est inclu dans 3 qui est inclu dans 4…), et ordonnée par rapport aux autres (les nombres se succèdent de façon ordonnée : $3 < 4 < 5 < 6\ldots$). Autrement dit il n'y a pas construction du nombre cardinal d'un côté (la quantité), et du nombre ordinal de l'autre (l'ordre), mais chaque nombre est à la fois cardinal et ordinal (par ex : 8 et 8e). Ces deux aspects se construisent à partir de la réunion de la classification et de la sériation, mais cette synthèse est différente de ses composantes puisqu'elle aboutit à des propriétés nouvelles que ne possédaient pas les deux structures dont elle est partie : en effet si classification et sériation sont des structures de groupement le nombre est une structure de groupe.

• *Structures de groupement et de groupe*. Piaget a essayé de formuler en termes mathématiques de groupe et groupement ces structures logiques élémentaires. À la fin du stade sensori-moteur, s'était constitué le groupe des déplacements qui, à la différence de ceux-ci était un groupe d'actions et non d'opérations (c'est pour cela qu'on dit que c'est un groupe pratique). Les propriétés des groupes et groupements sont les mêmes sauf une : l'associativité. Rappelons que les propriétés sont les suivantes : 1) composition transitive (ex. $A < B * B < C$ donc $A < C$), 2) réversibilité (à chaque action directe correspond une action inverse), elle correspond à la négation pour la classification, à la réciproque pour la sériation, 3) identité (la composition d'une action directe et son inverse constitue une opération nulle) et 4) l'associativité (un même résultat peut être obtenu de plusieurs façons différentes). Dans une structure de groupement l'associativité est limitée par la tautologie logique (bleu + bleu = bleu) ou la résorption (si A est inclu dans B, $A + B = B$). Cette limitation disparaît par contre dans le nombre ($1 + 2 = 3$) qui est alors une structure de groupe.

La construction du nombre se fait progressivement, on parle d'une arithmétisation progressive de la série de nombres, cela veut dire que lorsque le nombre semble acquis pour des petites séries d'éléments, il ne l'est pas forcément pour de grandes séries (au-delà de 20 éléments par exemple, il n'y a pas de transposition automatique). L'enfant va comprendre petit à petit les différentes propriétés du nombre : itération, connexité, alternance des pairs et des impairs. Cette construction s'étale sur plusieurs années.

Lorsque l'enfant est capable d'utiliser correctement une suite numérique, il série les éléments à la fois dans le temps et dans l'espace, cette construction est donc tout à fait solidaire des constructions des structures spatio-temporelles, infralogiques.

Les structures infralogiques : objet, espace et temps. Les structures infralogiques sont elles aussi logiques mais portent sur une autre réalité : le monde physique, et vont déboucher sur les possibilités de sa mesure. En ce qui concerne l'objet, c'est la façon dont l'invariance de l'objet va se construire à partir de l'invariance de ses propriétés au cours des transformations qui en affectent l'apparence : nous en avons parlé à travers les notions de conservation. En ce qui concerne l'espace et le temps, les opérations vont permettre la constitution de la mesure, spatiale et temporelle.

L'espace. Il a évolué depuis le groupe des déplacements, puisque les acquis sensori-moteurs ont du être reconstruits sur le plan représentatif pendant la période préopératoire. L'espace s'élabore en trois étapes : topologique, projectif puis euclidien.

Vers 7-8 ans apparaissent les premières opérations *topologiques* relatives à la connaissance des lieux, (à partir des relations de proximité, de voisinage et d'ordre). Ces propriétés deviennent invariantes : nous avons vu que l'ordre, conçu comme la succession ordonnée d'éléments, devient invariant grâce à la réversibilité des relations. On peut montrer à un enfant une droite constituée de plusieurs segments de longueur inégale, repérés par exemple par des couleurs, dont on lui demande d'anticiper les positions après une rotation de 180e. À la période préopératoire, l'enfant ne peut faire cette anticipation (car il faudrait imagination d'un déplacement) puis, au stade opératoire, il n'anticipe correctement d'abord que l'inversion des deux extrémités, puis de tous les segments de la droite : l'ordre se conserve au cours des transformations. Par contre l'enfant ne respecte pas l'inégalité des longueurs des segments, car pour lui les distances ne se conservent pas encore.

La construction de l'espace *projectif* peut se voir dans la façon dont l'enfant procède pour construire une droite avec des petits plots à placer entre les deux repères qu'on lui donne. Pour que la droite soit droite, il faut qu'il emploie la technique de la visée (projective) ; et qu'il fasse abstraction du cadre sur lequel il doit construire cette droite (dont la forme, circulaire ou carrée) qui peut lui rendre la tâche plus ou moins facile, il y arrivera au stade opératoire. Dans l'espace projectif, au cours d'un déplacement, les droites se conservent ainsi que les angles et les parallèles, mais pas les distances. L'épreuve piagétienne la plus connue pour étudier l'espace projectif est celle des trois montagnes où l'enfant, placé devant une maquette représentant trois montagnes différentes, doit donner le point de vue d'un personnage en déplacement dans le paysage, sans bouger de sa propre place (en choisissant parmi des tableaux présentant différents points de vue). Pendant la période préopératoire, l'enfant ne peut dissocier le point de vue du personnage du sien propre, à cause de l'égocentrisme de sa pensée, puis, par décentration au début du stade opératoire concret, il admet un point de vue différent du sien, mais a du mal à coordonner les différentes relations entre les éléments du paysage, et enfin vers 9-10 ans il arrive à avoir une vue d'ensemble des différents points de vue. Au cours de cette période se construit le système de référence vertical/horizontal. La construction de ces axes de références peut être étudiée à partir d'une situation (par exemple un bocal fermé rempli d'eau pour l'horizontale) où on demande à l'enfant de représenter par un dessin où se trouverait le niveau de l'eau après inclinaison du bocal, ou un fil à plomb pour la verticale. On peut également demander à l'enfant de placer des éléments dans un dessin (par exemple sur une montagne pointue, comment peuvent tenir une maison et des arbres ?).

Dans l'espace *euclidien* (à trois dimensions), tout se conserve, même les distances, la perspective apparaît, la conservation des volumes et des surfaces est possible.

Ce n'est qu'à ce moment qu'une métrique est possible. On peut voir différentes étapes dans la construction de la mesure spatiale, dans une situation où l'enfant doit construire une tour avec des éléments de hauteur variable, qui soit de même hauteur que celle de l'expérimentateur, mais placée sur une table qui n'a pas la même hauteur. L'enfant construit d'abord une tour à vue, puis éprouve la nécessité d'un moyen terme pour comparer les hauteurs (son corps, puis quelque chose de plus objectif, comme une ficelle), enfin vers 9-10 ans, lui vient l'idée de l'unité de mesure, dont on voit qu'elle est issue de la classification (tous les éléments mesurés appartiennent au même ensemble dans lequel ils sont inclus) et de la sériation : il faut reporter la mesure de façon ordonnée pour ne pas mesurer le même segment deux fois de suite. La mesure spatiale, qui relève du domaine infra-logique, est donc la résultante des opérations de partition (de l'ensemble à mesurer) et de déplacements (de l'unité de mesure), de la même façon que dans le domaine logique, le nombre résulte de la classification et de la sériation.

Le temps. Le temps du bébé est un temps vécu, pratique (lié à l'action) lié au mouvement et à l'espace, il doit d'abord être représenté mentalement et devenir un temps objectif, qui nécessite une construction opératoire. Pour mettre en évidence comment se fait la construction des notions temporelles, on peut demander à des enfants de mettre en ordre des dessins représentant différents états d'une transformation (écoulement de l'eau par exemple d'un récipient à un autre). Cette construction repose sur les opérations de sériation et de classification. Il y a en effet sériation des événements, en fonction de leur ordre : avant, après… car le temps est toujours vécu comme la succession d'événements, et il y a aussi classification avec emboîtement des intervalles entre les événements. La constitution d'une métrique temporelle, tout à fait analogue à la mesure spatiale, consiste à établir une équivalence entre le temps et l'espace parcouru à vitesse constante (ex.: le cadran d'une horloge), car à des fractions égales d'espaces on fera correspondre des fractions égales de temps. Ensuite se constituera la notion de vitesse, qui correspond au rapport de l'espace parcouru sur le temps mis à le parcourir, et dans laquelle l'enfant doit prendre en compte non seulement le point de départ ou d'arrivée de deux mobiles, mais l'accroissement des intervalles. C'est ce qui explique que cette notion soit acquise assez tardivement (vers 11-12 ans).

En conclusion, le stade opératoire marque la prépondérance de l'aspect opératif de la pensée sur l'aspect figuratif, la décentration de la pensée de l'enfant permet la coordination réversible des actions intériorisées, et la constitution de systèmes opératoires de transformations avec invariant. On peut remarquer aussi l'unité fonctionnelle de tous ces aspects, dans l'élaboration concomitante des différentes opérations logiques et infralogiques. L'intelligence arrive à la fin de ce stade à un palier d'équilibre, où les rapports entre assimilation et accommodation se sont équilibrés. L'enfant est passé d'une absence de logique à la logique (par l'intermédiaire d'une prélogique). Cette logique qui s'est appliquée au réel au cours de cette grande période, va maintenant pouvoir s'appliquer aux possibles, en évoluant à l'adolescence vers une logique formelle.

• *L'équilibration des structure cognitives.* Pour Piaget, le moteur du développement cognitif réside non pas dans la maturation ou l'exercice qui sont des conditions nécessaires mais non suffisantes de développement, mais dans l'équilibration. Équilibration et non équilibre pour traduire la dynamique du processus car les structures mentales sont à la recherche incessante d'un équilibre sans cesse remis en question. Ce sont les conflits, par exemple entre ce que l'enfant croit et ce qu'il voit, entre des perturbations extérieures et son activité, qui créent des déséquilibres. En cas de déséquilibre, les structures mentales cherchent à le compenser par des rééquilibrations (par exemple par des actions ou opérations orientées dans un sens opposé), car un organisme ne reste en vie que s'il maintient un certain équilibre dans ses échanges permanents avec le monde extérieur. Il existe différents systèmes de régulation pour compenser les modifications en provenance de l'environnement et pour prévoir celles qui peuvent se produire, mais la rééquilibration (ou équilibration majorante) entraîne toujours un progrès cognitif, dû au remaniement obligé des schèmes et donc aux nouvelles constructions. L'abstraction réfléchissante intervient dans ce processus de rééquilibration des structures mentales. En effet, au cours des opérations (qui proviennent de l'intériorisation des actions réversibles et de leur coordination), il y a abstraction de la part du sujet : d'une part à partir des objets (analyse de leurs propriétés) et d'autre part à partir des actions qu'il exerce sur eux : c'est l'abstraction réfléchissante (elle correspond à une prise de conscience de ces actions). Comme elle reconstruit la structure de l'action en l'élargissant, elle participe aux constructions cognitives.

Que penser de la perspective piagétienne du développement intellectuel ?

D'abord, que Piaget a fait preuve d'une inventivité extraordinaire dans les situations expérimentales qu'il a proposé aux enfants, avec cette méthode clinique qui le caractérise, irremplaçable pour l'investigation du raisonnement de l'enfant, et qu'il a dressé un tableau complet de l'ensemble de ces transformations cognitives, ce qui devient de plus en plus rare. Ensuite, que la plupart des travaux qui ont repris ses protocoles expérimentaux n'ont pas apporté dans leur ensemble des résultats contradictoires quant à la description de l'évolution du raisonnement de l'enfant et des principales étapes. En revanche les chercheurs ont été amenés à proposer d'autres interprétations des phénomènes constatés. On peut trouver dans la bibliographie des références permettant d'avancer dans cette direction que nous ne pouvons développer davantage ici. Nous pouvons signaler quand même trois points importants (qui ne sont pas les seuls) qui devraient entraîner des remaniements conséquents du modèle piagétien :

• *Les rapports entre aspects figuratifs et opératifs de la pensée* : il semble que la subordination des aspects figuratifs à l'opératif, ne soit pas aussi absolue que ne le pensait Piaget et que dans certains cas, le figuratif pourrait jouer un rôle de guidage des opérations (cf. par exemple Bideaud et Lautrey, 1983).

Les travaux actuels en psychologie cognitive que nous évoquerons un peu plus loin convergent pour souligner la carence de la théorie piagétienne concernant l'apparition

LA QUANTIFICATION DE L'INCLUSION : RÉUSSITE FIGURATIVE OU OPÉRATOIRE ?

Nous avons vu que la quantification de l'inclusion correspondait à la mise en œuvre de l'opération logico-mathématique de classification, qui n'est pas une catégorisation élémentaire, mais un emboîtement de classes : inclusion du sous-ensemble dans l'ensemble. Ainsi, la comparaison d'un petit nombre de fleurs jaunes et d'un plus grand nombre de fleurs vertes (non-jaunes) dans un bouquet de fleurs, doit permettre de répondre correctement à la question « y a-t-il plus de fleurs vertes ou de fleurs ? » Les enfants de 7-8 ans sont capables de répondre correctement à la question en affirmant qu'il y a plus de fleurs que de fleurs vertes, mais si on leur demande s'il y a un moyen d'avoir plus de fleurs jaunes que de fleurs, ils ne peuvent répondre correctement à cette question : ils disent qu'il faut rajouter des fleurs jaunes, enlever des fleurs ou enlever des fleurs vertes. Il n'y a donc pas de compréhension de l'emboîtement de classes, de l'impossibilité d'avoir une classe emboîtée plus grande que la classe emboîtante. Ce n'est que vers 10-11 ans qu'ils répondent correctement. La réussite à ce type de problème d'inclusion vers 7-8 ans repose donc sans doute davantage sur des techniques figuratives que sur un raisonnement opératoire, il y a vraisemblablement interaction de processus figuratifs et opératifs. C'est une hypothèse qu'ont testé J. Bideaud et J. Lautrey (1983). Ils se sont basés sur la diversité des arguments utilisés par les enfants pour justifier leur point de vue. En gros, deux catégories d'arguments s'opposent : les arguments empiriques qui reposent plutôt sur l'évocation figurative d'états et les arguments opératifs, reposant sur des transformations. Ils se proposent d'entraîner les enfants par un apprentissage de l'autre type d'argument qu'ils n'ont pas spontanément utilisé. Effectivement chaque type d'apprentissage fait progresser le niveau des enfants, mais c'est lorsqu'il y a interaction entre les deux types de processus en présence que l'acquisition de la notion d'inclusion est la meilleure, ce qui permet de passer de la résolution empirique du problème à sa résolution logique par la prise en compte de la double appartenance d'un objet qui peut être placé à la fois dans l'une ou l'autre classe (une fleur jaune appartient simultanément au sous-ensemble des fleurs jaunes et à la classe emboîtante des fleurs). Bideaud et Lautrey concluent de leur expérience que les aspects figuratifs ne sont pas totalement subordonnés aux aspects opératifs de la pensée, ils peuvent guider les aspects opératifs, ou dans certains cas les freiner (quand la prégance figurative des éléments considérés, empêche la résolution formelle du problème).

et la fonction des représentations mentales dans le développement des structures cognitives.

• *L'aspect social du développement cognitif* a été tout à fait négligé par Piaget, qui a cantonné l'enfant dans des rapports au monde médiatisés uniquement par des objets. Les travaux remarquables de Doise et Mugny (1981) ou Perret-Clermont (1979) sur la construction sociale de l'intelligence, nous montrent dans quelles conditions la confrontation du point de vue égocentrique de l'enfant avec d'autres points de vue dif-

Doise et Mugny (1981) mettent en question la définition piagétienne de l'intelligence. Pour eux, si l'activité intellectuelle résulte effectivement d'une coordination (d'actions, de schèmes, de structures), cette coordination n'est pas seulement de nature individuelle (construite au cours des échanges entre l'enfant et les objets) mais aussi de nature sociale : « Ce serait en coordonnant ses actions avec celles des autres que l'individu acquerrait la maîtrise de systèmes de coordinations ensuite individualisés et intériorisés (...), les coordinations entre individus sont à l'origine des coordinations individuelles, qu'elles précèdent ou qu'elles génèrent. » (1981, p. 34). L'intelligence n'est donc pas une construction individuelle, mais elle s'élabore dans les relations interindividuelles : les individus construisent et organisent ensemble leurs actions sur l'environnement physique et social. Leur hypothèse principale postule donc que « le développement cognitif ne résulte pas d'une simple interaction de l'enfant avec son environnement physique, mais celle-ci est bien médiatisée par des interactions sociales avec un ou plusieurs autres individus » (*ibid* p. 36). Pour la mettre à l'épreuve, ils examinent successivement plusieurs thèmes de recherche, et procèdent à la vérification expérimentale de chaque proposition. On sait par exemple qu'une tâche réalisée en commun peut conduire à un résultat supérieur, égal ou inférieur à celui obtenu par un seul individu : cela dépend de la nature de la tâche, du mode d'interactions interindividuelles et des caractéristiques de chacun. Ce n'est que dans certains cas que l'interaction sociale peut produire de nouvelles coordinations. Il faut pour cela que certains prérequis individuels soient déjà maîtrisés et que chaque enfant puisse percevoir en quoi le point de vue de son camarade est différent du sien. On se réfère ici à la notion piagétienne de centration : la pensée de l'enfant préopératoire se caractérise par l'égocentrisme, c'est-à-dire un excès de centration sur son propre point de vue avec incapacité de prendre en compte un point de vue différent. Par exemple si deux règles de même longueur A et B sont situées de façon parallèle l'une au-dessus de l'autre devant l'enfant : il reconnaît l'égalité de leur longueur, mais dès qu'on déplace la règle B (en la faisant glisser à droite, et donc en la décalant par rapport à l'autre), l'enfant préopératoire selon qu'il se centrera sur l'alignement à gauche ou l'alignement à droite, déclarera que maintenant la baguette B est plus courte ou plus longue que la baguette A) ; contrairement à l'adulte, l'enfant n'est pas gêné par les réponses contradictoires provenant de ses centrations successives. Si on introduit une centration opposée à celle de l'enfant : en invoquant un autre point de vue : « tu me dis que B est maintenant plus longue que A (centration sur le bord droit), mais un autre enfant m'a dit tout à l'heure qu'elle était plus courte là (centration sur le bord gauche) », l'enfant se trouve devant un conflit qui est autant cognitif que social : c'est ce que les auteurs appellent un conflit socio-cognitif. L'intégration de deux centrations différentes dans un seul système de régulation compensant les différences opposées, constitue un progrès cognitif. Lors de l'interaction entre plusieurs individus, les centrations différentes s'opposent plus directement qu'au cours de l'interaction d'un individu avec un objet physique, on peut donc dire que l'occurrence de conflits entre des points de vue différents sur un même objet favorise la décentration intellectuelle et donc le progrès cognitif dans la mesure où elle conduit à des réorganisations cognitives individuelles. La vérification expérimentale de cet ensemble d'hypothèses par des dispositifs ingénieux de coopération ou de partage est tout à fait concluante, en particulier dans le choix de situations marquées socialement comme le partage égalitaire d'une bouteille de jus de fruit entre les verres des enfants (conservation des liquides) ou le partage égalitaire de dragées (conservation du nombre), qui impliquent fortement l'enfant dans la tâche à réaliser. Le bénéfice cognitif que peut tirer un enfant de ces situations sociales de confrontations entre points de vue différents sur un même problème dépend en grande partie de son niveau initial (les prérequis). Ainsi, la réunion en un même groupe d'enfants de niveaux cognitifs différents (mais pas trop) s'avère généralement très positive avec un effet à long terme et une généralisation du progrès réalisé (observé dans la comparaison des performances individuelles aux prétest et post-test).

férents adoptés par d'autres enfants, peut accélérer la décentration nécessaire aux progrès de la pensée opératoire (cf. encadré p. 125-126).

• *L'unicité du modèle de développement* (selon laquelle la succession des étapes de développement est la même pour tous les enfants) est fortement contredite par les faits. Le postulat d'un cheminement identique pour tous les enfants tout au long du développement a été mis en question au cours de différents travaux, comme ceux de Longeot (1968) et ceux de Rieben, de Ribaupierre et Lautrey, 1983, (cf. encadré p. 127). Sans aller jusqu'à une multiplicité des voies de développement possibles qui invaliderait toute tentative de modélisation du développement, on se dirige actuellement vers la conception d'une pluralité de voies de développement, où les acquisitions seraient orientées par des « préférences » cognitives par exemple plutôt figuratives ou plutôt opératives, et qui permettraient de rendre compte des modalités différentes de développement et de fonctionnement des individus (Lautrey, 1990) (cf. encadré p. 175).

d

D'autres modèles pour décrire le développement de l'intelligence

La priorité accordée par Piaget à la construction des structures opératoire de l'intelligence à travers la coordination des schèmes, des actions et des opérations l'a conduit à sous-estimer la construction des systèmes de représentation de la connaissance dans la mémoire. Les théories cognitivistes anglo-saxonnes s'intéressent particulièrement au traitement de l'information et donc aux représentations de nos connaissances en mémoire. Si, comme Piaget, les cognitivistes postulent une organisation du monde préexistante à son appréhension par le sujet, contrairement à lui, ils postulent l'existence en mémoire de représentations mentales du monde (quelles que soient leur pertinence) préexistantes à toute action ou opération du sujet. Deux questions centrales ont orienté les recherches cognitivistes : quelles sont les formes des représentations en mémoire permanente et comment ces connaissances sont-elles utilisées, mises en œuvre dans des situations-problèmes particulières. On trouvera dans un livre très utile de Bideaud et Houdé (1991) un développement de ces théories dont l'abord n'est pas toujours très facile.

La représentation des connaissances dans la mémoire permanente du sujet est envisagée à trois niveaux : 1) les formats de représentation (sous quelle forme éventuellement symbolique sont codées et stockées nos connaissances ?) qui opposent

DIVERSITÉ DU DÉVELOPPEMENT OPÉRATOIRE : RIEBEN, DE RIBAUPIERRE ET LAUTREY (1983)

La théorie de Piaget décrit le développement comme un processus unidimensionnel : tous les enfants sont censés suivre le même parcours, seule leur vitesse de développement peut différer. Deux affirmations découlent de ce postulat : 1) le point de vue constructiviste de la théorie piagétienne qui implique que chaque nouvelle structure intègre la précédente et prépare la suivante, laisse attendre une succession invariante de toutes les acquisitions et 2) chacune des nouvelles structures s'étend à l'ensemble des domaines de la connaissance, ce qui laisse attendre un synchronisme entre les acquisitions que cette structure gouverne. La vérification expérimentale de sa théorie n'a jamais été un objectif pour Piaget, qui s'intéresse au sujet épistémique et non aux sujets réels. Tout au plus a-t-il regardé si les différents groupes d'âge des enfants avec lesquels il a travaillé rendaient compte de cette progression cognitive. Or, ce qui est valable pour un groupe donné (composé de différents individus) ne l'est pas forcément au niveau individuel. La constatation de décalages individuels dans les acquisitions (qui ne sont pas les mêmes pour tous les enfants), a conduit Rieben, de Ribaupierre et Lautrey à vérifier le postulat piagétien de synchronisme des acquisitions à l'intérieur de chaque stade. Ils se proposent dans un deuxième temps de substituer à une analyse transversale une analyse longitudinale, mieux à même de rendre compte de l'unidimensionnalité du modèle. Ils ont donc mis au point une batterie d'épreuves standardisées permettant la comparaison des performances individuelles, qui devait satisfaire plusieurs exigences : être applicable à des enfants de 6 à 12 ans (période des opérations concrètes), ne pas donner une place importante au langage, faire appel à des notions variées (logico-mathématiques et infralogiques) et tenir compte du degré de DIC (Dépendance/Indépendance à l'égard du champ perceptif) des sujets. La forte dispersion des résultats des 154 enfants examinés (22 par groupe d'âge) impose d'emblée une description du développement opératoire beaucoup plus complexe que prévu. Outre la variabilité interindividuelle, qui empêche de suivre la progression dans les acquisitions du stade, on constate aussi une variabilité intraindividuelle, c'est-à-dire qu'un enfant ne se comporte pas forcément de façon homogène soit à l'intérieur d'une épreuve, soit entre deux épreuves. Cette hétérogénéité pourrait signifier qu'il existe différentes formes de développement cognitif auxquelles on ne peut accéder que par un suivi longitudinal des enfants. Le postulat du synchronisme des acquisitions relevant d'un même stade ne trouve donc ici aucune confirmation. Une analyse détaillée des performances des enfants fait apparaître plusieurs faits intéressants : par exemple qu'il existe une dissociation entre l'acquisition de la notion de conservation et les arguments donnés par les enfants : des enfants non-conservants apparaissant capables de donner des arguments de conservation. Il semble que doive être ici à nouveau évoqué le problème du rapport entre aspects figuratifs et opératifs de la pensée, puisque des enfants montrent une avance très nette dans les domaines où les aspects figuratifs ont un poids plus important alors que c'est l'inverse pour d'autres. Cette constatation suggère que c'est dans la modulation des rapports entre ces aspects figuratifs et opératifs que résident les voies différentes de développement. Les individus auraient une préférence plus ou moins marquée pour l'un ou l'autre mode de traitement qu'ils pourraient utiliser, même dans les situations où ils ne sont pas les plus efficaces, mais qui leur permettrait de progresser plus vite dans les domaines où ce mode de fonctionnement s'avère le plus efficace.

essentiellement un format imagé (représentations mentales imagées) et un format verbal (mots, phrases, texte...) auxquels s'ajoute un format plus abstrait de l'information : le format propositionnel, 2) les types de connaissances représentées en mémoire, qui renvoient aux contenus (connaissances déclaratives, ou le savoir) et à leur utilisation (connaissances procédurales ou les savoir-faire), et enfin 3) les modes d'organisation des connaissances représentées, c'est-à-dire comment toutes ces représentations sont-elles connectées les unes aux autres : c'est ici le problème de la structure, de l'architecture, des représentations des connaissances qui est envisagé, et différents modes d'organisation (en réseau par exemple) ont été proposés. À cette base de connaissances en mémoire permanente s'ajoute une base de faits qui constitue la mémoire de travail (mémoire à court terme, de capacité limitée) qui permet de maintenir disponibles des informations fraîchement parvenues (par les systèmes sensoriels) ou d'activer des informations en provenance de la mémoire permanente. L'évolution avec l'âge de la mémoire de travail apparaît d'abord dans l'augmentation de sa capacité puis surtout dans l'automatisation des échanges entre les informations anciennes de la mémoire permanente et les informations nouvelles. On suppose enfin l'existence d'une structure de contrôle qui gère les modes de traitement et les formats de représentation. La pluralité des modes de fonctionnement suggérée par les travaux néo-piagétiens peut trouver dans ce cadre cognitiviste des arguments. En effet, ce cadre permet d'envisager que les mêmes connaissances peuvent être représentées en mémoire permanente sous des formats, des types et des modes divers, et qu'un même problème puisse être résolu selon des modalités différentes, qui sont fonction justement du format, du type et du mode de représentation qui auront étés activés par la structure de contrôle. C'est en effet cette dernière qui est supposée gérer la pluralité des modes de fonctionnement. Les modèles cognitivistes précisent également un certain nombre de contraintes inhérentes au fonctionnement des systèmes de représentations : capacité limitée de la mémoire de travail, qui évolue avec l'âge, séquentialité du traitement de l'information, vitesse minimale de traitement, et prise en compte du coût du traitement cognitif.

On voit que la divergence essentielle entre la théorie piagétienne et les théories cognitivistes réside dans un excès de centration sur un seul des deux aspects des rapports entre représentations et opérations : pour Piaget, les représentations sont toujours dépendantes, subordonnées aux actions et opérations, tandis que dans la perspective cogniviste, ce sont les représentations qui orientent les opérations. La description fine des diverses opérations intellectuelles est remplacée par une description détaillée des systèmes et modes de fonctionnement des représentations, au détriment peut-être des aspects opératifs de la pensée.

Les modèles cognitivistes ne s'intéressent guère au développement de la pensée, sauf pour quelques modèles qualifiés de néo-structuralistes (parce qu'ils se réfèrent de façon plus ou moins explicite à la théorie piagétienne) : on peut citer par exemple les théories de Pascual-Leone, de Case, de Fisher (cf. encadré p. 129). Les autres modèles regroupés en un cognitiviste développemental prennent en compte le développement des formats, types et modes de représentations sous l'angle des problèmes cognitivistes étudiés chez l'adulte : on peut citer par exemple les théories de Kosslyn pour les formats (imagés/propositionnels), d'Anderson pour les types de connaissances (déclaratifs/procéduraux), de Nelson pour les modes d'organisation des connaissances (scripts/catégories).

UN EXEMPLE D'UNE THÉORIE NÉO-STRUCTURALISTE LARGE : LA THÉORIE DE FISHER

La théorie des habiletés de Fisher (1980) est intéressante à plus d'un titre : d'abord elle ne considère le sujet qu'en situation dans l'environnement où il se trouve (le contexte), ensuite elle suggère un canevas commun pour intégrer le développement des habiletés (ou *skills* : savoir-faire) cognitives, sociales, linguistiques et perceptivo-motrices (ainsi que les changements comportementaux dans l'apprentissage et la résolution de problèmes), et enfin elle donne une vue d'ensemble du développement de la naissance à l'âge adulte. Les structures de *skills* se développent en effet de façon progressive et continue, de la naissance jusqu'à 30 ans en quatre étapes (ou stades ou étages) : 1) le stade réflexe de la naissance à 4 mois, 2) le stade sensori-moteur, de 4 à 24 mois, 3) le stade représentationnel, de 2 ans à 10-12 ans et 4) le stade abstrait, de 10-12 ans à 30 ans. Au cours du développement, les différentes habiletés se transforment graduellement : des actions sensori-motrices aux représentations puis aux abstractions. Contrairement à la théorie piagétienne, la cognition pour Fisher ne dérive pas de l'action, elle est l'action et sa représentation. Chacun des stades est constitué de 4 niveaux de complexité croissante : a) l'unité, b) le *mapping* (ou combinaison d'unités) c) le système (combinaison de *mappings*) et d) le système de systèmes. Il s'agit donc d'un système très hiérarchisé d'habiletés de plus en plus complexes et abstraites. Le passage d'un étage à l'autre se fait par intégration hiérarchique puisque le dernier niveau d'un étage constitue le premier niveau de l'étage suivant. Fisher rend compte de la complexification et de la généralisation des structures d'habiletés par un système de transformations qui relient les différents niveaux les uns aux autres : la mise au point *(focusing)*, la composition, la substitution et la différenciation, auxquelles s'ajoute le processus de transformation qui résulte de ces différents processus et qui permet le passage d'un étage à l'autre. Dans le modèle de Fisher, le sujet n'est jamais dissocié du contexte dans lequel il se trouve, chaque contexte comporte des contraintes qui génèrent des variations dans les conduites. En outre, selon le contexte, le sujet peut ou non exprimer toutes ses habiletés. Fisher distingue ainsi deux niveaux de fonctionnement : le niveau optimal, qui correspond à la limite maximale de compétences du sujet (qui n'a pas toujours l'occasion de s'exprimer), est distingué du niveau fonctionnel (qui correspond à la performance réalisée dans le contexte qui l'a générée).

Le développement au cours des différentes étapes se produit à l'intérieur de chaque domaine d'habiletés. De ce fait, une personne ne se trouve jamais au même niveau pour toutes les habiletés. Ici, les décalages, ou irrégularités, dans le développement sont la règle et non l'exception. Le décalage individuel nié par Piaget a ici valeur de règle, de loi générale de développement. Pour Fisher, les individus se développent différemment : dans les différents domaines d'habiletés, et de façon différente dans un même domaine (en empruntant des chemins différents). Ce modèle intègre bien la variabilité individuelle en un système général de développement.

Le fait dµ'envisager que les très jeunes enfants soient eux aussi capables de représentations mentales permet une toute autre lecture des compétences précoces démontrées depuis deux décennies.

Par exemple, Mandler (1988 et 1992) propose une reformulation du stade sensori-moteur piagétien, qu'elle estime trop centré sur l'aspect sensori-moteur. Elle postule qu'un système de représentations accessibles se développe simultanément et en parallèle avec le système sensori-moteur, bien qu'ils ne dérivent pas l'un de l'autre. Le mécanisme par lequel l'information est encodée ne serait ni les données sensorielles, ni un recodage de l'activité motrice, mais un processus d'analyse perceptive. Elle distingue deux sortes de représentations : les représentations sensori-motrices (qui correspondraient à des connaissances procédurales implicites) et des représentations conceptuelles (qui correspondraient à des connaissances déclaratives explicites). Les représentations sensori-motrices procédurales sont des « savoir-comment faire » (par exemple : téter le sein, tendre la main vers un objet…), leur maîtrise n'implique pas qu'ils soient conscients. En revanche les représentations conceptuelles déclaratives (qui ne sont pas forcément médiatisées par des symboles) impliquent un accès conscient à l'information stockée (par exemple, reconnaître un visage, élaborer un concept d'objet…). Mandler postule que les bébés naissent avec la capacité de s'engager dans une activité perceptive probablement consciente par laquelle une perception est activement comparée avec une autre. Cette comparaison peut se faire de façon simultanée (comparer deux objets) ou séquentielle (comparer un objet avec sa représentation en mémoire) et relève donc des processus généraux de catégorisation. À la catégorisation perceptive s'ajoute la catégorisation conceptuelle, car l'analyse perceptive transforme l'information perceptive en formats de schémas-images. Ceux-ci créent une structure conceptuelle à partir des caractéristiques spatiales des objets et de leurs mouvements (exemples : les concepts d'animé/inanimé, de contenu/contenant, de support…) qui sont stockés dans un système de représentation accessible. Pour Mandler, les schémas-images constitueraient même un niveau de représentation intermédiaire entre la perception et le langage qui faciliterait l'acquisition du langage.

L'activité perceptive du bébé est donc étroitement solidaire de l'élaboration de ses représentations mentales correspondant aux constructions conceptuelles. Un certain nombre d'auteurs invoquent actuellement (Wellman et Gelman, 1992) les théories « naïves » qu'élaborent les très jeunes enfants (avant deux ans), à partir de leurs connaissances du monde, en physique, en biologie, etc. Ils seraient également capables, comme les adultes d'une théorie de l'esprit.

Ce terme renvoie à la capacité de prendre en compte les états mentaux supposés d'une autre personne. Cette capacité, inférée du comportements de chimpanzés par Premack et Woodruff (1978), a été mise en évidence chez les jeunes enfants dans des situations les conduisant à faire de telles inférences. La situation la plus connue est celle de Wimmer et Perner (1983) mettant en scène deux petites filles : Ann et Sally, représentées par des poupées. Elles se trouvent au début dans la même pièce où se trouve aussi une superbe bille (une agathe). Ann a une boîte et Sally un panier. Sally prend l'agathe qu'elle met dans son panier, puis elle sort. Alors, Ann prend l'agathe dans le panier de Sally pour la mettre dans sa propre boîte. On demande à l'enfant à qui on raconte l'histoire ce que va faire Sally quand elle va rentrer : où va-t-elle chercher l'agathe ? Vers trois ans les enfants ne peuvent faire abstraction de ce qu'ils ont vu pour envisager le comportement de Sally, ils se réfèrent à leur propre connaissance de la situation : ils attribuent à Sally une fausse croyance (la leur et non pas celle qui devrait être la sienne). En revanche vers 4 ans, ils peuvent se mettre à la place de Sally qui n'a pas assisté au changement de place de la bille, ils raisonnent donc en fonction des croyances imputées à autrui (ils tiennent compte de ce que Sally croit dans cette situation).

La théorie de l'esprit permet de faire des prédictions sur le comportement à venir d'autrui, en fonction des croyances ou des états mentaux qu'on impute à cette personne (c'est-à-dire qu'on croit qu'elle a). Il est donc assez difficile de démontrer l'existence d'une théorie de l'esprit chez les enfants avant trois ans. Pourtant des auteurs suggèrent d'interpréter dans ce sens certains comportements d'enfants plus jeunes (comme par exemple les comportements protodéclaratifs de la fin de la première année, comme l'attention conjointe).

Tous ces travaux récents soulignent la précocité de la métacognition chez l'enfant et son importance dans le développement cognitif. La métacognition (on peut trouver dans Flavell (1985) un exposé de ses idées concernant la métacognition) correspond à la connaissance des connaissances, le savoir sur le savoir, donc la réflexion qu'une personne peut conduire sur ses propres connaissances. Ils offrent simultanément une possibilité de rapprochement des théories habituellement disjointes de la socio-affectivité et de la cognition : par exemple, les conduites de « faire-semblant » impliquent une théorie de l'esprit puisque le comportement produit par l'enfant est modifié pour agir sur la représentation d'autrui (je veux qu'il croit que je fais cela alors que ce n'est pas vrai), ou encore on peut rapprocher l'« internal working system » de Bowlby (modèle interne de représentation des interactions développées entre l'enfant et son entourage) des représentations cognitives plus générales. La métacognition dont participe la théorie de l'esprit peut donc constituer un point de convergence entre le cognitivisme et la psychanalyse. Il reste qu'un effort d'explicitation et de clarification conceptuelle du terme de représentation doit être fait car la nature supposée des représentations mentales diffère d'un auteur à l'autre : neuronale, symbolique (imagée ou verbale) ou encore sociale.

LE DÉVELOPPEMENT DE LA PERSONNALITÉ

WALLON : LE DÉVELOPPEMENT DE LA PERSONNE

Le stade du personnalisme (3-6 ans)

Ce stade est tout à fait central dans la description wallonienne du développement : il se situe à la charnière de deux phases importantes de la construction de la personnalité : entre les stades consacrés à la construction de la personne et ceux consacrés à l'achèvement de la personne : il marque l'avènement de la conscience de soi (à travers la conscience corporelle et la conscience sociale). La différenciation moi-autre est marquée, et va se poursuivre au sein d'échanges de rôles entre l'enfant et autrui : imiter autrui, c'est se décentrer et en même temps dialoguer avec l'autre. Ce stade est nettement centripète : l'enfant est centré sur sa propre évolution. Trois périodes vont se succéder au cours de ce stade : une période d'opposition, puis de séduction et enfin d'imitation. Ils ont en commun de contribuer à l'indépendance et à l'enrichissement du moi. Ce stade démarre assez brusquement par une phase d'opposition, indice de la crise de personnalité.

– Période d'opposition (3-4 ans) : La fréquente opposition de l'enfant aux demandes de l'adulte contribue, nous l'avons vu à l'affirmation de sa personnalité.

Elle lui permet de sauvegarder une autonomie toute récente et de prendre conscience de lui même comme différent des autres.

Période de grâce, de séduction (4-5 ans) : Le moi de l'enfant tend à se faire valoir, à recueillir l'approbation. L'enfant aime se donner en spectacle et se veut séduisant aux yeux d'autrui et pour sa propre satisfaction : c'est une période de narcissisme.

Période d'imitation (5-6 ans) : L'enfant consacre beaucoup de son activité à imiter autrui, pas seulement les gestes, mais les attitudes, les rôles, les personnages. À la période précédente (au cours de la troisième année), l'imitation d'autrui était immédiate, presque simultanée, elle devient progressivement différée (c'est pour Wallon, l'imitation « vraie ») car représentative (elle se produit en l'absence du modèle) et se dégage ainsi de la gangue émotionnelle qui entourait l'imitation immédiate. L'imitation est un des concepts clef de la pensée wallonienne car elle rend compte du passage entre l'intelligence des situations et l'intelligence discursive.

L'évolution de l'ensemble du stade est marquée par un progrès dans l'affirmation de soi et dans le développement intellectuel. L'évolution intellectuelle est particulièrement sensible dans le domaine de l'intelligence pratique des situations et de l'intelligence discursive (langage). Du point de vue de la manipulation des objets, l'enfant a fait d'énormes progrès et il commence à analyser et catégoriser les objets. En apprenant les mots, l'enfant apprend à désigner les choses, à relier les signifiants aux signifiés, mais l'ajustement mot-objet n'est pas immédiat, il se réalise progressivement. Le langage devient un instrument de représentation (des objets absents, des événements passés…) et de compréhension : il est pour Wallon un véritable instrument de la pensée. Il décrit une forme de pensée caractéristique de l'enfant de cet âge : « la pensée par couple » dont nous avons déjà parlé à propos de la pensée égocentrique décrite par Piaget. On retrouve d'ailleurs bien des analogies dans ces deux descriptions, mais pour Wallon, c'est cette pensée qui est à l'origine du syncrétisme et à la base de l'intelligence discursive car le couple correspond à la fois à une réunion et à une différenciation.

Le stade catégoriel (6-11 ans)

L'enfant quitte cette phase de narcissisme et d'affirmation de soi pour entrer un peu plus avant dans le monde de la connaissance. On constate un renversement des intérêts : de soi (dans le précédent stade centripète) vers l'extérieur (stade ici centrifuge). Le début de ce stade est appelé par Wallon période précatégorielle (6 à 9 ans), elle se caractérise par une diminution du syncrétisme : la pensée devient plus différenciée mais reste concrète (liée aux objets et situations réels). La période catégorielle (9-11 ans) commence avec une activité comparative : en quoi les objets sont-ils différents ou non ? en analysant les choses, l'enfant arrive à en abstraire la qualité des choses qui permet de les regrouper, de les catégoriser, de modifier des catégories antérieures, la pensée de ce fait devient plus abstraite. Cette évolution intellectuelle se fait dans un contexte social important (l'école) qui contribue simultanément au progrès de la décentration intellectuelle et socio-affective.

Le stade phallique (3-6 ans)

Ce stade succède au stade anal que nous avons présenté précédemment et se caractérise par le choix d'une nouvelle zone érogène : les organes génitaux externes avec l'éveil de la sexualité génitale. La curiosité sexuelle de l'enfant de cet âge est liée à la découverte de la différences des sexes avec le primat (freudien) accordé au phallus, terme plus symbolique que celui de pénis, qui est à l'origine de l'angoisse de castration. Elle génère des théories sexuelles infantiles, relativement indépendantes des informations sexuelles fournies aux enfants : théorie de la fécondation orale ou anale, de la naissance anale ou ombilicale, scène « primitive » (qui est une représentation fantasmatique du coït parental). Cette activité s'insère dans une attitude plus générale de quête de savoir, montrant ainsi les interrelations entre sexualité infantile et développement intellectuel.

C'est au cours de ce stade qu'apparaît le complexe d'Œdipe (qui rappelle le mythe grec de la destinée d'Œdipe qui tua son père et épousa sa mère), qui va différencier le développement du garçon de celui de la fille. L'enfant est maintenant sorti de la relation duelle à sa mère et doit tenir compte de la relation qui unit son père à sa mère, il doit donc s'insérer dans une relation désormais triangulaire. Ce complexe décrit l'amour de l'enfant pour le parent du sexe opposé avec les souhaits de mort envers l'autre parent (de même sexe) qui l'accompagnent. L'autre parent est en effet perçu comme un obstacle à l'amour de l'enfant pour le parent choisi. Cette orientation différentielle des pulsions d'amour sur l'un ou l'autre parent, n'est pas vécue de la même façon chez le garçon et chez la fille. Le garçon perçoit d'abord le père comme un rival dans sa relation amoureuse avec sa mère et ressent à son égard des sentiments agressifs. Réalisant que ses efforts pour être le seul élu dans le cœur de sa mère, sont sans effet puisque le père y tient une place lui aussi, il renonce à conquérir sa mère, s'identifie au père en intériorisant les interdits parentaux. Il se tournera ensuite de plus en plus vers des objets de remplacement. En ce qui concerne la fille, l'explication est plus audacieuse : constatant qu'elle n'a pas de pénis, la fille se détache de sa mère car elle la rend responsable de ce manque, et se tourne vers son père, objet de son désir. La mère qui a des relations privilégiées avec le père devient objet de jalousie. L'envie d'avoir un pénis par son père (ou à défaut un enfant) est évidemment non satisfaite, la fille se tourne à nouveau vers sa mère à laquelle elle s'identifie en acceptant son sexe. Le complexe disparaîtrait très progressivement et permettra à la fille de tourner son désir vers d'autres objets extérieurs. Pour les garçons, comme pour les filles, la fin de l'Œdipe correspond à l'acceptation de la réalité sexuée de l'enfant et au renoncement à l'inceste, l'intériorisation des interdits parentaux a permis la constitution du SurMoi ; elle marque donc la fin d'une étape importante dans l'élaboration psychique de l'individu.

Les critiques de cette conception freudienne n'ont pas manqué et portent surtout sur le versant féminin de la description du complexe. On peut s'interroger sur le primat que Freud accorde au phallus masculin avec la sous-estimation corrélative de la réalité de la sexualité féminine. L'universalité de sa description revendiquée par Freud a été contestée à des degrés divers par certains ethnologues (Malinowski par exemple) et corroborée par d'autres (ex : Levi-Strauss sur l'universalité de l'interdit de l'inceste)…

Ce qui reste vraisemblable dans la description qu'on peut faire de l'évolution affective des enfants de cet âge, c'est le détachement nécessaire à l'égard de la mère et l'intégration de l'enfant dans la réalité des relations interpersonnelles à l'intérieur de la constellation familiale, avant de pouvoir investir ses pulsions d'amour sur d'autres objets extérieurs. Cette étape obligée dans l'évolution de la personnalité est vraisemblablement marquée d'une façon ou d'une autre à l'intérieur de chaque culture. La conception freudienne, comme d'autres conceptions, est très marquée par la culture (ici la culture autrichienne bourgeoise de son époque). Il ne faut pas non plus oublier que sa théorie du développement libidinal est en partie une reconstruction à partir d'éléments inconscients qui ont émergé au cours d'analyses de patients adultes.

L'énergie investie pendant cette période dans ces conflits psychique devient alors disponible pour être investie ailleurs, dans les connaissances en particulier, c'est ce qui va se produire tout au cours de la période suivante dite de latence.

La période de latence (6-12 ans)

Le terme de latence marque le fait que pendant ces 5 ou 6 années, l'évolution de la sexualité se ralentit considérablement ou s'arrête, avant de reprendre avec l'avènement de la puberté et des pulsions génitales qu'elle déclenche. Il peut arriver que le complexe d'Œdipe n'ait pas été totalement résolu dans la période précédente, il reste alors en sommeil. À cette période, l'énergie pulsionnelle se libère pour un investissement intellectuel : l'intérêt de l'enfant pour les connaissances, pour le monde extérieur est manifeste. Il y a désexualisation des relations aux parents qui s'accompagne de refoulement et de sublimation des pulsions sexuelles anciennes. C'est une période de renforcement du Moi, mieux adapté à la réalité, et du SurMoi. L'enfant se trouve dans une période d'équilibre relatif par rapport aux conflits pulsionnels de la période précédente et de l'étape suivante. Ce qui ne veut pas dire que sa personnalité n'évolue pas mais que cette évolution est régulière et sans perturbations importantes.

L'ÉVOLUTION DES RELATIONS FAMILIALES ET SOCIALES À L'ÂGE SCOLAIRE

À la fin de la période précédente, la personnalité de l'enfant est constituée (le processus d'individuation s'est à peu près achevé) et l'enfant peut vivre les séparations en sachant qu'elles sont momentanées. L'autonomisation grandissante de l'enfant lui permet de sortir de temps en temps du groupe familial pour s'intégrer dans d'autres groupes sociaux, l'école en particulier.

Nous avons vu de quelle façon s'établissaient les premières relations interpersonnelles : du bébé d'abord avec sa mère et sa famille, puis du jeune enfant qui commence à établir des relations interpersonnelles. L'enfant passe des premières relations dyadiques familiales aux interactions sociales dans les autres groupes sociaux, plus ou moins rapidement selon la composition de sa constellation familiale, son mode de vie (à la maison, chez une assistante maternelle, à la crèche…). Quand vient l'heure de l'école, il est généralement prêt à passer d'un mode dominant de communication dyadique, aux relations sociales plus conventionnalisées. Mais si les échanges entre enfants deviennent plus verbaux vers la quatrième année, ils restent encore largement basés sur des modes non verbaux de communication. Comme nous l'avons vu dans

CHRONOPSYCHOLOGIE ET RYTHMES SCOLAIRES

La chronopsychologie s'intéresse à la rythmicité des comportements, en rapport ou non avec des rythmes biologiques. En effet, de nombreux travaux ont montré que les performances étaient instables, par exemple au cours de la journée. les facteurs responsables de ces variations peuvent être nombreux, mais on peut déjà faire la part de ce qui est relatif au type de tâche et ce qui est relatif aux sujets. Bien entendu, les interactions entre tâche et caractéristiques personnelles du sujet sont inévitables.

Leconte et Lambert (1990) répertorient les variations dans les performances d'attention, de mémoire, dans les activités intellectuelles et signalent six facteurs de variation : l'âge, les différences individuelles (comme le sexe, le style cognitif...), les rythmes alimentaires, la motivation et l'intérêt pour la tâche, les caractéristiques liées aux tâches et enfin les conditions du recueil des performances. Le premier facteur est celui de l'âge : cette variable est en effet déterminante, ne serait-ce que parce que tous les enfants ne présentent pas le même niveau maturatif, même à âge égal puisqu'ils se développent à des vitesses différentes. Les épreuves utilisées le plus souvent pour apprécier l'efficience attentionnelle par exemple consistent en épreuves de barrage, où le sujet doit barrer les symboles qui sont exactement pareils que le modèle et seulement ceux-là. On tient simultanément compte du nombre de symboles barrés dans le temps imparti et du nombre d'erreurs. Ainsi une baisse de performance entre deux évaluations peut être notée dans la vitesse décroissante de barrage et l'augmentation du nombre d'erreurs. On peut dire qu'en gros, la fatigue des enfants de primaire est plus sensible en début de semaine et parfois l'après-midi par rapport au matin, mais il est difficile de faire apparaître des lois générales tant la variabilité interindividuelle est forte. Les travaux de la chronopsychologie appliqués au domaine scolaire en sont à leurs débuts en dépit de l'ancienneté des recherches (dont peu présentaient les critères scientifiques requis). Actuellement les recherches se développent, en raison surtout d'une forte demande concernant le calendrier scolaire. Les enjeux de cette demande ne sont pas tous éducatifs, malheureusement ils sont surtout économiques et sociaux, et de ce fait, l'application de changements importants est toujours différée. La chronopsychologie en éducation doit s'intéresser aux rythmes des activités psychologiques des enfants à l'école, aux moments et aux conditions les plus propices aux apprentissages des enfants, dans le but d'optimiser l'efficience des élèves en agissant sur ces différents éléments. Pour Leconte et Lambert, trois catégories de facteurs doivent être pris en compte : les rythmes biologiques, ceux des activités psychologiques (attention, mémoire et activités intellectuelles), et ceux des activités périscolaires. Dans ce dernier cas, on observe que la famille est un synchronisateur important des rythmes de vie de l'enfant (veille/sommeil et alimentation) et que les activités de loisir imposent des rythmes qui sont loin d'être appropriés aux enfants.

F. Testu (1989), fait le bilan d'un certain nombre de recherches sur la rythmicité de l'activité intellectuelle des enfants en classe. De façon schématique (car les nuances sont nombreuses), au cours de la journée, le profil de fluctuation des performances mentales montre une élévation du niveau de performances du début vers la fin de chaque demi-journée, et dans la semaine une amélioration continue du lundi au vendredi. Dans ces grandes lignes, ce profil n'est pas très différent de celui de l'adulte au travail. Testu tente d'expliquer en partie ces variations en évoquant le mode de traitement de l'information par l'élève. Deux types de processus interviendraient lors de l'exécution des tâches mentales : les processus contrôlés qui correspondent à des traitements lents, sériels nécessitant une focalisation de l'attention sur la tâche et des processus automatiques qui correspondent à des traitements rapides en parallèle sans exiger de contrôle actif de la part du sujet. Le traitement contrôlé est impliqué quand l'enfant est en début d'apprentissage, il s'automatise avec la progression de l'enfant. Néanmoins, quand l'effort fourni par le sujet pour exécuter la tâche augmente, les processus contrôlés sont davantage mobilisés. Lorsque les processus impliqués sont automatiques, l'effort intentionnel du sujet n'intervient pas et les fluctuations dépendraient essentiellement du niveau d'activation plus général du sujet. Cependant la vérification expérimentale de ce type d'hypothèses est tellement complexe par le nombre de facteurs susceptibles d'être impliqués et d'interagir entre eux, que les chercheurs ne sont pas encore en mesure d'aboutir à des conclusions suffisamment claires pour passer à l'application des mesures qu'elles suggèrent.

l'évolution du jeu, les enfants jouent d'abord de façon parallèle, avec quelques moments de synergie commune, ils ont des activités de groupe, qui deviennent à l'âge de l'école primaire, des activités en groupe, où il y a vraiment travail en commun, avec participation égale de chacun des membres du groupe : c'est l'âge de la coopération rendue possible par la décentration intellectuelle de la pensée opératoire concrète. La régulation sociale des coordinations cognitives prend à cet âge une place très importante comme on peut le croire dans les conflits socio-cognitifs).

La socialisation dans cette tranche d'âge devient horizontale, c'est-à-dire symétrique, entre pairs, par opposition aux relations verticales, entre personnes d'âge différent (adulte/enfant). Les relations entre enfants vont s'intensifier dans ces années de scolarisation, l'école prenant en quelque sorte le relais de la famille, comme agent de socialisation. Les rencontres entre enfants en dehors de l'école se font d'abord sur des critères de proximité géographique (ils habitent le même immeuble ou quartier, ils sont dans la même classe...), tandis que quelques années plus tard, les affinités personnelles seront prédominantes dans leurs choix. Les enfants ont tendance à se regrouper selon leur sexe. Il semble d'ailleurs que l'existence de regroupements entre pairs de même sexe constitue une caractéristique universelle (cf. Bril et Lehalle, 1988), sans doute parce que cette répartition est une préfiguration des rôles sociaux qu'ils auront à tenir dans la vie adulte.

Un approfondissement de cet aspect du développement pourra être fait par la lecture de l'ouvrage de Cartron et Winnykamen.

POUR ALLER PLUS LOIN

Bideaud J., Houde O., Pedinielli J.-L. 1993. *L'Homme en développement*. Paris, PUF.

Cartron A., Winnykamen F. *Développement et fonctions des relations sociales chez l'enfant*. Paris. A. Colin (à paraître).

Dailly R. et Moscato M. 1984. *Latéralisation et latéralité chez le jeune enfant*. Bruxelles, Mardaga.

Debienne M.-C. 1968. *Le Dessin chez l'enfant*. Paris, PUF.

Leconte P. et Lambert C. 1990. *La Chronopsychologie*. Paris, PUF, (Que sais-je).

Luquet G.H. 1927,1984 (réed). *Le Dessin enfantin*. Neuchatel, Delachaux et Niestlé.

Moreau M.-L. et Richelle M. 1981. *L'Acquisition du langage*. Bruxelles, Mardaga.

Piaget J. et Inhelder B. 1966. *La Psychologie de l'enfant*. Paris, PUF (Que sais-je).

Widlocher D. 1975. *L'Interprétation des dessins d'enfants*. Bruxelles, Mardaga.

Zazzo R. 1969. *Manuel pour l'examen psychologique de l'enfant*. Neuchatel, Delachaux et Niestlé.

5 *Les changements de l'adolescence*

1° DÉFINITION, LE CONTEXTE HISTORIQUE ET CULTUREL

Si le point de départ de l'adolescence (le mot vient du latin : *adolescere* : grandir vers) peut être localisé par l'avènement de la puberté (mais ce n'est qu'un des repères possibles), la fin de cette période est plus difficilement appréciable, car la phase suivante correspond à l'âge adulte. On ne fait que repousser le problème car comment définir l'âge adulte ? Certainement pas par sa stabilité car la personnalité continue d'évoluer lorsque l'adulte fonde un couple, a des enfants, avance en âge, jusqu'à la fin de sa vie. Il n'a pas fini d'évoluer, mais il a en principe terminé sa croissance physique (ce qui ne veut pas dire non plus que son corps ne changera plus !) et mentale (ce qui ne veut pas dire qu'il ne pourra plus engranger de connaissances). On voit que définir l'adolescence n'est pas simple et que la définition varie selon les critères mis en avant : critères physiologiques (la puberté) ou sociaux (l'insertion professionnelle et la création d'une cellule familiale autonome), et que cette définition, à cause justement du flou dans les critères et du poids de la société, est marquée par un contexte culturel.

Le poids de l'histoire

Être adolescent dans l'Antiquité, au Moyen Âge, au début de l'industrialisation ou à la fin du XXe siècle n'a pas la même signification : ou bien l'adolescent a une place bien déterminée dans la société où il participe à un groupe social bien constitué, ou il n'existe pas vraiment. On peut dire que dans les pays occidentaux industrialisés l'adolescence a pris une place particulière au XXe siècle, avec le retard de l'entrée dans la vie adulte (scolarisation plus longue, entrée en apprentissage retardé). Cette évolution doit être également rapprochée de l'évolution démographique : le *baby boom* de l'après-guerre dans les années 1950 a eu pour conséquence la constitution d'un groupe social correspondant à cette classe d'âge et qui s'est trouvé dans les années 1968 (un repère !) au seuil de la vie adulte dans un contexte social bien différent.

Le poids de la culture

L'adolescence envisagée comme un moment de rupture entre l'enfance et l'âge adulte est un fait de société ; l'existence de rites initiatiques divers (à connotations religieuses ou non) en témoigne. Dans d'autres cultures, l'adolescence n'existe pas, la progression de l'enfance à l'âge adulte est uniforme. La relativité de cette notion d'adolescence saute au yeux, c'est dire déjà que dresser un portrait typique de l'adolescence est une utopie.

L'adolescence : **sujet d'étude** ?

C'est tardivement que les chercheurs se sont tournés vers cette tranche d'âge spécifique. L'âge adulte, les enfants d'âge scolaire ou les très jeunes enfants (pas encore les bébés) étaient des sujets de recherche scientifique depuis longtemps, l'adolescence, elle, n'était évoquée que par le biais de la littérature. Les chercheurs ont eu du mal à extraire leur sujet de recherche de la littérature romantique qui trouvait dans les tumultes de l'adolescence matière à rédaction. Les premiers travaux de recherche ont eu lieu aux USA avec S. Hall (1904), qui le premier a eu recours aux statistiques descriptives, puis avec Hollinshead (1949) et Gesell. Les travaux d'Erikson sur la problématique de la personnalité (dans les années 1950-1960) ont contribué à renouveler une approche trop descriptive. En Angleterre les travaux de Coleman, et en France ceux de B. Zazzo (1966) marquent une étape importante dans la façon d'aborder l'adolescence. On les trouvera dans deux ouvrages très accessibles sur l'adolescence qui sont ceux de Claes (1983) et de Lehalle (1990).

Les tâches développementales de l'adolescent

Cette expression suggérée par plusieurs auteurs renvoie aux modifications que doivent affronter tous les adolescents, dans les domaines corporel, intellectuel, social, et qu'ils doivent intégrer dans leur personnalité. Au cours du développement pubertaire, ils doivent intégrer leurs changements physiques dans leur corps sexué, et accéder progressivement à la sexualité génitale adulte. Au cours du développement cognitif, sans être à proprement parler des tâches développementales, les modifications portent sur l'élargissement de l'horizon temporel et sur l'accès à l'abstraction. Dans le domaine social, l'adolescent a à s'affranchir de la tutelle parentale et développer des relations sociales hétérosexuelles. La construction de la personnalité se poursuit en intégrant ces différents aspects : il y a bien intégration dans l'identité personnelle des différentes composantes, avec intégration temporelle des identités passées et futures, et engagement dans des choix sexuels ou sociaux en conformité avec la cohérence du moi. Tous ces changements, qui prennent plusieurs années, ne se produisent généralement pas tous en même temps, même s'il y a recouvrement temporel dans leur évolution.

La répartition dans le temps des changements

Si on délimite le temps de l'adolescence entre le début de la puberté et l'âge adulte, considéré comme nous l'avons suggéré comme la fin de la croissance physique et mentale, ce temps de changement va s'étaler sur 6 à 8 années environ. Comme chaque type de développement comporte un moment d'apogée correspondant au maximum des changements apparents, encadré par des phases d'évolution plus lentes, on peut considérer que chacune des zones de développement va occuper successivement le premier plan des préoccupations mentales de l'adolescent : il y aurait donc succession (avec des chevauchements possibles) des modifications pubertaires, cognitives, sociales et de l'identité, sans que cette succession suppose la clôture définitive de chacun des domaines. Cet ordre de succession est probable mais pas obligatoire (par exemple, un adolescent à puberté tardive sera d'abord accaparé par ses modifications cognitives ou sociales) et n'empêche pas que la maturation soit plus lente sur certains points que sur d'autres. Cette évolution s'achève néanmoins par le progrès synthétique de l'identité personnelle.

La représentation d'une succession dans le temps de ces changements correspond davantage à la vision actuelle de l'adolescence comme un temps de changements et de transactions que comme une crise avec remaniement total et brutal, comme la décrivent les théories de Freud ou de Wallon présentées un peu plus loin. Elle rejoint la théorie focale de Coleman (1978) qui décrit de quelle façon chaque modification atteint un sommet à un moment, qui n'est pas le même pour tous, induisant l'idée d'une focalisation successive de l'adolescent sur chacun des ces changements. Le fait de ne pas avoir à traiter tous les problèmes de front permet à l'adolescent de transiger successivement avec chacune des tâches développementales et de franchir cette période avec une certaine stabilité garantissant une relative continuité personnelle. Beaucoup d'auteurs se sont actuellement accordés sur le rejet de l'idée d'une adolescence tumultueuse stéréotypée, au profit d'une description en période de transaction du jeune avec lui-même, avec son entourage et avec les divers changements que lui impose la fin de sa croissance. Ce temps de transaction et d'adaptation ne sera pas pour autant une période harmonieuse pour tous les adolescents car des déséquilibres passagers ou plus durables peuvent perturber le cours de leur évolution.

LES CHANGEMENTS PHYSIOLOGIQUES ET LEURS IMPLICATIONS PSYCHOLOGIQUES

Les transformations physiques

Les transformations physiques de l'adolescence sont un passage obligé, mais on observe une forte variabilité interindividuelle dans l'âge et de la durée de ces transformations. Une puberté précoce n'a pas le même retentissement psychique et social qu'une puberté tardive. Les implications psychologiques de ces changements sont donc à envisager.

• *Les modifications hormonales.* Les transformations physiques sont la conséquence de modifications hormonales importantes qui ont des incidences directes sur le rythme de croissance et sur le développement des organes génitaux. Les modifications des sécrétions hormonales se produisent en chaîne à partir de l'hypophyse (il s'agit de la glande pituitaire qui se trouve dans le lobe antérieur de l'hypophyse), vers la thyroïde avec production de thyroxine pour la croissance du squelette et des muscles et production d'hormones gonadotropes qui stimulent les gonades. On ne sait pas très bien ce qui enclenche la puberté car il existe des boucles de rétroaction entre les différentes hormones et il est vraisemblable que l'hypothalamus soit impliqué fortement dans ce processus. Or, l'hypothalamus est le siège de l'expression du comportement émotionnel, et il n'est pas exclu que les stimulations sociales et affectives de la vie quotidienne puissent avoir un effet excitateur. Le déclenchement de la puberté participe donc peut-être de mécanismes psychosociaux plus généraux.

• *Les modifications morphologiques.* La forte poussée de croissance staturo-pondérale (taille et poids) inaugure la période pubertaire : elle démarre aux environs de 11-12 ans chez les filles et deux ans plus tard chez les garçons. Le gain en taille peut représenter à l'apogée de la courbe de croissance une dizaine de centimètres annuels. Le bassin s'élargit chez les filles, alors que ce sont les épaules qui chez les garçons prennent de la largeur. La croissance musculaire est surtout marquée chez les garçons. Pendant le même temps, une forte poussée des hormones sexuelles accélère le développement des caractères sexuels secondaires (développement de la pilosité, des seins et des organes génitaux). L'apparition des premières règles chez les filles et des premières éjaculations chez les garçons sont considérés comme des indicateurs de la puberté.

• *Les différences interindividuelles.* Les dates de début et de fin des transformations physiologiques présentent d'importantes variations d'un individu à l'autre : par exemple si l'âge moyen des premières règles des filles est d'environ 13 ans, les variations vont de 10 à 16 ans (et même plus). Chez les garçons où les repères sont moins nets, les variations vont de 10 à 17 ans. Ces variations interindividuelles résultent d'une conjugaison de facteurs génétiques et environnementaux (alimentation en particulier). Les cohortes d'élèves dans les collèges peuvent témoigner de la diversité morphologique à des âges pourtant comparables, en donnant un aperçu de la « normalité » de ces variations.

Les implications psychologiques

Ces modifications, qu'elles soient précoces, « normales » ou tardives, modifient l'image corporelle de l'adolescent et peuvent avoir également des répercussions sociales.

• *L'image corporelle.* Elle s'est élaborée petit à petit au cours des années précédentes. La rapidité des modifications somatiques oblige l'adolescent à modifier l'image qu'il s'était fait de son corps en intégrant ses caractéristiques sexuelles. Des dysmorphophobies apparaissent. Comme leur nom l'indiquent, les dysmorphophobies correspondent à la peur d'avoir un développement dysharmonieux, avec des points de fixation sur certaines parties du corps. Il est vrai que le développement corporel ne se fait pas de façon harmonieuse car les différentes parties du corps ne se développent pas toutes au même rythme : les jambes et les bras s'allongent plus vite que la tête ou le tronc, ce qui donne aux adolescents cette allure dégingandée si caractéristique. Ces dysharmonies ne sont que passagères, mais elles sont souvent perçues par l'adolescent comme définitives. Se greffent sur ces inquiétudes relatives à des phénomènes réels, des distorsions imaginaires, fantasmatiques, qui ne tiennent pas à l'analyse objective. Se créent alors des points de fixation sur tel ou tel aspect de leur corps qui les obnubile. Ces perceptions déformées de l'apparence physique sont aggravées par la pression sociale qui s'exerce par le biais des stéréotypes (les femmes pour être belles doivent être grandes et minces !) et engendrent parfois des perturbations affectives plus ou moins durables. Il n'est pas rare que la dévalorisation de l'image physique de soi diffuse à d'autres domaines et altère l'estime de soi de l'individu.

• *Les conséquences sociales d'une puberté précoce ou tardive.* Une maturité pubertaire précoce confère généralement aux adolescents un statut social plus avantageux. Elle contraste cependant parfois avec une moins grande maturité intellectuelle et affective, du fait du décalage entre les vitesses de développement dans les différents domaines. Une maturité pubertaire tardive peut entraîner des difficultés psychologiques avec sentiment d'infériorité physique, qui peuvent apparaître dans une estime de soi négative, un sentiment de dépendance ou de rejet social. On peut penser que ces effets sont transitoires et qu'une fois la croissance achevée, il n'en restera plus trace. Il semble que ce ne soit pas toujours le cas, comme en témoignent des interviews réalisées à l'âge adulte. Ces différences sont plus marquées chez les garçons : les adolescents à la puberté précoce ont un modèle de vie beaucoup plus conformiste : font des choix sociaux et politiques plus conventionnels et optent très tôt pour un modèle d'identité conforme aux normes sociales.

LE DÉVELOPPEMENT COGNITIF DE L'ADOLESCENT

LA PENSÉE OPÉRATOIRE FORMELLE DANS LA THÉORIE PIAGÉTIENNE (12-15 ANS)

L'adolescent arrive maintenant à la dernière étape de son développement cognitif tel que l'a décrit Piaget. Celui-ci a avancé l'idée que cette dernière étape peut ne pas être atteinte par tous les individus, c'est-à-dire que le développement cognitif peut s'arrêter avant, à la fin de la période opératoire concrète. L'importance accordée aux modes de fonctionnement logique de la pensée adolescente est peut-être à l'origine de cette hypothèse. Une description qui ferait saillir d'autres caractéristiques aboutirait peut-être à des conclusions différentes.

Les caractéristisques de la pensée opératoire formelle

Au stade opératoire concret, le raisonnement de l'enfant dépend étroitement du contenu auquel il s'applique. Au stade formel, l'enfant s'attache à la forme de son raisonnement, quel que soit le contenu auquel il s'applique.

Il n'a plus en effet besoin de support concret pour exercer son raisonnement. Il raisonne sur des propositions : phrases, idées, hypothèses, dont il ne sait pas encore si elles sont vraies et met en œuvre une pensée hypothético-déductive, c'est-à-dire qu'il va émettre des hypothèses, raisonner sur ces hypothèses et construire des plans d'expérience pour les vérifier. Il fait l'inventaire de tous les possibles et le réel qui était le seul possible envisageable, n'est plus envisagé que comme un cas particulier de tous les possibles.

Ces nouvelles possibilités ne surgissent pas d'un coup elles proviennent de la transformation des structures antérieures, qu'elles intègrent en les dépassant, conformément à l'aspect constructiviste de la théorie de Piaget. Ce dernier a distingué deux étapes successives dans l'avènement de la pensée opératoire formelle qui correspondent à une phase assimilatrice égocentrique (la combinatoire), suivie d'une phase d'accommodation au réel qui le fait sortir de l'égocentrisme et favorise une meilleure adaptation au réel (la logique des propositions).

• *La combinatoire.* Elle résulte de la généralisation des opérations de classification et de sériation de la période précédente. En effet, puisque la forme se libère du contenu, il lui devient possible de faire n'importe quelle classification ou sériation sur un nombre non limité d'objets puisqu'ils peuvent être réduits à des symboles plus manipulables.

Un exemple : les permutations de l'EPL. L'Échelle de la Pensée Logique (cf. chap. 6) a été construite par Longeot, à partir des dispositifs expérimentaux conçus par Piaget ou sa collaboratrice B. Inhelder, et qu'il a étalonnée. C'est d'ailleurs au cours de l'évaluation nécessaire à la validation et l'étalonnage de ce test, qu'il a observé que les acquisitions de tous les enfants ne suivaient pas forcément le même ordre. L'épreuve des permutations est une épreuve simple de combinatoire au cours de laquelle les enfants sont conviés à trouver le plus d'arrangements différents pour un nombre déterminé de jetons de couleurs différentes (de 2 à 6 couleurs). On les questionne d'abord sur le nombre d'arrangements (combinaisons) possibles (c'est la phase d'hypothèse), puis ils sont invités à vérifier leur hypothèse en les réalisant et à trouver la loi qui permet d'exprimer la solution. Les enfants du stade opératoire concret se caractérisent par l'absence de rigueur dans l'inventaire des possibles, qui devrait être systématique pour éviter erreurs et omissions. Vers 11-12 ans, l'enfant peut réussir cette épreuve de combinatoire. D'autres épreuves un peu plus difficiles peuvent être proposées, comme la combinaison des liquides de Noelting, où 5 verres contenant un liquide transparent sont placés devant l'enfant. L'enfant doit chercher à obtenir un précipité jaune par mélange des liquides, sans savoir ce qu'il y a dans les verres et à expliquer le rôle de chaque verre (3 des verres donnent le précipité, un a de l'eau distillée, et un est un décolorant). Les enfants des stades opératoires concrets et formels se démarquent bien par leurs comportements moins puis plus systématiques dans la recherche de la solution.

• *La logique des propositions* procède d'une généralisation de la combinatoire et conduit à des combinaisons de jugements ou de propositions (on parle de combinaisons propositionnelles). La nouveauté est l'utilisation de propositions verbales au lieu des objets précédemment manipulés. Un exemple encore assez proche des manipulations est emprunté à l'EPL : il s'agit de l'épreuve du pendule, où l'enfant disposant du matériel nécessaire à la vérification des hypothèses, est convié à formuler une hypothèse sur le facteur responsable de la fréquence d'oscillation d'un pendule. Il y a quatre facteurs envisageables, pour trouver la solution, l'enfant doit les tester l'un après l'autre, en ne faisant varier au cours de ses expérimentations qu'un seul facteur à la fois. Cette rigueur expérimentale ne peut être mise en œuvre qu'au stade formel.

Cette possibilité de combinaison d'idées ou hypothèses lui permet d'utiliser de nouvelles opérations propositionnelles, qui consistent à combiner des propositions du seul point de vue de leur vérité ou de leur fausseté. En voici quelques unes : a) l'implication (si,… alors,…). Étant donné deux propositions vraies p et q, on a p implique q. Cette implication est utilisée dans les syllogismes (exemple bien connu : p: Socrate est un homme, q: les hommes sont mortels, alors, p implique q: donc Socrate est mortel), b) la disjonction (ou p ou q ou les deux, qui correspond au ou inclusif), c) l'incompatibilité ou l'exclusion (soit p, soit q, c'est le ou exclusif). À partir de deux propositions p et q, on a quatre possibilités logiques de les associer : p. q, p. non q, non p. q, non p. non q. Ces quatre associations de base peuvent être combinées et conduisent aux seize opérations binaires qui épuisent l'univers possible de l'association initiale des deux propositions p et q. On se situe ici au sein de la logique classique qui est utilisée pour décrire les nouvelles possibilités de raisonnement de l'enfant : il est évident qu'il n'utilise pas habituellement ces 16 possibilités.

• *Le groupe INRC : la combinaison des deux réversibilités.* Cette nouvelle structure est née de la synthèse des structures opératoires concrètes et les dépasse : elle va coordonner en une seule structure, les deux réversibilités que nous avons vues à l'œuvre au stade opératoire concret : la négation (dans la classification) et la réciproque (dans la sériation). Jusqu'à présent, elles fonctionnaient de façon indépendante l'une de l'autre, chacune régissant son domaine. Dans la mesure où toutes les combinaisons sont désormais possibles pour l'adolescent, il peut combiner maintenant aussi les propositions inverses (négation) et les réciproques. Il ne s'agit pas d'une juxtaposition, mais d'une fusion opératoire en un tout unique qui est une structure de groupe logique. Le groupe INRC fusionne dans une seule structure quatre propositions : I comme identique, N comme négation, R comme réciproque et C comme corrélative (inverse de la réciproque ou réciproque de l'inverse : c'est la combinaison de deux réversibilités).

L'exemple le plus connu de Piaget pour illustrer cette combinaison est celle de l'escargot sur sa planchette. On place un escargot sur une planchette. Quand il avance, c'est une opération directe (I), quand il recule, c'est l'opération inverse (N). On peut déplacer la planchette dans le sens contraire à l'avancée de l'escargot (R), ou dans le même sens (C). L'enfant du stade opératoire concret peut comprendre séparément les déplacements de l'escargot et ceux de la planchette, mais il ne peut les saisir de façon simultanée, il ne peut comprendre que l'avancée de l'escargot peut être compensée par un recul de la planchette, ce qui rend l'ensemble immobile par rapport à un point de référence extérieur. Ce n'est qu'au stade opératoire formel que l'adolescent envisage l'ensemble des 4 déplacements, leur coordination et leur compensation.

Autre exemple celui de la balance : il s'agit ici de la compréhension des mécanismes par lesquels on peut obtenir l'équilibre entre les deux bras d'une balance (de type fléau) : l'équilibre peut être atteint en agissant simultanément sur le poids et sur la longueur du bras, l'enfant va découvrir qu'il existe une proportionnalité inverse entre poids et longueur du bras du fléau : diminuer le poids en augmentant la longueur du bras équivaut à augmenter le poids, en diminuant sa longueur. Les actions qu'on peut effectuer sur une balance en état d'équilibre correspondent aux opérations suivantes : (I) si on augmente le poids, on induit un déséquilibre, (N) : si on enlève le poids, on rétablit l'équilibre, on a (IxN), (R) : si on déplace le poids vers le centre, on induit un déséquilibre, (C) : si on déplace le poids vers l'extérieur, on rétablit l'équilibre, on a (RxC) pour que le système garde son équilibre, il faut composer les deux produits précédents : on obtient le groupe INRC.

De telles situations nous renseignent plus sur le raisonnement déployé par l'adolescent que sur l'état de ses connaissances en physique, car quelle que soit la situation proposée, c'est la façon dont raisonne l'adolescent qui importe. On voit qu'à cette période le langage tient une place encore plus grande qu'au stade précédent, mais pour Piaget, le langage ne fait qu'exprimer le raisonnement, il ne le crée pas. Si le langage est une condition nécessaire pour accéder au stade opératoire formel, ce n'est en rien une condition suffisante. Par ailleurs, le raisonnement mis en œuvre par la pensée hypothético-déductive est solidaire des nouvelles structures opératoires comme le groupe INRC.

La pensée formelle est-elle universelle ?

Deux sortes d'investigation apportent des éléments de réponse à cette question : les études interculturelles et intraculturelles. Les études interculturelles ont davantage étudié la mise en œuvre de la pensée opératoire concrète que formelle. Les difficultés inhérentes à ce type de comparaison (comment adapter à une autre culture des situations très marquées culturellement ?), sont ici majorées par l'implication importante du langage dans l'expression du raisonnement de l'enfant. Les recherches qui ont été faites, si on peut leur accorder quelque validité ce qui peut être contesté, réfutent le caractère d'universalité de la description piagétienne. Intraculturellement, les recherches sont plus nombreuses et un peu mieux adaptées. Un des premiers résultats discordants a été la faible fréquence de réussite aux épreuves de la fin du stade formel : dans certaines recherches citées par Claes (1983), 15 % seulement de la population de 15 ans se trouvaient au stade formel, avec un taux un peu plus élevé quand on prend en compte les réussites partielles, mais surtout, il semble que les réussites augmentent au-delà de 15 ans, âge indiqué par Piaget pour l'achèvement des structures cognitives. Le bilan auprès des adultes n'est pas plus convaincant : une étude de

Schircks et Laroche (1970) avec 70 jeunes adultes peu scolarisés de 23 ans, indiquent un taux de réussite totale de 8 % seulement mais 46 % avec les réussites partielles aux épreuves formelles. La réponse de Piaget à ces faibles taux de réussite a été qu'il avait travaillé avec une population d'un meilleur niveau scolaire, et que ce n'était qu'un problème de rythme de développement et de stimulations en provenance du milieu. Mais le degré de développement des structures formelles n'apparaît pas non plus fonction du niveau scolaire.

Par ailleurs, Longeot (cf. encadré p. 146) a mis en évidence le fait que les acquisitions de certains enfants ne se faisaient pas toujours dans l'ordre prévu par Piaget ce qui pose le problème de la structure et de l'unicité du modèle de développement. D'autres voies de recherche se développent actuellement qui permettent d'aller au-delà de la simple description des décalages vers un début d'explication de ces différences, par exemple dans le domaine des représentations mentales ou dans l'implication du style cognitif des individus dans leurs performances et le développement qui en découle (cf. encadré ci-dessous).

STYLE COGNITIF ET PENSÉE OPÉRATOIRE

Dans un article de 1980, M. Huteau invoque le rôle des styles cognitifs pour expliquer la variabilité interindividuelle constatée dans le développement opératoire. Les styles cognitifs sont de larges dimensions de la personnalité englobant à la fois les aspects cognitifs (relatifs à la saisie et au traitement de l'information) et les aspects socio-affectifs (ou encore conatifs selon l'expression de Reuchlin, 1990, relatifs au contrôle et à l'orientation des conduites).

Le style cognitif le plus étudié (en particulier par Witkin) est celui de la Dépendance/Indépendance à l'égard du champ perceptif (ou plus simplement DIC) qui distingue les individus selon leur capacité à analyser les situations. De façon très succincte, on peut dire que les sujets plutôt indépendants du champ (IC) adoptent une attitude active dans les tâches de perception et de résolution de problème, et montrent une bonne capacité de structuration et restructuration des données qui leur sont présentées. En revanche ils sont beaucoup moins attentifs que les dépendants du champ (DC) à l'information sociale. C'est la façon dont les sujets plutôt IC ou plutôt DC traitent les données perceptives qui est intéressante pour l'analyse de leurs performances opératoires. En effet, puisque pour Piaget, l'enfant doit se dégager des aspects perceptifs des situations pour devenir capable d'envisager des transformations, de réaliser des opérations, on peut penser que les enfants qui ont plus de mal à se dégager de la prégnance perceptive de la situation, de ses aspects figuratifs, donc les enfants DC, vont présenter un retard dans la maîtrise opératoire par rapport aux autres (IC). Rappelons aussi que le fait que la dépendance à l'égard du champ diminue avec l'âge peut être corrélatif de l'évolution de l'enfant vers l'opérativité et la formalisation du raisonnement.

Huteau répertorie les travaux de recherche sur la pensée opératoire concrète puis formelle qui permettent d'étayer cette hypothèse. Dans les épreuves opératoires concrètes, il y a une liaison significative entre la réussite à la conservation et le score en DIC. Les IC maîtrisent la conservation plus tôt que les DC, comme si cette dépendance par rapport au champ perceptif constituait un frein au raisonnement opératoire. En ce qui concerne les opérations infra-logiques (surtout celles relatives à l'espace), les sujets IC et DC se distinguent bien dans les épreuves impliquant l'horizontale (acquise plus tôt par les IC) mais moins nettement pour la verticale. En ce qui concerne les opérations logico-mathématiques, la supériorité des IC par rapport aux DC est moins marquée que dans les domaines précédents, les différences éventuelles sont très liées à la nature du matériel utilisé (par exemple dans la classification selon la forme ou la couleur des éléments, les DC ont plus de mal que les IC à classer les éléments selon leur forme), les DC ont donc plus de difficulté à se dégager du contenu sur lequel porte le raisonnement logique. Au niveau de la pensée opératoire formelle, les IC réussissent mieux de façon statistiquement significative que les DC, en particulier dans les probabilités, la conservation du volume (qui marque la transition entre les deux stades en ce qu'elle implique le schème de proportionnalité), et le groupe INRC (qui implique la dissociation des facteurs).

L'interaction forte entre le style cognitif des sujets et les situations dans lesquelles ils se trouvent peut être interprétée pour Huteau de deux manières : 1) il n'y a pas de développement général, mais seulement des développement « régionaux » (développement séparé des différents domaines), et les DC se trouvent en retard par rapport aux IC quand les situations proposées induisent fortement la subordination des modalités figuratives de la connaissance aux opérations et 2) il y a bien un développement général, mais certaines situations empêchent la mise en œuvre des structures opératoires du sujet. Il est possible que ces deux interprétations soient complémentaires : les sujets DC arriveraient à la maîtrise opératoire plus lentement que les IC dans certains domaines et auraient plus de mal à les mettre en œuvre dans ces mêmes domaines (qui induisent des résistances figuratives à la mise en œuvre du raisonnement opératoire). Il reste que les IC et les DC ne se distinguent pas dans toutes les situations qui pourtant génèrent une forte variabilité interindividuelle. La référence aux styles cognitifs représente donc une explication possible de certaines différences interindividuelles, mais non suffisante pour toutes. Le style cognitif peut être considéré comme une variable intermédiaire ou modératrice expliquant en partie les hétérochronies (décalages temporels entre des acquisitions supposées synchrones) constatées.

LA THÉORIE PIAGÉTIENNE ET LES FACTEURS DE L'INTELLIGENCE

Deux conceptions différentes de l'intelligence se sont développées jusqu'en 1969 : d'une part un courant factorialiste qui rend compte des performances intellectuelles par un facteur général (le facteur g) et des facteurs de groupe relatifs au contenu, et d'autre part la théorie piagétienne qui rend compte des processus mentaux et de leur développement par des structures opératoires qui s'appliquent (avec des décalages horizontaux) à une grande variété de contenu. Peut-on établir une correspondance entre facteur g et structures opératoires, et entre décalages horizontaux et facteurs de groupe ? C'est l'hypothèse éprouvée par Longeot en 1969 en appliquant une analyse factorielle en composantes principales aux performances des enfants à des tests de performance (correspondant aux facteurs de groupe : verbal, numérique et spatial) et à des épreuves de type piagétien (les TOF, tests opératoires formels collectifs conçus par Longeot et portant sur la combinatoire, les probabilités et la logique des propositions). L'analyse factorielle montre que les épreuves opératoires sont plus saturées en facteur g que les épreuves de performance, et que deux facteurs de groupe apparaissent nettement : un qui correspond à la combinatoire et un qui correspond au groupe INRC. Avec l'analyse hiérarchique des réussites des enfants aux différentes épreuves on s'attend à retrouver la succession décrite par Piaget entre la combinatoire et le groupe INRC. Or, ce n'est le cas que pour la moitié des enfants, l'autre moitié réussit les épreuves correspondant au groupe INRC avant celles de la combinatoire. L'ordre d'acquisition de ces deux types de structures varie donc selon les individus. Dans un ouvrage ultérieur (1978), Longeot examine la consistance et l'homogénéité supposée des stades opératoires. Celle-ci est loin d'atteindre le degré supposé par Piaget, toutes les acquisitions d'un même stade ne se font pas de façon synchrone : il y a en particulier des décalages horizontaux très nets entre les opérations logico-mathématiques et les opérations spatio-temporelles. En outre, les résultats obtenus par Longeot l'amènent à penser qu'il y a plusieurs voies d'accès au stade formel pendant la phase de préparation : les acquisitions se succéderaient dans un ordre différent selon les enfants et les permutations de cet ordre distingueraient des groupes d'individus. Ainsi, l'ensemble de ce travail novateur montre que si le facteur général correspond à l'ordre de succession des stades opératoires, les facteurs de groupe traduisent la diversité des modalités de passage d'un stade à l'autre. Il faut préciser que ce travail de Longeot a été le premier à rendre compte des décalages horizontaux individuels observés, mais que ces décalages n'avaient pas encore l'ampleur de ceux qui ont été mis en évidence dans l'importante recherche de Rieben, de Ribaupierre et Lautrey (1988) que nous avons évoquée dans le chapitre précédent, sans doute parce que la dispersion des âges des enfants étudiés y était plus restreinte. La réalité de l'absence de synchronisme dans les acquisitions d'un même stade est maintenant démontrée et la variabilité dans les ordres de succession des acquisitions invalide la description piagétienne d'un seul mode de développement pour tous les enfants.

LE JUGEMENT MORAL ET L'ACCÈS AUX IDÉOLOGIES POLITIQUES

Le jugement moral

Les travaux de Kohlberg (1958) sur le jugement moral sont fortement marqués par la théorie piagétienne dont il s'est inspiré. Il demande à des enfants ce qu'ils feraient dans des situations qu'il leur propose impliquant un dilemme pour lequel il n'y a pas de réponse satisfaisante. Il essaie de décrire les différentes étapes dans l'évolution du jugement moral, par rapport aux grands stades piagétiens, en arguant du fait que l'évolution du jugement moral est étroitement liée à l'évolution des capacités cognitives (décentration) de l'enfant : il distingue ainsi trois grands niveaux : prémoral (correspondant au stade préopératoire), où l'enfant se soumet aux normes extérieures, un deuxième niveau : conventionnel à l'adolescence où la moralité des actes est définie en termes de bonne action (maintenir de bonnes relations interpersonnelles) et de maintien de l'ordre social : la loi est peut être arbitraire mais elle est utile à la cohésion sociale, et enfin le niveau des principes moraux autonomes, où l'adulte d'abord respecte la règle parce que c'est un contrat social puis affirme que c'est sa conscience qui lui dit ce qui est bien ou non. Les travaux de vérification de la théorie de Kohlberg ont été décevants, et suggèrent que les relations entre l'évolution cognitive et morale sont moins étroites qu'il ne le pensait. Néanmoins l'étude de l'évolution du jugement moral mériterait d'une part d'être approfondie (montrer comment l'enfant intériorise les normes morales), et d'autre part d'y intégrer des aspects personnels et culturels qui doivent intervenir dans ce type de jugement au moins autant que l'évolution des capacités cognitives de l'individu.

L'accès aux idéologies politiques

Si on sait encore peu de choses sur le développement de la pensée politique, c'est que les idéologies sont considérées comme appartenant à la sphère privée de l'individu, en particulier dans la culture française, ce qui rend l'investigation plus délicate. Deux facteurs contribuent à l'évolution de la pensée politique : d'une part l'évolution cognitive en ce qu'elle permet l'abstraction, et d'autre part le milieu familial qui semble plus déterminant que d'autres agents sociaux pour expliquer les choix des adolescents. Un progrès cognitif est indispensable 1) pour que l'adolescent puisse accéder à des notions abstraites qui représentent par exemple les institutions (l'Église et non pas l'église avec son clocher, l'École comme système éducatif, et non pas celle qu'il fréquente tous les jours, la Loi et non pas seulement à travers le juge et la prison, etc.), et 2) par l'élargissement des perspectives temporelles que cette évolution cognitive apporte. Cette dimension temporelle est indispensable, non seulement pour saisir le sens de l'histoire mais pour se situer soi-même dans cette perspective historique.

Les agents de politisation des adolescents, si on peut les qualifier de tels, sont-ils les parents, les amis ou l'école ? Les parents semblent être les premiers responsables des choix politiques de leurs enfant (fortes corrélations entre leurs opinions politiques respectives). L'école, qui affiche largement ses principes de neutralité, joue plutôt un rôle d'éducation à la citoyenneté. En revanche le groupe des pairs (des camarades) est considéré comme un lieu de référence et d'appartenance politique. Nous verrons un peu plus loin la cohésion apportée au groupe par une communauté d'origine socio-économique des individus du groupe, les clivages politiques et culturels des classes sociales dont ils proviennent sont ainsi maintenus. Mais l'engagement envers une idéologie politique est-il encore d'actualité ? Le contexte social et politique contribue sans doute largement au désabusement des jeunes quant à la politique et au refus de plus en plus fréquent des adolescent de s'y intéresser, de près ou de loin. D'après Claes (1983), les adolescents citent spontanément leurs camarades et les médias comme agents de socialisation politique. Les points de vue des chercheurs dans ce domaines divergent : ou bien les médias ne constituent pour eux que des renforcements de processus initiés par la famille ou l'école, ou bien ils leur accordent une place privilégiée dans le modelage de la conscience politique des jeunes. Cependant cette influence ne s'exercerait pas de façon directe. Par exemple, ce ne sont pas les émissions politiques à la télévision (peu regardées de fait à cet âge) qui les influenceraient, mais d'autres émissions comme « le sport professionnel qui véhicule beaucoup de valeurs conservatrices et favorise l'intériorisation de ces valeurs. Le rôle socialisant de la télévision serait d'encourager la loyauté envers le système politique et de décourager la dissidence » (1983, p. 128).

WALLON : L'ACHÈVEMENT DE LA PERSONNE

Les modifications physiologiques et les remaniements du schéma corporel qu'elles impliquent apparaissent comme point de départ de la crise pubertaire et provoquent un sentiment de changement. Pour s'affirmer dans la fin de sa construction identitaire, l'adolescent choisit de s'opposer aux autres. Les exigences de la personnalité passent donc à nouveau au premier plan. Comme au stade du personnalisme, les besoins du « moi » l'emportent sur l'intérêt pour le monde extérieur : c'est un stade centripète, marqué cependant par des ambivalences, puisque alternent sentiments égoïstes et généreux. L'adolescent sort de sa cellule familiale et participe à des groupes sociaux, il peut y faire un choix, selon ses intérêts et ses goûts du moment, de même que le groupe peut l'accepter ou le refuser, c'est ce qui crée la dynamique des relations sociales multiples en particulier extrafamiliales. C'est pourquoi Wallon dit qu'à ce moment, la personnalité devient polyvalente et autonome. Avec l'avènement de la pensée catégorielle, et les possibilités de différenciation et d'intégration successives qu'elle apporte, l'enfant arrive à se percevoir comme une unité (identification intellectuelle). La pensée se tourne vers soi et l'adolescent s'interroge sur la raison d'être des personnes, de lui-même et du monde, sur les destinées, car l'élargissement des perspectives temporelles assure la continuité de sa personne, et contribue à son identification temporelle. La fin de cette période, marquée comme les autres par des conflits et des antagonismes, correspond à l'achèvement de l'intégration de toutes les composantes de la personnalité (cognitives, affectives et sociales).

LE STADE GÉNITAL DANS LA THÉORIE FREUDIENNE

Rappelons que la phase génitale commence en fait avec l'apparition de l'Œdipe, mais que le terme de génital est utilisé dans la théorie de la sexualité pour marquer la reprise de l'évolution des pulsions dans un contexte génital et physiologique différent.

L'équilibre affectif du stade précédent est remis en question par l'avènement de la puberté qui bouleverse l'investissement pulsionnel : on entre dans une période de conflits et de contradictions. La période de latence des années précédentes était vraiment une latence, une pause, entre deux moments très dynamiques sur le plan de la construction de la personnalité. Le développement psychique reprend là où il s'était arrêté, c'est-à-dire après l'avènement du complexe d'Œdipe et sa résolution éventuelle. S'il n'avait pas été résolu, il reprend avec encore plus d'intensité : l'adolescent se retrouve en plein conflit œdipien qui est générateur d'angoisse et le poussera à quitter sa famille pour y échapper. L'investissement génital des pulsions est lui aussi générateur d'angoisse. C'est un passage nécessaire qui conduit aux relations hétérosexuelles adultes, mais il y a généralement décalage entre la maturité sexuelle et la maturité affective qui met l'adolescent dans un état de déséquilibre et d'insatisfaction. L'ambivalence des sentiments est forte, surtout à l'égard des parents, dont il voudrait se détacher mais dont il est encore dépendant. Il recherche un substitut de l'objet d'amour original et incestueux que représentaient ses parents, dans des relations hétérosexuelles. Mais, l'accès à la vie sexuelle adulte est long et conflictuel, il peut y avoir répression des désirs sexuels, avec régression (retour à des modes de satisfaction pulsionnelle infantile : orale, comme la boulimie, anale, comme le plaisir d'être sale), ou au contraire sublimation de ces désirs (avec intellectualisme ou ascétisme).

Les identifications successives de l'adolescent expriment la recherche de son identité. Après une succession de moments d'identifications et d'oppositions, il finit par pouvoir se situer lui-même et devient capable d'avoir de lui une image satisfaisante. Il atteint ainsi un nouvel équilibre.

L'ÉVOLUTION DES RELATIONS INTERPERSONNELLES

L'évolution des relations familiales

Deux aspects complémentaires de cette évolution peuvent être distingués : l'émancipation de la tutelle parentale et l'accès à l'autonomie.

• *L'émancipation de la tutelle parentale.* Si dans les espèces animales le jeune est émancipé avant la maturité pubertaire, sans incidence sur le statut adulte qui lui est conféré sur la base de facteurs individuels ou sociaux, dans notre espèce cette émancipation ne se produit qu'après. Le délai entre l'émancipation et l'octroi d'un statut adulte varie selon les cultures. Ce passage entre émancipation et statut adulte, doit se faire sur le plan familial et sur le plan social. Il y a transfert progressif de la famille à d'autres agents de socialisation et en particulier au groupe des pairs, des camarades, qui a une position privilégiée dans ce temps de transition. L'émancipation progressive du milieu familial qui va se produire au cours de l'adolescence relève plus d'une conquête de l'autonomie que d'une volonté de rupture affective ou idéologique avec les parents, comme l'a montré un travail ancien de B. Zazzo (1966), basé sur plus de 1 000 entretiens avec des adolescents entre 15 et 20 ans de différents milieux socio-économiques.

• *L'accès (conflictuel ?) à l'autonomie comportementale et les modèles parentaux.* Le terme d'autonomie comportementale renvoie à tout ce que peut faire l'adolescent (par exemple dans l'organisation de sa vie quotidienne), sans en référer à l'autorité parentale. L'ensemble des recherches sur ce thème (voir B. Zazzo, 1966, ou plus récemment Coleman, 1980), montre que l'accès à l'autonomie comportementale revendiqué par les adolescents, ne se fait pas sans heurts ni conflits avec les parents, au sujet des habitudes de vie (coupe de cheveux, habillement, heures de sortie, etc.), de la vie scolaire et des valeurs morales. L'intensité et la fréquence de ces conflits est variable selon les adolescents interrogés. Dans les travaux que nous avons cités, 1/3 environ disent n'avoir aucun problème avec les parents, ou les avoir déjà surmontés. En revanche ils sont environ 70 à 75 % à faire état de conflits divers : pour 40 à 45 % d'entre eux, ce sont des conflits occasionnels, pour 20 % des conflits fréquents, et pour 5 à 10 % des conflits aigus et permanents conduisant à des affrontements et des fugues. D'autres enquêtes (comme celles de Larsen, 1972 ou Rutter, 1980, citées par Claes, 1983) donnent un pourcentage de 60 % d'adolescents qui disent bien s'entendre avec leurs parents, 25 % ont une position un peu plus critique, et 5 % considèrent la famille comme le lieu d'aliénation de leur liberté individuelle. On retrouve donc à peu près les mêmes répartitions. Les réponses des adolescents à propos des conflits varient en fait selon l'âge et le sexe : les conflits ont surtout lieu entre 11 et 18 ans, avec un maximum d'intensité avant 15 ans chez les filles et après 15 ans chez les garçons. Ils diffèrent selon les milieux : plus fréquents chez les étudiants que chez les jeunes déjà insérés professionnellement (cette insertion favorisant la maturité et l'autonomie, les conflits ont été dépassés). Par ailleurs, les aînés des familles font plus souvent état de leurs conflits que les puînés, ces derniers bénéficieraient de l'évolution de leur parents corrélative de l'adolescence de l'aîné. D'après ce qu'ils disent, l'entente des adolescents semble meilleure avec leur mère qu'avec leur père, surtout dans le cas des filles et il y a avec l'âge amélioration des relations avec le père, surtout chez les garçons. Le père et la mère ne semblent pas présenter les mêmes caractéristiques aux yeux des adolescents : la mère est décrite en termes plus affectifs et procure sécurité et stabilité, le père apparaît plus autoritaire associé aux termes de responsabilité et insertion professionnelle. Cette représentation très stéréotypée des adolescents évolue avec l'âge puisqu'on trouve dans les qualités paternelles moins souvent l'autorité et plus souvent la connivence et l'amour.

Toutes ces descriptions sont néanmoins très générales et ne peuvent rendre compte de la façon dont évoluent chaque adolescent et ses parents, car les parents évoluent eux aussi dans leurs rapports aux adolescents. Ils doivent en particulier faire le deuil de l'Enfant-Idéal, qu'ils avaient projeté sur leur enfant.

Les modèles éducatifs prédominants dans les familles, influent aussi sur les modes relationnels enfants-parents, et l'intensité des conflits. Si on situe les structures d'autorité familiale sur une dimension allant de l'autorité la plus forte, au laxisme le plus marqué, en passant par les structures intermédiaires plus démocratiques, les modèles familiaux qui attirent le plus les suffrages des jeunes sont les modèles démocratiques (à 90 %). Si le rejet des modèles autoritaires est compréhensible, celui des modèles laxistes est moins évident. Dans ce dernier mode de relation familiale, l'attitude des parents est interprétée par les enfants (non sans raison) comme relevant d'une indifférence à leur égard. Les enfants comme les adolescents ont en effet besoin de points de repères, de cadres de référence qui leur permettent de se situer et de se structurer. En ce sens, si les règles ou interdictions sont nécessaires, elles n'ont de sens que si elles peuvent être discutées, critiquées (voire même transgressées) par les adolescents. On peut considérer que les parents doivent continuer d'évoluer avec leurs adolescents, qu'ils acceptent d'exercer moins de contrôle sur le comportement de leur enfant, de remettre en question leurs propres choix personnels et d'accepter le désengagement affectif de l'adolescent. Cela devrait les conduire à acquérir eux-mêmes plus d'indépendance, ce qui aurait en retour un effet positif sur la prise d'autonomie de leur enfant.

Le groupe des pairs

Nous avons vu que le groupe de camarades est un agent de socialisation important. Dunphy (1963, cité dans Lehalle, 1990), distingue deux types de groupes : les groupes primaires, ou cliques, qui sont petits (3 à 9 individus), à proximité géographique de résidence, et souvent unisexes, et les groupes secondaires, ou bandes, qui sont plus grands (15 à 30 car résultent souvent d'une association de cliques), et sont mixtes. Ces deux types de groupes remplissent deux fonctions différentes : les groupes primaires suppléent la famille et aident à s'en éloigner en sécurité, les groupes secondaires facilitent l'intégration sociale dans des groupes plus vastes et les rencontres hétérosexuelles. Les critères de choix des amis évoluent : des compagnons de jeu pour les enfants aux amitiés de l'adolescence, qui sont plus électives car sur la base d'affinités affectives et de goûts partagés. Le passage des groupes primaires aux secondaires est décrit par Dunphy en cinq étapes successives, avec en fin d'évolution désintégration de la bande par la formation de couples plus stables.

Que représente le groupe de pairs par rapport à la famille ? Les adolescents interrogés par Rodriguez-Tomé (1972) déclarent faire appel à leur parents en cas de problèmes moraux et matériels et aux camarades pour les problèmes personnels, surtout sentimentaux. Famille et groupes ne transmettent pas les mêmes choses : la famille transmet des valeurs morales et sociales, et des valeurs socio-économiques (habitudes de consommation...). Les amis qui vivent les mêmes expériences, partagent leurs goûts, leur langage, permettent des interactions individuelles et hétérosexuelles, et contribuent à la construction de l'identité personnelle. Le groupe apparaît alors comme un lieu d'expérimentation sociale : de ce qu'on peut et de ce qu'on ne doit pas faire, qui permettent d'éprouver les limites des règles collectives et sociales.

La tentation de la déviance

Sous ce terme, nous voudrions rapidement évoquer les problèmes individuels de déviance et les problèmes collectifs, par exemple sous l'angle de la délinquance. L'adolescence est, du fait des remaniements importants, physiques et psychiques, un moment de plus grande vulnérabilité pour l'individu. L'adolescence, même si les adolescents dans leur majorité ne disent pas la vivre comme une crise, n'est pas pour autant une période facile à vivre. L'importance des dépressions adolescentes (et le taux élevé des suicides à l'adolescence) est là pour en témoigner (cf. Marcelli, 1990), mais nous ne pouvons aborder dans le cadre de cet ouvrage succinct la psychopathologie adolescente. Pour un ouvrage synthétique sur la psychopathologie de l'enfant, voir Marcelli, 1993.

Les bandes d'adolescents sont-elles responsables des comportements asociaux ? Elles ont été considérées comme le lieu naturel d'expression de l'agressivité adolescente. Cependant on considère actuellement que la bande adolescente est un phénomène naturel, lieu d'expérimentation sociale, mais qu'elle ne crée pas la délinquance. Celle-ci pourrait résulter d'une ségrégation de la part des autres groupes sociaux qui la marginalise. Cette ségrégation entraînerait de l'impulsivité et de l'agressivité en retour, de la part des adolescents, favorisant le passage à la délinquance. C'est donc la rencontre entre la bande (l'*ingroup*, c'est-à-dire le groupe lui-même et ses valeurs), et l'environnement social (l'*outgroup*, c'est-à-dire tout ce qui est extérieur au groupe), qui génère la délinquance. Pour Robert et Lascoumes (1974 cités par Lehalle, 1990) la bande délinquante fonctionne en valorisant systématiquement l'*ingroup* et en dévalorisant l'*outgroup*. Les réactions agressives de l'outgroup ne peuvent que renforcer son exclusion et conduire à une agressivité en retour de la part de la bande. Cette ségrégation *ingroup/outgroup* est autant le fait des autres groupes sociaux que de la bande adolescente, et c'est l'affrontement entre ces positions exclusives qui provoquent les conflits.

La délinquance est-elle un phénomène individuel ou collectif ? L'importance des groupes organisés dans la délinquance juvénile prise dans son ensemble a peut-être été surestimée, car les actes délinquants commis par les bandes sont moins fréquents que ceux commis individuellement. Un travail de Cusson (1980, cité par Claes) suggère que la famille peut être aussi à l'origine de comportements asociaux (comme la consommation d'alcool, ou de médicaments qui favorise peut-être la consommation ultérieure de drogues). Mais si l'initiation à la consommation de drogues diverses peut être en partie sous la dépendance du groupe des pairs et de la famille, le maintien et l'accoutumance des habitudes de consommation de drogues est surtout fonction de la personnalité, qui se révèle beaucoup plus déterminante. Ces comportements déviants peuvent être considérés comme l'extériorisation des difficultés que rencontre l'adolescent dans l'intégration des différents aspects de sa personnalité, donc dans la construction de son identité personnelle.

REPRÉSENTATION DE SOI ET GENÈSE DE L'IDENTITÉ

L'adolescence s'accompagne de modifications majeures dans la représentation de soi, et l'identité personnelle évolue considérablement. La plupart des recherches qui ont été faites dans ce domaine l'ont été dans le but de vérifier l'hypothèse d'une crise adolescente, et ont recherché les perturbations éventuelles de soi au moment de l'adolescence. Le travail de Rodriguez-Tomé (1972) se situe dans une perspective dialectique wallonienne et part de l'idée que la représentation est réfléchie par autrui (c'est par le non-moi que le moi peut s'affirmer). Il interroge l'adolescent sur la façon dont il se perçoit (l'image propre) et sur la façon dont il croit être perçu (par ses parents par exemple : c'est l'image sociale). Parmi les principaux résultats de cette recherche très complète, on peut signaler le fait qu'on observe une adéquation de plus en plus grande avec l'âge entre l'image propre et l'image sociale, qui illustre l'intégration du moi, l'affirmation de la conscience de soi.

Le sentiment d'identité personnelle est constitué de l'ensemble des croyances, des sentiments et des projets qui ont trait à soi. On considère que c'est un processus qui est toujours en train d'évoluer, car la construction du moi n'est jamais achevée. D'après Claes (1983), le concept d'identité rassemble plusieurs idées majeures : la notion de permanence et de continuité (= être), une idée d'unité et de cohésion (= être un), et enfin elle permet d'établir un rapport entre les choses sur la base de caractéristiques de ressemblance ou de dissemblance (= reconnaître l'un). La notion d'identité, telle qu'elle a été développée par Erikson (1963) s'appuie sur ces trois axes, car l'identité s'appuie sur la conscience d'une continuité temporelle (de l'enfant que j'étais, à l'adulte que je serai), sur la cohésion qui s'oppose au morcellement, et sur la réunion en une seule unité des éléments à travers lesquels « je me reconnais », et en me démarquant de ceux « qui ne me ressemblent guère ». Erikson est un psychanalyste, dont la vie personnelle et l'œuvre sont étroitement liées à ce concept d'identité, mais qui s'est démarqué de l'approche psychopathologique de la personnalité pour étudier le développement normal. Il insiste en particulier sur la fonction adaptative du moi, plus que sur la fonction défensive qu'on lui attribue généralement, qui a pour objectif de maintenir la continuité et la permanence de l'existence individuelle. Il est un des rares auteurs à avoir établi un modèle de développement humain jalonné de huit étapes de la naissance à la mort. Comme chez Wallon, chacune de ces étapes est marquée par les conflits et sont autant de moments critiques dans le développement de l'individu. Chaque stade est ainsi défini par deux concepts en opposition. Au stade de l'adolescence, par exemple, l'identité s'oppose à la confusion d'identité.

L'identité personnelle (la représentation que l'individu a de lui-même) a aussi un aspect social : avoir une identité, c'est être engagé socialement, autant dans ses idées ou valeurs, que dans son mode de vie. Cet engagement est précédé d'une période d'expérimentation de divers rôles sociaux, qui permettra l'engagement ultérieur.

Nous avons commencé ce chapitre en suggérant que l'adolescence n'avait pas le caractère de crise que de nombreux auteurs lui ont attribué, les psychanalystes en particulier. Les travaux que nous avons cités se répartissent entre 1) ceux qui affirment

LES PERSPECTIVES TEMPORELLES À L'ADOLESCENCE : H. RODRIGUEZ-TOMÉ ET F. BARIAUD (1987)

« Le passé n'existe plus ; lorsqu'il était, il était le présent. L'avenir n'existe pas encore ; lorsqu'il sera, il sera le présent. Le passé et le futur ne sont que dans l'esprit de l'homme, en images, et ils y sont non pas en tant qu'eux-mêmes mais en tant que présents. Seul existe le présent ; en trois temps : « le présent du passé, le présent du présent, le présent du futur» ; la mémoire, l'intuition directe, l'attente. » (*ibid*, p.15). C'est ainsi que débute l'ouvrage de Rodriguez-Tomé et Bariaud consacré à l'étude des perspectives temporelles à l'adolescence. Près de 1000 adolescents des deux sexes, de 14 et 17 ans, de Paris et de Bretagne, ont été conviés à répondre à des questions sur leur vécu du passé, sur leur représentation de l'avenir et sur le sentiment de soi dans le présent. De façon schématique, voici les grandes lignes de leurs réponses. Dans le passé, les souvenirs évoqués ne remontent pas à la petite enfance (pas avant l'âge de 5 ans), car pour se souvenir de son passé, il faut avoir déjà une certaine conscience de soi, disposer d'acquis cognitifs pour que les événements vécus se constituent en souvenirs, de compétences linguistiques pour transcrire l'événement, et d'aptitude à utiliser les repères sociaux comme cadres intégrateurs. Les thèmes du passé le plus fréquemment évoqués sont relatifs aux milieux de vie (famille et école), aux vacances et loisirs, et au soi personnel (expériences personnelles, images de soi, sentiments personnels). Ici, peu de différences apparaissent entre les groupes, sauf entre garçons et filles. La projection dans le futur, peut aller jusqu'à 40 ans en moyenne, mais avec un écart type de 19 ans. Elle est un peu plus étendue chez les garçons que chez les filles. Le point de départ de la projection dans le futur semble correspondre à la fin des études secondaires. Les garçons se distinguent des filles par leur évocation plus fréquente du travail comme thématique caractéristique du futur tandis que les filles évoquent davantage la famille à constituer. Le projet professionnel se précise avec l'âge et dans le milieu ouvrier, car les adolescents de milieu aisé sont nettement moins précis dans leur projet. Quand ils évoquent l'avenir du monde, les adolescents ont une vision plutôt pessimiste, en particulier dans la population rurale et chez les filles de 17 ans. En ce qui concerne leur présent, la période adolescente apparaît bien comme le contexte où s'engage la prise de conscience de soi. L'école est identifiée comme un lieu d'élargissement des rencontres interpersonnelles, de confrontation (des idées, des valeurs, des façons d'être...) avec d'autres. La famille, telle qu'elle est évoquée par les adolescents, se caractérise par des rapports contradictoires, de coopération et surtout d'opposition. Les parents confortent l'identité des adolescents et les guident vers l'autonomie et l'épanouissement, ils sont perçus à la fois comme « miroir et repoussoir ». Corrélativement à l'affirmation de soi apparaît un certain détachement à l'égard des parents.

Le sentiment d'identité apparaît lié dans l'ensemble à la comparaison avec autrui (échanges, coopération, confrontation, qui conduisent à la différenciation soi-autrui) et à la réflexion sur soi (introspection, interrogations existentielles), il s'élabore en prenant appui sur le passé et s'oriente progressivement vers le futur. On trouve donc ici dans les réponses des adolescents eux-mêmes la confirmation de la problématique adolescente centrée sur les oppositions simultanées entre continuité et rupture, stabilité et changement qui soulignent la précarité du présent.

qu'il y a crise à l'adolescence, cette crise s'inscrivant dans la problématique de la différenciation/intégration de l'individu, donc de son individuation. P. Blos (1962) a même proposé de définir l'adolescence comme un deuxième processus d'individuation, et Kestemberg parle de la crise d'adolescence comme d'un quatrième organisateur au sens de Spitz (voir p. 74), et 2) ceux qui démontrent qu'il y a changements, modifications, ajustement, intégration, mais pas crise, tout au moins pour la majorité : ceux là aboutissent à ces conclusions sur la base d'investigations directes auprès des adolescents, en particulier l'important travail d'Ofer et Ofer (1975 cité par Claes). Ce couple de psychiatres a suivi près de 80 adolescents entre l'âge de 14 et de 22 ans, avec des entretiens et des bilans psychologiques réguliers, et confirme le caractère exceptionnel d'une adolescence vécue comme une crise. La proportion d'adolescents perturbés, ne diffère pas de celle des personnes perturbées à chaque âge de la vie. Cette vérification empirique est importante, cependant elle doit pouvoir être resituée dans un cadre théorique apportée par les différents modèles de développement permettant ainsi d'inscrire les faits constatés dans l'ensemble des processus évolutifs de la personne humaine.

POUR ALLER PLUS LOIN

Claes M. 1983. *L'Expérience adolescente*. Bruxelles, Mardaga.

Lehalle H. 1985. *Psychologie des adolescents*. Paris, PUF.

6 *Les évaluations psychologiques*

On parlera d'évaluation psychologique chaque fois qu'un psychologue a besoin de recueillir les performances, de décrire le comportement ou la personnalité d'un sujet, enfant ou adulte et de les comparer à d'autres. Le psychologue emploie à ce moment-là des instruments qui lui sont spécifiques : les tests psychologiques.

QU'EST-CE QU'UN TEST ?

Le mot « test », passé maintenant dans le langage courant, a un sens bien précis en psychologie. Il s'agit « d'une épreuve strictement définie dans ses conditions d'application et dans son mode de notation et qui permet de situer le sujet par rapport à une population elle-même bien définie biologiquement et socialement » (Zazzo, 1969). Chaque test évalue un aspect précis du fonctionnement psychologique de l'individu : l'intelligence, la latéralisation, la personnalité..., il est en quelque sorte la mise en forme, l'opérationnalisation d'une conception (de l'intelligence, de la personnalité...) qui lui est antérieure.

L'objectif des tests étant de comparer le comportement de sujets placés dans la même situation, cette comparaison n'est possible que si un maximum d'objectivité est atteint dans l'application de l'épreuve et la cotation des résultats. Cette objectivité est atteinte par la standardisation de l'épreuve ; cette standardisation porte sur l'identité de la tâche à accomplir, sur le matériel qui est proposé aux sujets (par exemple, tous les sujets seront confrontés à la même série d'images à décrire), sur la manière d'enregistrer la réponse, d'apprécier la réussite ou l'échec. Le psychologue doit respecter ces conditions sinon la comparaison des sujets entre eux n'a plus aucun sens. Cependant, cette standardisation n'est pas non plus synonyme d'automaticité d'application, sinon, il serait beaucoup moins coûteux et plus rapide de remplacer les psychologues par des ordinateurs : en effet, le psychologue doit connaître parfaitement l'objectif de l'épreuve qu'il applique, ce qu'elle évalue, ses conditions d'application, de façon à savoir quand il peut répéter la question à l'enfant ou lui demander de préciser sa réponse. Par exemple, si la tâche consiste en la répétition d'une série de chiffres qui va permettre de tester la mémoire de l'enfant, il est bien évident que l'on ne doit pas répéter cette série ni rien changer à la vitesse de présentation prévue par le manuel, par contre s'il s'agit de faire définir des mots à l'enfant, le psychologue devra insister, répéter la question de façon à pouvoir évaluer si l'enfant connaît ou pas le mot à définir.

L'objectif d'un test est donc de comparer la réponse d'un sujet X à celle d'autres sujets placés dans la même situation, pour cela, on utilise des étalonnages. Ce sont des sortes de tables de référence qui comprennent les résultats d'un grand nombre de sujets à qui a été appliqué le même test. Cette population de référence a été sélectionnée de manière précise (en fonction de l'âge, du sexe, du milieu social...) de façon à être la plus représentative possible.

Il existe deux types d'étalonnage : les quantilages et les échelles normalisées. Pour réaliser un quantilage, on classe les scores en ordre croissant et on constitue des classes de façon à ce que chaque classe contienne le même pourcentage déterminé de scores. Il existe trois types de quantilages en fonction du pourcentage compris par chaque classe : les quartilages (étalonnage en 4 classes, chacune contenant 25 % des scores), les décilages (étalonnage en 10 classes, chacune contenant 10 % des scores), les centilages (étalonnage en 100 classes, chacune contenant 1 % des scores).

Dans les échelles normalisées, les pourcentages de scores dans chaque classe ne sont plus égaux, les limites de classes sont choisies de telle façon qu'elles correspondent à une distribution symétrique proche d'une loi normale. (Pour avoir plus de précision sur la constitution des étalonnages, cf. par exemple Langouet G., Porlier J.-C., 1981.)

Avant toute mise sur le marché d'un test, son constructeur doit avoir vérifié les qualités métrologiques de l'épreuve, celles qui font que son test est une « bonne » épreuve, ces qualités sont au nombre de trois : la sensibilité, la fidélité et la validité.

La sensibilité représente la capacité du test à bien différencier les sujets, si tous les sujets obtiennent le même score, l'intérêt de l'épreuve est évidemment très faible, on dira qu'un test est plus ou moins sensible selon qu'il permet de classer les sujets en un nombre plus ou moins grand de classes. La fidélité exprime la constance des résultats à travers le temps, on dira qu'un test est fidèle quand ses résultats varient peu dans le temps. Pour estimer la fidélité, on applique la méthode test-retest ; il s'agit d'appliquer deux fois la même épreuve à la même population après un intervalle de temps et de calculer un coefficient de corrélation, plus la corrélation est proche de 1, plus le test est fidèle. Enfin, la validité est la capacité du test à mesurer effectivement ce qu'il est censé mesurer. Il existe plusieurs types de validité : prédictive, hypothético-déductive, de contenu, on s'assure en général au moins de la validité concourante où l'on vérifie s'il y a une concordance entre les résultats au test et un critère extérieur évalué au même moment pouvant leur être substitué.

L'ensemble de ces caractéristiques : standardisation, étalonnages, qualités métrologiques font que le test est un instrument très spécifique dont l'application requiert expérience et technicité, ce qui explique par exemple que la vente des tests dans de nombreux pays dont le nôtre est exclusivement réservée aux psychologues, soumis à un code de déontologie pour l'exercice de leur profession.

Deux situations différentes peuvent requérir l'emploi des tests (du moins chez l'enfant) : la recherche et l'examen psychologique.

Pour illustrer le premier cas, nous réalisons par exemple actuellement une recherche longitudinale dont l'objectif est d'étudier les effets éventuels d'une scolarisation précoce (à partir de deux ans) sur les apprentissages fondamentaux ultérieurs. Les enfants sont évalués individuellement durant 4 ans sur le plan du langage, de l'attention, de la numération… ; on applique à tous les mêmes épreuves de façon à voir ensuite s'il y a des différences entre les performances de ceux qui sont entrés à l'école à deux ans et les autres.

Le second cas est celui de l'examen individuel, le psychologue est là confronté à une demande de la part des parents ou de l'institution en charge de l'enfant (école…) pour un problème (dans la majorité des cas, l'échec scolaire, mais ce peut être aussi pour un problème d'orientation ou de comportement pathologique) qu'il va tenter de comprendre puis de résoudre à l'aide de différentes techniques dont les tests. À la différence de l'exemple précédent, dans ce cas, ce qui intéresse le psychologue, c'est l'enfant, considéré dans son individualité et dans son fonctionnement psychologique propre, alors que dans le premier cas, ce sont les résultats de l'ensemble des enfants qui donnent son sens à la recherche.

On fait généralement remonter à Alfred Binet en 1905 la création du premier test d'intelligence même si l'expression « test mental » a été utilisée pour la première fois par Cattell en 1890, pour désigner une série d'épreuves permettant d'apprécier les différences individuelles dans l'étude de fonctions élémentaires simples comme la perception ou les temps de réaction. La démarche de Binet sera présentée en détail à propos des épreuves d'évaluation des capacités intellectuelles ; ce que l'on peut dire ici d'emblée, c'est que c'est en réponse à une demande sociale, à partir d'un problème pratique, à savoir comment détecter quelques années après la mise en place de l'école obligatoire les enfants qui ne pouvaient pas suivre par manque de moyens intellectuels (afin de les orienter vers un enseignement spécialisé), que Binet va résoudre (du moins apporter une réponse à) un problème théorique, celui de la mesure de l'intelligence. Par la suite, les tests vont se multiplier, se diversifier, permettre d'évaluer de multiples fonctions psychologiques. Avant d'aborder en détail ceux qui concernent l'enfant, quelques mots sur les limites de l'évaluation permise par les tests.

Certains attribuent à Binet la boutade « l'intelligence, c'est ce que mesure mon test ». Parler de « mesure » des fonctions psychologiques est un abus de langage dans le sens où le mot mesure n'est pas utilisé au sens mathématique du terme. Pour qu'il y ait effectivement une mesure, il faut qu'il y ait un étalon défini à l'avance indépendamment de la grandeur à mesurer (comme le centimètre, le gramme ou la seconde...), la mesure est alors le résultat du report de l'étalon autant de fois que nécessaire par rapport à la grandeur que l'on souhaite mesurer. Rien de tel pour les fonctions psychologiques, où l'on institue en même temps le « mesuré » et le « mesurant ». Par ailleurs, pour qu'une quantité soit mesurable, il faut pouvoir lui appliquer un certain nombre d'opérations mathématiques comme l'addition ce qui n'est pas possible avec les comportements qui sont l'objet de la psychologie, trois QI de 40 ne sont pas équivalents à un QI de 120. Quand on applique un test, on effectue en fait un classement entre individus, c'est pourquoi il nous paraît préférable de parler d'évaluation des fonctions psychologiques plutôt que de mesure.

Nous allons présenter maintenant les différents secteurs du développement sur lesquels peuvent porter les évaluations psychologiques : fonctionnement cognitif, fonctions instrumentales, personnalité, connaissances et intérêts. Nous garderons pour la fin du chapitre l'évaluation du bébé qui comporte un certain nombre de spécificités.

L'ÉVALUATION DU FONCTIONNEMENT COGNITIF

Les tests de développement

Nous avons évoqué plus haut le contexte historique dans lequel A. Binet a conçu la première épreuve d'évaluation de l'intelligence de l'enfant, envisageons maintenant quelle a été sa conception de l'intelligence et la procédure adoptée.

Binet a une conception globale de l'intelligence, c'est pour lui un « faisceau de tendances » que l'on peut résumer en quatre termes : compréhension, invention, direction et censure. Un individu montre qu'il est intelligent en comprenant la nature et les données du problème qu'on lui propose, en trouvant la solution du problème posé, en poursuivant une direction pour trouver cette solution et enfin en faisant preuve d'esprit critique. Cette conception sera opérationnalisée par la nature composite de l'échelle qui comprend de multiples épreuves évaluant chacune un aspect précis du fonctionnement mental. L'intelligence va être ensuite définie par sa genèse chez l'enfant, la débilité étant un retard dans ce développement, retard trop important pour pouvoir être jamais rattrapé.

La démarche de Binet sera totalement empirique ; en compagnie de T. Simon, il va imaginer des épreuves très différentes et de difficulté croissante qu'il va tester successivement sur trois populations différentes : sur ses deux filles d'abord en bon psychologue, sur des arriérés mentaux et enfin sur des enfants tout-venant. Il constituera ainsi une échelle métrique qui permettra de déterminer si un enfant donné a l'intelligence correspondant à son âge ou bien s'il est en retard ou en avance et de combien d'années. Ainsi un enfant qui réussit les épreuves réussies en moyenne par les enfants de 5 ans aura un niveau mental de 5 ans. Trois versions différentes de l'échelle métrique vont se succéder de 1905 à 1911, année de la mort de Binet. Il n'arrivera cependant jamais à mettre en rapport l'âge mental du sujet et son âge réel, ce que fera le psychologue américain Stern l'année suivante en proposant la formule classique du quotient intellectuel : QI = (AM/AR) × 100, AM correspondant à l'âge mental du sujet (exprimé en mois), et AR à l'âge réel du sujet (en mois également). Le QI moyen est donc de 100 puisque par construction, l'âge mental est égal à l'âge réel.

Depuis, René Zazzo a procédé à un réétalonnage et à une reconstruction partielle de la dernière version proposée par Binet, ceci a donné lieu à la NEMI (Zazzo R., Gilly M., Verba-Rad M., 1966), épreuve de développement mental global applicable aux enfants entre 3 et 14 ans, toujours utilisée aujourd'hui même si certains items, en particulier ceux qui concernent les enfants d'âge préscolaire commencent à ne plus être à leur place dans l'échelle.

Voici quelques items de la NEMI illustrant l'aspect composite de l'épreuve :
3e année : répéter 6 syllabes
6e année : compter 13 jetons, montrer main droite et œil gauche
9e année : rendre la monnaie, définir 21 mots de vocabulaire
11e année : composer une phrase à partir de 3 mots
14e année : compléter des séries de nombres, répéter 7 chiffres

Les tests non verbaux

Ces épreuves sont nées de diverses critiques apportées aux échelles Binet-Simon. On leur a reproché dans un premier temps d'être des épreuves trop verbales, donc par conséquent inapplicables aux sujets ayant des problèmes de maîtrise de la langue comme les immigrés par exemple (ce qui représentait un problème important aux USA au début du siècle) ou encore les sourds. On leur a reproché ensuite de permettre uniquement une évaluation des connaissances scolaires et non de l'intelligence en tant que telle. Il est vrai que ce type d'épreuve donne un bon pronostic de réussite scolaire et cela tient au problème pratique qui a été à l'origine de la construction du Binet-Simon : dépister les enfants qui ne suivaient pas en classe à cause d'une insuffisance intellectuelle, ce qu'il fallait évaluer dans ce cas c'était effectivement une aptitude à acquérir des connaissances.

Ceci pose le problème de la relation entre intelligence et connaissances, il est évident que l'intelligence ne peut être coupée de contenus concrets (mais est-on intelligent quand on connaît toutes les réponses au Trivial Pursuit ?), dans ce cadre, l'intelligence définie comme capacité d'acquisition sera pour une part appréciée par les acquisitions qui ont déjà été réalisées.

Enfin, évaluer l'intelligence en termes de développement ne convient plus dès lors que l'on va s'intéresser à l'intelligence adulte, ce qui sera le cas au moment des deux guerres mondiales où l'on aura besoin d'épreuves à passation collective et rapide pour sélectionner les recrues de l'armée américaine. On va donc imaginer des tests non verbaux ou de performance où le recours au langage sera réduit au minimum.

Deux exemples seront évoqués dans ce cadre : les labyrinthes de Porteus (1917) et les cubes de Kohs (1920). Dans le premier cas, le sujet doit trouver le chemin lui permettant de sortir de labyrinthes imprimés de difficulté croissante. Dans le deuxième cas, le sujet doit reconstituer une image présentée sur des modèles de difficulté croissante à l'aide de cubes dont les faces sont colorées de manière différente. Dans les deux cas, la corrélation avec des épreuves Binet-Simon est relativement élevée mais suffisamment basse pour évaluer d'autres aspects du fonctionnement mental (comme l'adaptation sociale pour les labyrinthes de Porteus ou la structuration spatiale pour les cubes de Kohs). Le problème que posent ces épreuves est en fait celui de la définition de l'intelligence non verbale, qu'est-ce que l'intelligence sans langage ? ce sont en fait des aspects très spécifiques de l'intelligence qui sont évalués par ces épreuves ce qui explique que l'on en soit venu ensuite à intégrer des épreuves non verbales dans des tests composites, il s'agit des épreuves construites par le psychologue américain David Wechsler.

Les tests de Wechsler

« L'intelligence est la capacité globale ou complexe de l'individu d'agir dans un but déterminé, de penser de manière rationnelle et d'avoir des rapports utiles avec son milieu », telle est la définition que donne Wechsler de l'intelligence en 1961 et qui sera opérationnalisée dans une série d'épreuves permettant d'évaluer le sujet pratiquement du début à la fin de la vie : la WPPSI (Wechsler Preschool and Primary Scale of Intelligence) est applicable aux enfants de 4 à 6 ans 1/2, le WISC (Wechsler Intelligence Scale for Children et sa version révisée WISC-R) aux enfants de 6 à 16 ans et enfin la WAIS (Wechsler Adult Intelligence Scale) aux adolescents et aux adultes de 16 à 79 ans.

Toutes trois sont construites selon le même principe, douze épreuves dont dix sont obligatoires et deux facultatives, six épreuves verbales (information, compréhension, arithmétique, similitudes, vocabulaire et facultativement, mémoire des chiffres) et six épreuves non verbales, ou de performance (complètement d'images, arrangement d'images, cubes, assemblage d'objets, code et facultativement labyrinthes).

Ci-dessous figurent quelques-uns des items du WISC-R :

épreuve d'information : combien as-tu d'oreilles ? avec quoi est fait le béton ?

épreuve des similitudes : en quoi le coude et le genou se ressemblent-ils ? en quoi les nombres 49 et 121 se ressemblent-ils ?

épreuve de compréhension : que faut-il faire quand on s'est coupé le doigt ?
épreuve de vocabulaire : qu'est-ce qu'un bouchon ? que veut dire polémique ?

En fait, Wechsler se servira très peu de la définition énoncée plus haut pour la construction de ses épreuves mais adoptera une démarche totalement empirique. Il va analyser les épreuves existantes et va retenir celles dont la pratique clinique a montré qu'elles étaient de « bonnes » épreuves ; on va retrouver ainsi dans les épreuves Wechsler des items appartenant aux échelles Binet-Simon, y figure également une version aménagée des cubes de Kohs et des labyrinthes de Porteus.

Wechsler innovera par contre en proposant une métrique totalement différente pour le calcul du QI. Il critique en effet l'inconstance du QI obtenu avec les échelles Binet-Simon et calculé à partir de l'âge mental. De quoi s'agit-il ? Un même QI peut renvoyer à des positions différentes dans le groupe d'âge, ainsi, deux enfants peuvent avoir 120 de QI, l'un en ayant un an d'âge mental d'avance sur son âge réel, l'autre deux ans. Ainsi, pour un AR de 5 ans et un AM de 6 ans, on a : $72/60 \times 100 = 120$ et pour un AR de 10 ans et un AM de 12 ans, on a $144/120 \times 100 = 120$ aussi. L'inverse étant vrai, une même position dans le groupe d'âge (par exemple, deux ans d'avance) peut donner lieu à des QI différents en fonction de l'âge réel du sujet. Wechsler va en fait passer d'un problème mathématique à un problème psychologique ; pour lui, le QI doit être une mesure constante et exprimer la même position dans le groupe d'âge quel que soit l'âge réel du sujet. Pour cela, Wechsler va normaliser ses étalonnages en adoptant un QI moyen de 100 (c'était depuis longtemps entré dans la pratique !) et un écart type de 15. Les notes de chacune des dix épreuves sont elles-mêmes converties en notes standard normalisées de moyenne 10 et d'écart type 3. Trois QI sont obtenus dans les épreuves Wechsler : un QI verbal correspondant à la partie verbale, un QI performance correspondant à la partie non verbale et un QI global correspondant à l'ensemble de l'épreuve.

Wechsler conserve le terme de QI alors qu'ici il ne s'agit plus de quotient mais d'une somme de notes que l'on va convertir et qui va indiquer un rang dans une population distribuée selon la loi normale. On peut critiquer également l'addition des deux QI (verbal et performance) surtout quand l'écart est important entre les deux. Dans ce cas et dans une perspective clinique, il est intéressant de calculer un « scatter » (dispersion individuelle des résultats aux différentes épreuves) qui indiquera quels sont les aptitudes et les déficits spécifiques du sujet testé. Malgré ces critiques, les épreuves Wechsler sont les plus couramment utilisées pour l'évaluation de l'intelligence et sont réétalonnées régulièrement.

Les tests issus de l'analyse factorielle de l'intelligence

L'analyse factorielle cherche à expliquer les corrélations entre plusieurs variables (ici plusieurs tests) par un certain nombre de facteurs communs, on appelle (coefficient de) saturation la liaison entre un facteur et un test. Par exemple, si plusieurs épreuves faisant appel au langage sont en corrélation, on peut dire qu'un facteur verbal rend compte de la variation commune à ces épreuves. Plusieurs auteurs ont travaillé dans cette perspective dont Thurstone et Spearman.

Pour Thurstone, un certain nombre de facteurs primaires sont susceptibles de rendre compte des résultats obtenus à plusieurs tests mentaux, les facteurs sont dénommés d'après les caractères communs aux tests que chacun sature le plus ce qui va donner lieu à l'Echelle d'Aptitudes Mentales Primaires (1964) applicable de 11 ans à l'âge adulte, qui comporte cinq facteurs : signification verbale, aptitude spatiale, raisonnement, aptitude numérique et fluidité verbale.

Spearman, quant à lui, va décrire le facteur G, facteur général commun à toutes les épreuves cognitives, à partir de ce principe, on construira des épreuves fortement saturées en facteur G : les Matrices de Raven. Plusieurs versions existent (PM 38, PM 47, D 48...), toutes sont basées sur le même principe : le sujet va devoir découvrir une loi de série à partir des éléments de cette série et appliquer cette loi à la découverte d'un élément prolongeant cette série. Ces épreuves sont intéressantes à plus d'un titre : épreuves non verbales peu évocatrices de situations scolaires, elles peuvent être les seules applicables à des enfants refusant le contexte scolaire. Par ailleurs, leur application peut se faire en individuel ou en collectif, en temps libre ou limité, on peut également après la passation revenir sur les réponses de l'enfant pour les lui faire justifier, ce qui peut présenter un intérêt dans un contexte clinique. Bien sûr, ces épreuves ont également leurs limites, dans certains cas les réponses par choix multiple laissent trop de place au hasard, mais surtout, leur inconvénient majeur est qu'elles portent en fait sur des activités mentales très spécifiques.

Les épreuves issues de la théorie piagétienne

Il s'agit ici d'une standardisation des entretiens piagétiens de recherche dans un but psychométrique. La perspective est différente des épreuves décrites précédemment puisqu'ici, on ne calcule pas de QI ou d'âge mental par exemple mais à l'issue des épreuves, on situera le sujet dans un des stades de l'intelligence décrits par Piaget. Ainsi, par rapport à l'empirisme de la plupart des tests évoqués précédemment, ces épreuves ont le mérite de reposer sur une théorie, ce qui explique d'ailleurs qu'elles soient souvent délaissées par le psychologue clinicien car leur application nécessite une bonne connaissance du modèle piagétien. Par contre, les différences individuelles n'étant pas la préoccupation essentielle du psychologue genevois dont l'objectif était plutôt de dégager des lois générales de développement, ces épreuves posent le problème du passage du sujet « épistémique » aux sujets réels, le premier se situant à un moment donné au même stade pour tous les secteurs de l'activité intellectuelle alors que les seconds semblent se situer dans plusieurs stades à la fois.

Enfin, une dernière particularité des épreuves piagétiennes réside dans les modalités particulières de la relation au sujet, on emploie en effet la méthode « clinique » ou « critique » de Piaget, et adaptée au mode de raisonnement de l'enfant. La standardisation y est réduite au minimum, c'est pour cela d'ailleurs qu'on parle d'« épreuves » et non de « tests » piagétiens. Chez l'enfant d'âge scolaire, on emploiera des contre-suggestions, où l'on évoque l'avis inverse de celui énoncé par l'enfant de façon à évaluer plus sûrement son mode de raisonnement.

Ces épreuves sont en général très appréciées des enfants car elles les confrontent à un matériel nouveau face auquel la notion de réussite ou d'échec est peu perceptible. Cependant, excepté pour celles qui sont applicables au bébé, le recours au langage est massif avec les limites d'application qui ont déjà été évoquées par ailleurs.

Quatre épreuves ont été standardisées et validées dans cette perspective, deux sont des baby-tests (le « Casati-Lézine » et l'« Uzgiris-Hunt »), elles seront évoquées dans la partie concernant l'évaluation des bébés, une troisième évalue un domaine très spécifique du fonctionnement cognitif puisqu'il s'agit de la construction du nombre, l'UDN 80 (Meljac C., 1980), nous nous attarderons davantage sur l'EPL (Longeot F., 1979) conçue pour déterminer le niveau opératoire entre 9 et 16 ans.

Il s'agit ici d'étudier le passage des opérations concrètes aux opérations formelles tel qu'il a pu être décrit par Piaget. L'EPL se compose de cinq épreuves :

a – Les opérations combinatoires dans le cas de permutations, l'enfant doit trouver toutes les possibilités de permutations possibles en combinant un nombre croissant de jetons de couleur différente

b – La quantification de probabilités : il s'agit de trouver en comparant deux tas de jetons dont les compositions varient (jetons marqués ou non d'une croix) celui dans lequel on a le plus de chances de tirer du premier coup un jeton marqué d'une croix

c – Une épreuve faisant appel à la logique des propositions dans laquelle il s'agit de mettre en évidence celui des quatre facteurs qui modifie la fréquence des oscillations d'un pendule (poids, longueur du fil, hauteur du lancement, poussée)

d – Une épreuve exigeant de coordonner deux systèmes de référence distincts dans la représentation de l'espace : on présente au sujet un cylindre pouvant tourner sur un axe, au-dessus de ce cylindre est positionné un crayon qui peut faire des allers et retours, l'enfant doit décrire le dessin que tracerait le crayon sur une feuille de papier enroulée autour du cylindre en fonction de différents mouvements du dispositif qu'on lui propose

e – La conservation du poids et du volume et la dissociation poids/volume (le matériel se compose de deux boules de pâte à modeler, d'une boule de laiton et de deux bocaux remplis d'eau).

Les réponses de l'enfant permettent de le situer dans un des stades concret, préformel ou formel (début ou fin du stade), permettent également d'observer les décalages en fonction des épreuves, ce qui peut être intéressant à analyser dans une perspective clinique, par exemple, les enfants atteints de dysharmonie cognitive (trouble du raisonnement pouvant être associé à des difficultés scolaires et/ou sociales) se caractérisent par un nombre particulièrement élevé de décalages à l'EPL.

Le K-ABC : une rupture dans l'évaluation de l'intelligence

En 1993, dix ans après sa publication aux USA, paraît en France le K-ABC (pour Kaufman Assessment Battery for Children). Cette nouvelle épreuve d'évaluation du développement cognitif représente, à plusieurs niveaux différents, une rupture dans l'évaluation de l'intelligence. Son objectif est d'évaluer la façon qu'a chaque individu de résoudre des problèmes nouveaux et de traiter l'information. Pour cela, le K-ABC s'appuie sur des travaux effectués par des psychologues cognitivistes et des neuropsychologues (dont Luria) pour lesquels il existerait une spécialisation cérébrale différente pour deux processus de traitement de l'information : les processus séquentiels (traiter les informations les unes après les autres) et les processus simultanés (traiter l'information de façon globale). Il s'agit donc d'une épreuve où l'on essaie d'atteindre les processus plutôt que les contenus, en d'autres termes, on distinguera ici l'intelligence (définie par un style propre à chaque individu de traiter l'information et de résoudre des problèmes nouveaux) et les connaissances acquises, distinction sur laquelle avaient achoppé bon nombre d'épreuves décrites précédemment. Les épreuves qui composent le K-ABC ont donc essayé de minimiser le rôle des connaissances acquises dans la résolution de problèmes. Un autre aspect sur lequel le K-ABC se distingue des autres épreuves est le fait qu'il a été construit de façon à ce que ses résultats soient directement utilisables en termes de remédiation pédagogique : le profil dégagé par le K-ABC indique le style d'apprentissage propre à chaque enfant et permet de pouvoir agir directement sur les compétentes déficitaires.

Le K-ABC est applicable de 2 ans et demi à 12 ans et demi ; il se compose de trois échelles : une échelle de processus séquentiels, une échelle de processus simultanés et une échelle de connaissances soit en tout seize subtests mais chaque enfant n'en passe au maximum que treize. Ajoutons à cela qu'un effort a été fait par les auteurs pour rendre la passation de l'épreuve attrayante et ludique: le matériel et les tâches proposées à l'enfant sont nouveaux et originaux, ils tiennent compte de la surabondance d'informations visuelles dans laquelle vivent les enfants d'aujourd'hui. La passation a été prévue de façon à réduire au minimum les interventions verbales du psychologue pour pouvoir être applicable sans trop de difficultés à des enfants très jeunes, à des enfants provenant de minorités ethniques ou présentant certains handicaps.

La corrélation K-ABC/WISC-R est relativement forte pour les enfants tout-venant, beaucoup moins pour les enfants en difficulté et en particulier en difficulté d'apprentissage (cf. Lemmel G., 1994), ce qui justifierait son intérêt et son utilité en précisant les déficits à travailler dans une perspective de remédiation.

Les différentes conceptions de l'intelligence qui viennent d'être présentées et les tests y correspondant montrent de toute évidence que l'intelligence est loin d'être un phénomène unitaire, il y a bien « des » intelligences. Comment alors choisir une épreuve d'évaluation de l'intelligence, tout dépend du problème qui se pose au psychologue. Dans une perspective clinique, l'intérêt d'appliquer dans un premier temps une épreuve composite évaluant l'intelligence de façon globale (comme le WISC par exemple) permet d'orienter la suite de l'examen psychologique en fonction des aptitudes et des déficits spécifiques manifestés par l'enfant à cette première épreuve (c'est la démarche du « diagnostic progressif » telle qu'elle a été décrite par Zazzo). Dans une perspective de recherche, on peut n'avoir besoin que d'un indicateur permettant d'apparier les sujets sur le plan du fonctionnement cognitif et dans ce cas, une épreuve comme les matrices de Raven appliquée en temps limité et en passation collective peut suffire.

L'ÉVALUATION DES FONCTIONS INSTRUMENTALES

« Les tests instrumentaux sont des épreuves à passation rapide qui portent sur un aspect précis de l'équipement instrumental d'un sujet, il s'agit des fonctions psychomotrices de base qui sont à la fois les supports et les outils de l'apprentissage : structuration temporo-spatiale, latéralisation, coordination visuo-motrice, maîtrise du graphisme, langage » (Sanglade-Andronikof A., Verdier-Gibello M.-L., 1983). Chez l'enfant, ces fonctions se structurent progressivement sous l'influence à la fois de la maturation neurologique et de l'exercice. Les tests instrumentaux vont donc évaluer la qualité et le niveau de maturation de ces fonctions en les rapportant à des données génétiques, des repères (on sait par exemple qu'un enfant est capable de dessiner un cercle vers 3 ans...). Dans la pratique clinique, l'application d'un test instrumental n'est pas systématique dans un examen psychologique, il ne sera appliqué que dans le cas où le psychologue soupçonne un trouble des fonctions instrumentales (dyslexie, dyspraxie, retard de langage...), l'examen psychologique devra permettre de déterminer si ce trouble est isolé ou s'il affecte l'ensemble du fonctionnement psychologique de l'enfant.

L'évaluation dans le domaine moteur

À la différence de ce qui existe pour le secteur intellectuel, il n'existe pas d'épreuve satisfaisante qui évalue la motricité de façon globale, il semble plus facile en effet de parler de retard intellectuel que de retard moteur, on parle plutôt de troubles moteurs particuliers comme la dyspraxie ou l'instabilité par exemple. On utilisera donc dans ce cadre des épreuves différentes évaluant chacune un aspect précis de la motricité. Les fondements théoriques des épreuves que nous allons présenter maintenant sont relativement limités dans la mesure où elles ont avant tout été construites pour répondre à des besoins pratiques. Il faut noter cependant l'influence importante du modèle wallonien (dans le sens où il accorde un rôle important à la motricité dans le développement de l'enfant) sur les travaux de l'équipe de l'Hôpital Henri Rousselle (dirigée dans les années 60 par René Zazzo) qui a donné lieu à la publication des deux gros volumes du Manuel pour l'Examen Psychologique de l'Enfant (Zazzo, 1969) regroupant une bonne partie des épreuves utilisées pour l'évaluation de la motricité. Ce sont des épreuves d'application rapide et étalonnées sur des enfants d'âge scolaire (en général entre 6 et 14 ans). On distinguera l'habileté manuelle, le style et le contrôle moteurs.

• *En ce qui concerne l'habileté manuelle qui renvoie à la vitesse et à la précision du geste*, on dispose de quatre épreuves permettant le calcul d'un niveau global d'habileté manuelle. Il s'agit :

– du pointillage : on demande à l'enfant de faire des traits dans chacun des carrés d'une feuille quadrillée en allant le plus vite possible d'abord d'une main puis de l'autre

– de la construction de tours à l'aide de petits cubes, on apprécie ici la coordination fine des mouvements de la main sans prise en compte de la vitesse

– du découpage de cercles (ou de surfaces pour les plus jeunes) où l'on envisage la coordination précise des mouvements des deux mains

– de l'habileté digitale, il s'agit de placer des billes de diamètre différent entre des lamelles espacées entre elles suivant le diamètre des billes.

• *Le style moteur apprécie la réaction de l'enfant*, son style d'adaptation à des activités motrices. On dispose ici de trois épreuves différentes, ce sont :

– le pointillage, c'est la même épreuve que ci-dessus mais cette fois, on impose à l'enfant de travailler 6 minutes consécutives, on évalue donc ici la manière dont l'enfant va s'adapter et résister à la fatigue et à la monotonie

– les pointillés, l'enfant doit tracer un trait sur un ensemble de pointillés représentant des lignes ondulées

– le tracé d'un cercle le plus lentement possible, on apprécie ici le contrôle et le freinage volontaire dans une activité inhabituelle pour l'enfant.

• *L'épreuve classique permettant d'évaluer le contrôle moteur* est le test des deux barrages, il s'agit de discriminer le plus rapidement possible certains signes quand ils sont mêlés à d'autres avec lesquels ils peuvent être confondus. On peut comparer les performances et les attitudes du sujet à deux niveaux différents : le barrage d'un seul ou de deux signes. Cette épreuve permet également l'évaluation de l'attention visuelle.

L'évaluation de la dominance latérale

Comme nous l'avons vu dans le chapitre 4, l'enfant va spécialiser progressivement une de ses mains. Si l'indécision entre ses deux mains persiste trop longtemps, il est généralement maladroit. L'apprentissage de l'écriture va de toute façon obliger l'enfant à un choix. On constate qu'effectivement les demandes de consultations pour ce type de problème sont les plus fréquentes aux environs de 7 ans. L'enfant vient alors consulter parce qu'il y a hésitation sur le choix de la main à utiliser ou parce qu'il écrit mal, la mauvaise qualité de l'écriture étant imputée à des problèmes de latéralisation. L'examen psychologique devra alors conseiller le choix de la main dominante en utilisant la batterie de latéralité d'usage de M. Auzias ou la batterie de dominance latérale de Galifret-Granjon (figurant dans le manuel de R. Zazzo déjà cité) où, à partir de six épreuves différentes portant sur la dominance manuelle, oculaire et du membre inférieur, on peut établir une formule de dominance individuelle. Ces six épreuves sont les suivantes :

- distribution de cartes,
- diadococinésie (« faire les marionnettes » avec les mains),
- sighting (déceler l'œil directeur à partir d'un carton percé d'un trou),
- visée (regarder ce qu'il y a à l'intérieur d'un flacon opaque),
- marelle,
- shooting.

On peut également à partir des épreuves du pointillage et du découpage évoquées plus haut examiner quelles sont les possibilités motrices de chaque main.

L'évaluation du schéma corporel

Il s'agira ici d'apprécier la perception et la représentation qu'a le sujet de son corps, base de référence privilégiée pour les apports du monde extérieur. Dans un cadre clinique, on pourra faire une évaluation du schéma corporel dans les cas de dyslexie, de maladresse, de dyspraxie ou de problème de latéralisation. Deux épreuves permettent d'avoir des indications dans ce cadre : le test du bonhomme (Goodenough F., 1957 et Royer J., 1977) et le test de schéma corporel (Daurat-Meljac C., Stambak M., Bergès J., 1966).

• *Le test du bonhomme est un des classiques de la psychométrie de l'enfant*, il nous a paru pertinent de le situer dans les tests instrumentaux où il apporte, à notre avis, le plus d'indications mais il a été utilisé, par sa créatrice en particulier, pour l'évaluation de l'intelligence. En effet, l'enfant en grandissant va dessiner des personnages de plus en plus complets et détaillés (cf. chapitre 4), il était logique dans l'esprit de Florence Goodenough de mettre en rapport un âge mental établi à partir du nombre de détails dessinés et l'âge réel de l'enfant de façon à calculer ensuite un QI. Cette définition de l'intelligence nous paraissant très restrictive et peu utilisée aujourd'hui, nous n'en dirons pas davantage. Le dessin du bonhomme est également utilisé, par J. Royer en particulier, pour donner des indications sur la personnalité de l'enfant, nous y reviendrons dans la partie concernant ce secteur d'évaluation. En ce qui concerne le schéma corporel, on confrontera la production de l'enfant évalué aux données génétiques précisant la présence ou l'absence de tel ou tel élément corporel ou d'habillement.

• *Le test de schéma corporel*, applicable comme le test du bonhomme de 4 à 11 ans, évalue quant à lui de manière aussi précise que possible le niveau de connaissance que l'enfant a des différentes parties du corps à l'aide de trois techniques différentes :

– l'évocation : l'enfant doit reconstituer un corps et un visage à l'aide de différentes pièces et donner leur nom

– la construction où il s'agit de reconstituer un personnage

– la reproduction où l'enfant devra reconstituer un personnage d'après un modèle

Parallèlement, on pourra proposer à l'enfant un dessin du bonhomme que l'on appliquera deux fois, avant et après la passation du test de schéma corporel.

On peut également avoir des indications sur une éventuelle méconnaissance du schéma corporel à partir de l'épreuve d'assemblage d'objets du WISC (items du mannequin et du visage), indications que l'on confirmera par l'application du test de schéma corporel.

L'évaluation de la structuration temporo-spatiale

L'acquisition des notions de temps et d'espace a particulièrement bien été décrite par Piaget, c'est sur ses travaux d'ailleurs que s'appuient certaines des épreuves que nous allons décrire maintenant.

Peu d'épreuves évaluent la structuration du temps, deux approches ont été étudiées : le temps « socialisé » et le temps en tant que structure rythmique à organiser. Dans le premier cas, il s'agit d'évaluer la connaissance que peut avoir l'enfant du découpage de l'année, de la semaine…, on retrouve ceci par exemple dans certains items du WISC ou de la NEMI (par exemple : « distinguer matin, après-midi, soir » – item de la 5e année – « donner la date du jour » – item de la 7e année). L'autre approche a été proposée pour l'examen d'enfants ayant des difficultés au niveau du langage oral ou écrit. Plusieurs versions de cette épreuve de rythme existent (voir par exemple le manuel de R. Zazzo déjà cité). Le principe en est le suivant, on frappe derrière un écran des structures rythmiques de difficulté progressive, l'enfant doit ensuite les reproduire. La structuration des sous-groupes de coups dans un ensemble est possible à partir de 7 ans, avant les enfants sont capables de délimiter une succession de coups mais incapables de structuration. Les enfants dyslexiques réagissent comme les enfants de moins de 7 ans.

La structuration spatiale est également un aspect à vérifier en cas de trouble de l'acquisition de la lecture. En effet, cet apprentissage ne devient possible que quand l'enfant est capable de discriminer des structures complexes et d'apprécier leurs relations spatiales. Trois épreuves seront présentées ici : le test « Piaget-Head », le « Bender » et la « figure de Rey ».

Le test « Piaget-Head » (cf. chap. 4) permet d'évaluer un aspect particulier de l'orientation spatiale, l'orientation droite-gauche. On va demander dans un premier temps à l'enfant de situer la droite et la gauche sur lui, sur autrui et sur des objets placés face à lui, dans un deuxième temps d'imiter certains gestes (mettre la main droite ou gauche sur l'œil ou sur l'oreille par exemple) soit quand ils sont produits par l'examinateur, soit sur consigne soit quand ils sont présentés sur une figure schématique. Il est bien évident que la réussite à cet ensemble d'épreuves requiert une bonne connaissance des éléments latéralisés du schéma corporel, aspects évoqués plus haut et avec lesquels l'orientation spatiale doit être mise ici en relation.

Les deux épreuves évoquées maintenant évaluent l'aspect grapho-perceptif de la structuration spatiale, puisqu'il s'agit de copies de figures géométriques sans signification. Le « Bender » (*Épreuve graphique d'organisation perceptive pour enfants de 6 à 14 ans* de H. Santucci et M. G. Pêcheux (in Zazzo, 1969) consiste en la reproduction de cinq formes géométriques : on appréciera la précision de la copie de l'enfant ainsi que sa manière de procéder, le fait que ses échecs soient typiques ou pas par rapport aux productions des enfants de son âge.

La figure de Rey (1959) est une figure complexe sans signification que l'on va demander aux enfants dans un premier temps de copier puis de refaire de mémoire. On prendra en compte dans une perspective génétique le temps de reproduction, l'exactitude de la reproduction ainsi que le type de reproduction (à savoir la manière de procéder de l'enfant, commence-t-il son dessin par un détail ou a-t-il une perception globale de la figure ?), ces trois aspects seront mis en relation (le temps peut être très bref, l'enfant sera alors bien situé par rapport à l'étalonnage pour cet aspect, mais la qualité de la reproduction peut être médiocre car l'enfant a bâclé son travail). On mettra également en relation les deux productions : copie et mémoire. Outre la structuration spatiale, cette épreuve, très utilisée dans la pratique clinique, permet de mettre en évidence les possibilités d'attention, d'analyse, de synthèse et de mémorisation de l'enfant. André Rey, son auteur, a décrit un certain nombre de déformations appelées « particularités primitives » observées dans les dessins des jeunes enfants et que l'on ne devrait plus retrouver sauf cas pathologiques au-delà de 7 ans comme par exemple l'interprétation de la figure (le fait de la ramener à quelque chose de familier comme une maison ou un bateau) ou la tendance à la symétrie.

L'évaluation du langage

L'importance du langage dans le développement psychologique de l'enfant a déjà été évoquée par ailleurs, nous n'y reviendrons pas. On ne peut parler de trouble du langage avant 4 ou 5 ans, une fois que ses différents aspects sont mis en place, avant ces difficultés sont normales. Dans la pratique clinique, le repérage d'un trouble du langage se fait tout au long de l'examen psychologique, le psychologue peut cependant avoir besoin d'une appréciation plus fine, des épreuves ont donc été construites avec cet objectif. L'évaluation du vocabulaire et de son étendue est généralement prise en compte dans les épreuves d'intelligence globale (comme la NEMI ou le WISC) mais des échecs massifs aux subtests de vocabulaire n'ont aucune valeur discriminative, d'où la nécessité de disposer d'autres épreuves. L'évaluation des aspects articulatoires du langage est généralement laissée aux orthophonistes, le psychologue quant à lui devant resituer les troubles du langage par rapport aux processus cognitifs.

Une batterie d'épreuves nous paraît tout à fait intéressante dans cette perspective, il s'agit des « Epreuves pour l'examen du langage », (Chevrier-Muller et coll., 1981) permettant l'évaluation du langage d'enfants âgés de 4 à 7 ans dans ses trois aspects phonologie, lexique et syntaxe et sous deux modalités expression et compréhension que l'on peut comparer. Cette batterie comporte dix-sept épreuves (par exemple désignation et dénomination d'images, répétition de mots faciles et difficiles, récit sur images…) qu'il est possible d'appliquer de façon indépendante car chacune dispose d'un étalonnage spécifique.

Une autre épreuve intéressante dans une perspective de diagnostic et applicable de 3 à 7 ans, est le O52 de Khomsi (1987). Elle permet de rendre compte des compétences de l'enfant en termes de stratégies de compréhension immédiate ou globale (la tâche de l'enfant consiste à désigner des images correspondant à un énoncé oral donné par le psychologue).

LES ÉPREUVES DE PERSONNALITÉ

Il est bien évident que la distinction entre intelligence et personnalité est tout à fait formelle, de manière triviale, on pourrait dire que l'intelligence est « dans » la personnalité et non à côté. Les épreuves dont nous allons traiter maintenant évaluent plutôt les caractéristiques émotionnelles, affectives, motivationnelles et interpersonnelles. Elles essaient d'appréhender de manière globale le fonctionnement psychologique de l'enfant.

La plupart des épreuves utilisées pour l'étude de la personnalité sont des épreuves projectives (cf. pour aller plus loin Anzieu D., Chabert C., 1987, comprenant un chapitre sur les méthodes projectives chez l'enfant). Elles sont d'utilisation fréquente dans la pratique clinique et tirent leur nom du concept de « projection » introduit par Freud avec le sens de conférer à autrui ce que nous ne voulons pas reconnaître en nous. Plus généralement, ces épreuves, dont le matériel est ambigu et peu structuré, vont amener le sujet à produire des réponses qui refléteront la structure de sa personnalité. On parle ici d'épreuves plutôt que de tests dans la mesure où il n'y a pas de standardisation, si ce n'est par exemple un jeu d'images, la consigne est impersonnelle, le sujet a toute liberté dans le choix de ses réponses, les qualités métrologiques sont difficiles à estimer, l'analyse et l'interprétation des protocoles restent empiriques. Ces épreuves nécessitent un long apprentissage et une bonne connaissance de la psychanalyse si on veut les exploiter complètement.

• *Le Rorschach* (1966) est constitué de dix planches (noires, bicolores ou en couleur) où figurent des taches d'encre symétriques, on demande au sujet de dire « tout ce qu'on pourrait voir dans ces taches d'encre ». Cette épreuve peut être utilisée dès l'âge de 4 ans et peut être également appliquée à l'adulte. On note bien sûr toutes les réponses du sujet, son comportement, la durée prise par chacune des planches, le temps de latence entre la présentation de la planche et la réponse ; une fois la passation terminée, on revient sur chacune des réponses pour la faire préciser, voir ce qui a déterminé la réponse de l'enfant, la localisation spatiale. La cotation est basée sur la localisation de la réponse, le déterminant (forme, mouvement, couleur, estompage), le contenu (être humain ou animal, partie du corps). L'interprétation se fait par rapport aux axes du développement libidinal, des processus défensifs, de la représentation de soi et des images parentales.

• *Le TAT* (Thematic Aperception Test), applicable à partir de 9 ans et jusqu'à l'âge adulte et le CAT (Children Aperception Test, son équivalent pour jeunes enfants de 3 à 8 ans,1961) sont composés d'une série de planches représentant des situations spécifiques. On demande au sujet de raconter une histoire en rapport avec ces images. La psychanalyse a servi de fond à la construction de ces épreuves qui présentent des situations soutenues par les conflits qui jalonnent le développement libidinal. L'interprétation, différente selon les auteurs, va analyser le contenu manifeste et latent de la réponse.

• *Le dessin du bonhomme* permet, nous l'avons déjà dit, d'avoir des informations sur la personnalité de l'enfant, en termes par exemple d'identification sexuelle (on sait par exemple que, dans la majorité des cas, quand on demande à un enfant dessiner un personnage, il en dessine un de son propre sexe). On peut analyser également des indices comme l'emplacement du bonhomme dans la feuille, sa taille, la qualité du trait qui donneront des indications de perturbations pathologiques (à confirmer par ailleurs) s'ils diffèrent de « normes » que l'on a pu repérer dans les dessins d'enfants tout-venant (voir par exemple dans l'ouvrage de J. Royer déjà cité).

• *Une autre épreuve où intervient le dessin du bonhomme est le dessin de la famille.* Cette épreuve permet d'estimer rapidement comment l'enfant se situe dans son environnement familial, origine d'éventuelles difficultés d'adaptation. Il est possible de donner trois consignes différentes : « dessine ta famille », « dessine une famille » et « dessine la famille que tu aimerais avoir » et éventuellement de comparer les trois productions. Ce dessin n'est utilisable qu'à partir de 5 ou 6 ans (âge où l'enfant commence à maîtriser la représentation du personnage de façon à pouvoir produire un dessin suffisamment riche) et jusqu'à 12 ou 13 ans (âge auquel les enfants désinvestissent ce mode de communication). L'analyse de la production de l'enfant peut se faire à différents niveaux : en identifiant les personnages dessinés (voir par exemple en comparant avec la famille réelle de l'enfant s'il y a eu des « oublis » ou des « ajouts »), en prenant en compte le niveau global de représentation des personnages (en sachant que cette analyse est plus fragile que quand il s'agit d'un personnage isolé car l'enfant sait qu'il doit en dessiner plusieurs, le souci d'économie va donc jouer, par ailleurs ici la charge affective du thème est beaucoup plus importante). On peut également relever les caractéristiques qui permettent de différencier les personnages en termes d'âge et de sexe par exemple, de façon à voir comment l'enfant se représente les différences entre les sexes et les générations.

LES TESTS DE CONNAISSANCES ET D'INTÉRÊT

Les tests de connaissances

Il s'agit ici de faire une estimation du niveau de connaissances que le sujet peut avoir dans un domaine qui peut être plus ou moins spécifique ou plus ou moins large. Les tests de connaissances les plus couramment utilisés par le psychologue ou l'enseignant sont des épreuves d'acquisitions scolaires (comme celles qui sont par exemple publiées aux ECPA) qui permettent de faire un bilan en début et/ou en fin d'année du niveau d'une classe ou d'un élève. Il en existe pour tous les niveaux scolaires en particulier pour le français et les mathématiques. Ces épreuves peuvent être appliquées en individuel ou en collectif, le temps de correction est très rapide.

Les questionnaires d'intérêt

Ces questionnaires sont utilisés dans une perspective d'orientation professionnelle : il s'agit de déterminer quelle est la profession qui correspond le mieux aux intérêts du sujet. Ils s'appliquent à la fin du collège ou au lycée de façon individuelle ou collective. Ils sont tous basés sur le même principe : on propose au sujet une liste d'activités (exemple « être en contact avec autrui »), il doit choisir ou ordonner celles qu'il préfère. (Cf. par exemple le catalogue des EAP.)

L'ÉVALUATION DU BÉBÉ : LES BABY-TESTS

Nous évoquerons ici les épreuves permettant l'évaluation du bébé, la période considérée s'étendant de la naissance à 3 ans, c'est-à-dire jusqu'à ce que le langage soit constitué en outil efficace de communication. Les baby-tests sont nés d'un besoin pratique de dépistage de retards importants au cours du premier développement, en cela ils sont de bons outils diagnostiques. Par contre, dans la mesure où ils ne permettent pas de prédire le développement ultérieur de l'intelligence, ils sont de mauvais outils pronostiques. Leur valeur pronostique est généralement supérieure pour les enfants à risques que pour les enfants tout-venant.

Les baby-tests permettent donc l'évaluation de l'état actuel du nourrisson avec une mise en évidence de retards éventuels dans les domaines sensori-moteur, cognitif ou communicatif pouvant déboucher sur une prise en charge thérapeutique précoce. Autre caractéristique essentielle des baby-tests, il s'agit du fait qu'ici c'est l'observation du comportement du bébé qui est prise en compte ; en effet, l'évaluation par l'intermédiaire du langage ou de consignes verbales étant évidemment impossible, on proposera au bébé différents objets ou situations, ce sont ses réactions au matériel présenté qui permettront son évaluation. Plus encore que pour les épreuves applicables aux enfants d'âge scolaire, le psychologue devra s'adapter aux fluctuations du comportement du bébé et devra faire preuve de souplesse dans l'application des épreuves.

Cinq baby-tests seront présentés : le « Brunet-Lézine » (Brunet O., Lézine I., 1971), le « Casati-Lézine » (Casati I., Lézine I., 1968), l'« Uzgiris-Hunt » (Uzgiris J. C., Hunt J. M. V., 1975), l'ECSP (Guidetti M., Tourrette C., 1993) et le NBAS (Brazelton B., 1983).

L'évaluation du développement sensori-moteur

L'« échelle de développement psychomoteur de la première enfance » plus couramment appelée « Brunet-Lézine » est applicable aux enfants de 1 à 30 mois (une échelle supplémentaire jusqu'à 5 ans assure une continuité avec la NEMI). Inspirée des travaux de Gesell, elle permet d'étudier quatre secteurs du développement :
- le contrôle postural et la motricité
- la coordination oculo-motrice et les conduites d'adaptation vis-à-vis des objets
- le langage
- les relations sociales

Suivant la technique déjà décrite à propos des échelles Binet-Simon, le nombre de points obtenus permet de calculer des âges de développement (un par secteur) donnant ensuite des quotients de développement partiels (un QD par secteur) et global. Le profil mettant en évidence une homogénéité ou une hétérogénéité entre les quatre secteurs est particulièrement intéressant à prendre en compte en particulier chez les enfants à risque de déficit.

Il est bien évident que la distinction entre les secteurs du développement chez le bébé est parfois formelle, pourquoi par exemple « porter les pieds à sa bouche » (à 7 mois) relèverait-il des « relations sociales » ? Par ailleurs, un certain nombre d'items en particulier en ce qui concerne le langage et les relations sociales sont côtés non pas à partir de l'observation directe mais à partir de questions posées à la mère du bébé, ce qui bien sûr pose de problèmes de déformation ou de surestimation. Une révision du Brunet-Lézine est actuellement en cours.

L'évaluation du développement cognitif

Par rapport au Brunet-Lézine dont on peut dire qu'il envisage le développement de l'enfant de façon globale, les épreuves dont nous allons traiter maintenant étudient un secteur du développement : le développement cognitif. Il s'agit de deux épreuves issues de la théorie piagétienne : les « Étapes de l'Intelligence sensori-motrice » plus communément appelées le « Casati-Lézine » (du nom des auteurs) et une épreuve américaine : l'IPDS ou « Echelle de développement psychologique de l'enfant » (traduction de l'anglais Infant Psychological Development Scale) mise au point par Uzgiris et Hunt surtout utilisée en France dans une perspective de recherche. Toutes deux correspondent à une standardisation, dans une perspective psychométrique, des situations mises en place par Piaget pour l'étude de la période sensori-motrice, et permettent de situer le niveau d'un enfant par rapport aux stades piagétiens du développement.

• *Le « Casati-Lézine »* est applicable de 6 mois à 2 ans et permet de situer le bébé dans un des quatre derniers sous-stades de l'intelligence sensori-motrice (stade III à VI) à partir de quatre situations différentes :

- la recherche de l'objet disparu,
- l'utilisation des intermédiaires,
- l'exploration des objets,
- la combinaison d'objets.

• *L'Uzgiris-Hunt* est plus complet (mais nettement moins bien standardisé) dans la mesure où c'est l'ensemble de la période sensori-motrice qui est envisagé. Les auteurs proposent six échelles

- permanence de l'objet et poursuite visuelle,
- relations moyens-but,
- imitations vocale et gestuelle,
- causalité opérationnelle,
- relations spatiales entre objets,
- schèmes relatifs aux objets,

permettant de situer le bébé (pour chaque échelle) dans un des six sous-stades de l'intelligence sensori-motrice.

L'évaluation du développement communicatif

Ce secteur étant peu pris en compte dans les baby-tests que nous venons de citer, le besoin de disposer d'un outil d'évaluation a été ressenti à la fois par les chercheurs et les cliniciens (pour les enfants atteints justement de troubles de la communication comme les autistes par exemple), c'est dans cette perspective que nous avons adapté l'échelle américaine non publiée de J. Seibert et A. Hogan ce qui a donné lieu à l'ECSP (ou Évaluation de la Communication Sociale Précoce).

Cette échelle, applicable de 3 à 30 mois, est issue des travaux de Fisher et de ceux de Bruner pour lequel il y a une continuité entre le développement préverbal et verbal. Elle évalue trois fonctions communicatives : l'interaction sociale (attirer l'attention sur soi dans le cadre d'échanges ludiques), l'attention conjointe (partager l'attention avec autrui, cette dimension est particulièrement importante dans le développement du langage) et la régulation du comportement (modifier le comportement d'autrui, que ce soit le fait de l'enfant ou de l'adulte). Dans chacune de ces fonctions, l'enfant peut jouer un rôle différent dans l'interaction, il peut l'initier, y répondre ou la maintenir. L'échelle comprend une vingtaine de situations d'interaction entre le psychologue et le bébé (à base de jouets qui ont des fonctions particulières – jouets mécaniques, sonores...– et d'interactions physiques...), chaque réaction du bébé est codée sous forme d'item indexé à la fois sur une des trois fonctions communicatives évoquée ci-dessus et sur un niveau développemental.

L'évaluation du nouveau-né

T. Brazelton, un pédiatre américain, est l'auteur de la NBAS (Neonatal Behavioral Assessment Scale ou Echelle d'évaluation du comportement néo-natal), échelle applicable au cours du premier mois après la naissance. Cette échelle, inspirée des travaux sur les compétences précoces du bébé a été conçue pour pallier la mauvaise prédictivité du score Apgar (évaluation faite 1 mn puis 5 mn après la naissance destinée à contrôler l'état du nouveau-né au niveau des battements cardiaques, de la capacité respiratoire, de la coloration de la peau, de la tonicité musculaire et de la réponse à un stimulus aversif) en cas de naissance à risque. La NBAS, prenant en compte l'état de vigilance du nouveau-né (du sommeil profond aux pleurs), permet d'évaluer de manière précise quel est le mode d'interaction du bébé avec son environnement. Son objectif est d'essayer de rendre compte de la singularité de chaque bébé surtout en cas de naissance problématique. Il apprécie les réactions d'habituation, les réponses à des stimuli auditifs ou visuels, la capacité d'auto-apaisement, la maturité motrice et l'irritabilité.

Nous avons essayé de donner une vue d'ensemble des évaluations psychologiques couramment pratiquées en psychologie du développement. Il nous semble important de préciser pour terminer qu'aucune des épreuves qui viennent d'être décrites n'est à même de décrire l'ensemble du fonctionnement psychologique d'un enfant. Leur objectif est de pallier un jugement intuitif sur un sujet en disposant d'une évaluation la plus objective possible, permettant de comparer le sujet à d'autres placés dans la même situation. Chaque épreuve a ses limites que le psychologue doit connaître avant de l'appliquer.

POUR ALLER PLUS LOIN

Anzieu D., Chabert C. 1987. *Les Méthodes projectives*. Paris, PUF.

Langouet G., Porlier J.-C. 1981. *Mesure et statistique en milieu éducatif*. Paris, ESF.

Perron-Borelli M., Perron R. 1986 (réédition 1994). *L'Examen psychologique de l'enfant*. Paris, PUF.

Conclusion

La présentation du développement de l'enfant par tranches d'âge et secteurs de développement que nous avons choisie pour des raisons didactiques, laisse échapper toute la dynamique de cette croissance avec les interrelations entre acquisitions et les transformations/réorganisations incessantes qui, en dépit de quelques secousses, expriment la continuité de l'individu à travers ses âges successifs, de la naissance à l'âge adulte et même jusqu'à la fin de sa vie. Au niveau individuel, le développement est continuité, intégration du passé dans le présent et orientation vers le futur.

Nous voudrions pour terminer revenir sur quelques orientations de recherche qui ont été évoquées ici ou là au cours de ce travail.

Par exemple, il nous semble que l'intégration de l'environnement de l'enfant dans l'étude de son développement constitue une direction dans laquelle devrait s'orienter l'ensemble des recherches sur le développement de l'enfant, comme cela s'est produit au cours de l'évolution des théories relatives à l'acquisition du langage (quand elles ont réintroduit sa dimension fondamentale de communication). Ceci apparaît particulièrement pertinent dans une perspective différentielle, puisque les différences interindividuelles se sont imposées d'elles-mêmes et conduisent à un réaménagement des théories à visée générale (Reuchlin, 1990) comme dans la proposition de J. Lautrey.

ESQUISSE D'UN MODÈLE PLURALISTE DE DÉVELOPPEMENT, LAUTREY (1990)

Sur la base de ses travaux antérieurs sur les décalages individuels dans les acquisitions cognitives et sur la prééminence occasionnelle des processus figuratifs sur les processus opératifs, J. Lautrey a été amené à envisager deux modes différents de traitement de l'information utilisés par les sujets et qui rendraient compte des variations constatées : les traitements analogique et propositionnel. Dans le traitement analogique, le sujet élabore et utilise des représentations mentales dans lesquelles les relations entre les éléments (attributs ou objets) seraient intrinsèques à leur représentation. Ce mode de traitement, préservant un isomorphisme entre la situation et la représentation correspondante, serait holistique (global), parallèle, et figuratif. Il aurait pour fonction de permettre l'adaptation à des situations nouvelles en les assimilant à des modèles connus. En revanche, au cours d'un traitement propositionnel, les relations entre éléments seraient spécifiées de façon extrinsèque à leur représentation. Ce mode de traitement serait analytique, séquentiel et abstrait. L'action et le langage en seraient les vecteurs privilégiés. Il aurait pour fonction de restructurer les représentations en les dissociant et en recomposant leurs propriétés, lorsque la situation les y contraint. Chaque individu aurait à sa disposition ces deux modes de traitement mais en utiliserait un de façon préférentielle. Le choix du mode de traitement de l'information dans une situation donnée dépend de l'interaction qui se produit entre les caractéristiques d'un sujet (par exemple sa préférence pour un des deux modes de traitement) et les caractéristiques de la situation (inductrice de l'un ou l'autre mode de traitement). Le conflit ou au contraire la synergie entre les caractéristiques du sujet et celles de la situation peut entraver ou au contraire faciliter la mise en œuvre d'un des traitements. Lautrey fait l'hypothèse qu'au cours du développement, le mode de traitement analogique est plus adapté aux acquisitions de type infralogique (objet, espace, temps), tandis que le traitement propositionnel serait plus adapté aux acquisitions de type logique (classification, sériation, nombre, etc.). Compte tenu du fait que chaque individu se caractérise par un mode de fonctionnement différentiel, plutôt analogique ou plutôt propositionnel, et compte tenu de la nature figurative ou abstraite des éléments de la situation, les acquisitions se feraient plus ou moins rapidement : plus rapidement s'il y a convergence entre les caractéristiques du sujet et celles de la situation et au contraire plus lentement s'il y a antagonisme entre les deux types de contraintes.

Lautrey offre ainsi une explication intéressante à la variabilité à la fois intra-individuelle (inter-situationnelle) et interindividuelle (intra-situationnelle) et suggère ainsi des voies différentes de développement selon les individus. L'ébauche de modèle pluraliste de développement qu'il présente dans un ouvrage récent qui synthétise les orientations actuelles de la psychologie différentielle, suppose que l'on puisse mettre en évidence au niveau des processus centraux : 1) une pluralité de processus susceptibles de remplir une fonction analogue (donc des processus qui soient substituables, dits « vicariants »), 2) une variabilité interindividuelle à situation constante (donc intra-situationnelle) et une variabilité intra-individuelle entre les situations (donc inter-situationnelles), qui puissent l'une et l'autre être rattachées à l'utilisation de processus différents, 3) un développement quand différents processus remplissant une fonction analogue entrent en interaction et 4) des cheminements différents chez des individus différents au cours du développement cognitif. Lautrey apporte déjà des éléments consistants pour un début de validation de ce modèle pluraliste de développement.

Il semble en particulier nécessaire de rechercher ce qui, dans les ajustements réciproques et continus de l'enfant et de son milieu (pris dans un sens large, en y incluant l'entourage social), contribue à l'individualisation de l'enfant et oriente son mode de développement. C'est au sein du milieu dans lequel ils se développent et avec lequel ils entretiennent des échanges continus et interactifs que les enfants construisent leurs connaissances du monde et élaborent les représentations qui les organisent.

Par ailleurs une approche plus globale du développement de l'enfant, qui intégrerait les différents aspects de sa personnalité apporterait une vision plus juste de la façon dont l'enfant se construit, au lieu de nous en donner une représentation fragmentée et parcellaire, cela concerne en particulier les chercheurs français traditionnellement réticents à l'étude des aspects socio-affectifs des comportements. Or, selon la distinction faite par Reuchlin (1989 et 1990), les aspects conatifs (de contrôle et d'orientation des conduites) et les aspects cognitifs (de saisie et de traitement de l'information) des comportements sont par nature indissociables dans leur mise en œuvre. Cette suggestion rejoint partiellement des suggestions de Flavell (1992) pour les recherches en psychologie du développement, puisqu'il dit qu'il faut élargir les recherches cognitives en prenant en compte des aspects qualitatifs et non plus seulement quantitatifs, car « si on enlève du terme "cognitif" le savoir et les capacités, il reste encore l'expérience subjective personnelle ».

Bibliographie complémentaire

(Pour aller encore plus loin)

AINSWORTH M. et WITTIG B.A. 1969. Attachment and exploratory behavior of one-year-olds in a strange situation, in B.M. Foss (ed), *Determinants of Infant Behavior,* vol 4, London, Methuen, 111-136.

BAUDONNIÈRE P.-M. 1988. *L'Évolution des compétences à communiquer chez l'enfant de 2 à 4 ans*. Paris, PUF.

BIDEAUD J. et HOUDE O. 1991. *Cognition et développement. Boîte à outils théoriques.* Berne, Peter Lang.

BIDEAUD J. et LAUTREY J. 1983. De la résolution empirique à la résolution logique de problèmes : évolution des réponses en fonction de l'âge et des situations expérimentales. *Cahiers de Psychologie cognitive*, *3*, 295-324.

BOWLBY J. 1978. *Attachement et perte*. Paris, PUF.

BRIL B. et LEHALLE H. 1988. *Le Développement psychologique est-il universel* ? Paris, PUF.

BRUNER J.S. 1983. *Savoir faire, savoir dire*. Paris, PUF.

BRUNET O., LEZINE I. 1971. *Échelle de développement psychomoteur de la première enfance*. Paris, EAP.

CASATI I., LEZINE I. 1968. *Les Étapes de l'intelligence sensori-motrice*. Paris, ECPA.

CHANGEUX J.-P. 1983. *L'Homme neuronal*. Paris, Fayard.

COLEMAN J.S. 1980. *The Nature of Adolescence*. London, Methuen.

DAURAT-MELJAC C., STAMBAK M., BERGES J. 1966. *Test de schéma corporel*. Paris, ECPA.

ERIKSON E. 1963. *Enfance et société*. Neuchâtel, Delachaux et Niestlé.

ESPERET E. 1990. «L'acquisition différentielle du langage», in M. Reuchlin et coll. (eds). *Cognition : l'individuel et l'universel*. Paris, PUF.

FLAVELL J.H. 1985. «Développement cognitif», in J. Bideaud et M. Richelle (eds), *Psychologie développementale*. Bruxelles, Mardaga.

FLAVELL J.H. 1992. «Cognitive development : past, present and future». *Developmental psychology*, *28*, 998-1005.

GOODENOUGH F.1957. *L'Intelligence d'après le dessin*, Paris, PUF.

GRENIER A. 1981. «La motricité libérée par fixation manuelle de la nuque au cours des premières semaines de la vie». *Archives françaises de Pédiatrie, 38*, 557-561.

GUIDETTI M. et TOURRETTE C. 1993. *Évaluation de la Communication sociale précoce (ECSP)*. Paris, EAP.

GUIDETTI M. et TOURRETTE C. *Handicap et développement de l'enfant*. Paris, A. Colin, à paraître.

GUILMAIN E. 1971. *L'Activité psychomotrice de l'enfant : son évolution jusqu'à 12 ans*. Paris, Vigné.

HERBINET E. et BUSNEL M.-C. 1981. *L'Aube des sens*. Paris, Stock.

HUTEAU M. 1980. « Dépendance/indépendance à l'égard du champ et développement de la pensée opératoire ». *Archives de Psychologie, 48*, 1-40.

KAUFMAN A., KAUFMAN N. 1993. *K-ABC, Batterie pour l'examen psychologique de l'enfant*. Paris, ECPA.

LAUTREY J. 1990. «Esquisse d'un modèle pluraliste de développement», in M. Reuchlin et coll. (eds). *Cognition : l'individuel et l'universel*. Paris, PUF.

LECUYER R. 1990. *Bébés psychologues, bébés astronomes : l'intelligence de la première année*. Bruxelles, Mardaga.

LECUYER R. 1993. «À propos de "l'erreur A non B"», *Psychologie française*, 38, 63-74.

LEMMEL G., MELJAC C., GILLET I. 1994. «Le K-ABC peut-il remplacer le WISC-R ?» in A. Kaufman (éd.), *K-ABC, Pratique et fondements théoriques*. Paris, La Pensée Sauvage.

LONGEOT F. 1969. *Psychologie différentielle et théorie opératoire de l'intelligence*. Paris, Dunod.

LONGEOT F. 1978. *Les Stades opératoires de Piaget et les facteurs de l'intelligence*. Grenoble, Presses Universitaires de Grenoble.

LONGEOT F. 1979. *Échelle de développement de la pensée logique* (EPL). Paris, EAP.

MANDLER J.M. 1988. «How to build a baby : on the development of an accessible representational system». *Cognitive Development, 3*, 113-130.

MANDLER J.M. 1992. «How to build a baby II : conceptual primitives». *Psychological Review, 99*, 587-604.

MARCELLI D. 1990. *Adolescence et dépressions*. Paris, Masson.

MARCELLI D. 1993. *Psychopathologie de l'enfant*. Paris, Masson.

MEHLER J., BERTONCINI J., BARRIERE M., JASSIK-GERSHENFELD D. 1978. «Infant recognition of mother's voice». *Perception, 7*, 491-497.

MEHLER J., LAMBERTZ G., JUSCZYK P.W., AMIEL-TISON C. 1986. «Discrimination de la langue maternelle par le nouveau-né». *Comptes Rendus de l'Académie des sciences*. T. 303, série 3, 637-640.

MELJAC C. 1980. *Utilisation du nombre 80* (UDN 80). Paris, ECPA.

MELTZOFF A.N. et BORTON R.W. 1979. «Intermodal matching by human neonate». *Nature*, 282, 403-404.

MELTZOFF A.N. et MOORE M.K. « Imitation of facial and manual gestures by human neonates ». *Science*, 198, 75-78.

MICHIELS-PHILIPPE M.-P. et coll. 1984. *L'observation*. Neuchâtel, Delachaux et Niestlé.

MONTAGNER H. 1988. *L'Attachement : les débuts de la tendresse*. Paris, O. Jacob.

NADEL J. 1986. *Imitation et communication entre jeunes enfants*. Paris, PUF.

PERRET-CLERMONT A. 1979. *La Construction de l'intelligence dans l'interaction sociale*. Berne, Peter Lang.

PERRON-BORELLI M. 1978. *EDEI : Échelles Différentielles d'Efficience Intellectuelle*. Paris, EAP.

PIAGET J. 1937 (réédition 1977). *La Construction du réel*. Neuchâtel, Delachaux et Niestlé.

PIAGET J. 1936 (réédition 1977). *La Naissance de l'intelligence*. Neuchâtel, Delachaux et Niestlé.

POUTHAS V. et JOUEN. F. 1993. *Les Comportements du bébé : expression de son savoir* ? Bruxelles, Mardaga.

PREMACK D. et WOODRUFF G. 1978. «Does the chimpanzee have a theory of mind ?» *Behavioral and Brain Sciences, 4*, 515-526.

REUCHLIN M. et BACHER F. 1989. *Les Différences individuelles dans le développement cognitif*. Paris, PUF.

REUCHLIN M. 1990. *Les Différences individuelles dans le développement conatif*. Paris, PUF.

REUCHLIN M., LAUTREY J., MARENDAZ C. et OHLMANN T. (eds) 1990. *Cognition : l'individuel et l'universel*. Paris, PUF.

REY A. 1950. *Manuel de la figure de Rey*. Paris, ECPA.

RIEBEN, de RIBAUPIERRE A. et LAUTREY J. 1983. *Le Développement opératoire de l'enfant entre 6 et 12 ans*. Paris, Éditions du CNRS.

RODRIGUEZ-TOME H. 1972. *Le Moi et l'Autre dans la conscience de l'adolescence*. Paris, PUF.

RODRIGUEZ-TOME H. et BARIAUD F. 1987. *Les Perspectives temporelles à l'adolescence*. Paris, PUF.

ROYER J. 1977. *La Personnalité de l'enfant à travers le dessin du bonhomme*. Bruxelles, Editest.

SANGLADE-ANDRONIROF A., VERDIER-GIBELLO M.-L. 1983. «L'Examen psychologique de l'enfant». *Encyclopédie médico-chirurgicale*, 37180 CIO, 2.

SCHNEUWLY B. et BRONCKART J.-P. 1985. *Vygotsky aujourd'hui*. Neuchâtel, Delachaux et Niestlé.

STRERI A. 1991. *Voir, atteindre, toucher, : les relations entre la vision et le toucher chez le bébé*. Paris, PUF, 1991.

TESTU F. 1989. *Chronopsychologie et rythmes scolaires*. Paris, Masson.

TOURRETTE C. 1991. *D'un bébé à l'autre : les différences individuelles au début du développement*. Paris, PUF.

TOURRETTE C. 1989. «La méthode longitudinale en psychologie développementale», in J.-P. Rossi et coll. *La Méthode expérimentale en psychologie*. Chapitre 5. Paris, Dunod.

TOURRETTE C., ROBIN M. et JOSSE D. 1988. «Les pratiques éducatives des mères de jumeaux». *L'Année psychologique*, *88*, 545-561.

VINTER A. 1985. *L'Imitation chez le nouveau-né*. Neuchâtel, Delachaux et Niestlé.

WELLMAN H.M. et GELMAN S.A. 1992. «Cognitive development». *Annual Review of Psychology*, 43, 337-375.

WECHSLER D. 1961. *La Mesure de l'intelligence de l'adulte*. Paris, PUF.

WECHSLER D. 1981. *Échelle d'intelligence de Wechsler pour enfants. Forme révisée.* Paris, ECPA.

WECHSLER. 1989. *Échelle d'intelligence de Wechsler pour adultes. Forme révisée.* Paris, ECPA.

WIDMER-ROBERT-TISSOT C. 1981. *Les Modes de communication du bébé : postures, mouvements et vocalises*. Neuchâtel, Delachaux et Niestlé.

WIMMER H. et PERNER J. 1983. «Beliefs about beliefs». *Cognition*, 13, 103-128.

WINNYKAMEN F. 1990. *Apprendre en imitant* ? Paris, PUF.

ZAZZO B. 1966. *La Psychologie différentielle des adolescents*. Paris, PUF.

Zazzo R. (ed.). 1974. *L'Attachement*. Neuchâtel, Delachaux et Niestlé.

ZAZZO R. 1960 (réédition 1986). *Les Jumeaux : l'individu, le couple et la personne*. Paris, PUF.

ZAZZO R. et coll. 1969. *Manuel pour l'examen psychologique de l'enfant*. Tomes 1 et 2. Neuchâtel, Delachaux et Niestlé.

ZAZZO R. 1984. *Le Paradoxe des jumeaux*. Paris, Stock.

ZAZZO R., GILLY M., VERBA-RAD M. 1966. *Nouvelle Échelle métrique de l'intelligence*. Paris, EAP.

Index thématique

accommodation, 14, 53, 55, 57
adolescence, 140-157
apprentissage, 38, 60, 71, 90-92, 100, 136
assimilation, 13, 52, 53, 57
attachement, 11, 77-83
audition, 29-30, 39, 67
baby-test, 173-175
behaviorisme, 10
catégorisation, 53, 56, 60, 120, 134
causalité, 56-58
chronopsychologie, 137-138
classification, 120-124
cognitivisme, 11, 125-133
communication, 65-72, 174-175
complexe d'Œdipe, 135
conscience de soi, 85-87, 133-134, 155-157
conservation, 117-120
coordination sensori-motrice, 41-42, 53-56, 60-63
décalage, 64, 119-120, 147-148
dessin, 107-111, 168, 170
différences interindividuelles, 25, 39, 40, 41, 43, 44, 48, 50, 59, 64, 66, 71, 94, 131, 137, 142, 143, 147, 149, 177-178
échographie, 34-35
écologie, 24, 60, 65
égocentrisme, 59, 109, 114-116, 127-128
embryon, 27-28
émotion, 17, 83
environnement, 9-12, 44, 90-92
épistémologie, 11
équilibration, 14, 90, 116, 125
espace, 57-58, 63, 100-101, 123-124, 169-170
étayage, 21, 73-74, 77-78, 91-92
ethologie, 10, 77, 88
expérimentation, 24-25
fœtus, 28
fonction sémiotique, 15, 59, 112-113
format, 68-69, 92
grossesse, 33-35
groupe INRC, 145-146
gustation, 31, 40, 66
habituation/réaction à la nouveauté, 25, 39
hypothético-déductif, 16, 144
identité, 151, 155-157
image spéculaire, 85
imitation, 18, 42, 62-63, 85, 88-89, 112
intelligence, 12, 14, 51, 60, 85, 148-149, 160-166
intelligence sensori-motrice, 51-58, 85
intentionnalité, 49, 52, 54, 64, 68-70, 108
interaction entre enfants, 87-89
interaction mère-enfant, 23, 46, 65-83, 90-92
intuition, 15, 58
jeu, 105-107
jumeaux, 87
langage, 67-72, 101-102, 103-104, 113-114, 170-171
latéralité, 97-102, 164-165
libido, libidinal, 21
logico-mathématique, 12
lois de développement, 18, 47-48
maturation, 9-12, 29-33, 43
métacognition, 133
métapsychologie, 20
motricité, 32, 41, 64, 83
motricité libérée, 42-61
mouvement, 18
naissance, 35-36
nombre, 122
nouveau-né, 38-43, 65-67, 175

objet transitionnel, 81
observation, 17, 22-24
olfaction, 31, 40, 66
opération, 16
opérations concrètes, 16, 116-125
opérations formelles, 16, 144-149
perception de la parole, 38, 67
permanence de l'objet, 56-58, 63-64
personnalité, 72-87
pointage, 70
posture, 18, 41, 48, 66, 85
pragmatique, 68
prématurité, 28, 29, 36-37
psychanalyse, 10, 19-20
psychomoteur, 47-51, 94-101, 167, 173
pulsion, 21, 74-76, 79
quotient intellectuel (QI), 161, 163
réaction circulaire, 52-57
relation objectale, 74-77
représentation mentale, 15, 57-58, 63, 85, 108, 112-113, 126-133, 177-178
réversibilité, 58, 59, 116-125
schéma corporel, 97, 168-169
schème, 13, 51
sériation, 121
stades freudiens, 21-22, 73-74, 135-136, 151-152
stades piagétiens, 15-16, 51-58, 112-125
stades walloniens, 18-19, 83-85, 133-134, 151
stimulation, 32-33, 37, 40, 41
style cognitif, 147-148
syncinésie, 95, 99
syncrétisme, 114, 133
temps, 58, 124, 156, 169
tests, 24, 158-175
tests d'intelligence, 158-166
tests instrumentaux, 166-172
tests de personnalité, 171-172
tests de connaissances, 172
théorie de l'esprit, 132-133
toucher, 31-32, 41
transfert intermodal, 41, 61-62
troubles du langage, 101-102, 170-171
vestibulaire, 32, 41
vision, 31, 39-40, 65

Table des encadrés

L'observation vidéo des interactions mère-enfant : une technique prometteuse 23
Faut-il stimuler les prématurés ? 37
Extrait d'une observation de Piaget 55
Extrait d'un texte de Freud 73
La situation étrange d'Ainsworth et Wittig (1969) 82
Extraits de textes de Wallon : le mouvement 84
L'individuation des jumeaux 87
La fonction communicative de l'imitation dans la troisième année : J. Nadel (1986) 89
La quantification de l'inclusion : réussite figurative ou opératoire ? 126
Le développement social de l'intelligence 127
Diversité du développement opératoire : Rieben, de Ribaupierre et Lautrey (1983) 129
Un exemple d'une théorie néo-structuraliste large : la théorie de Fisher 131
Chronopsychologie et rythmes scolaires 137
Style cognitif et pensée opératoire 147
La théorie piagétienne et les facteurs de l'intelligence 148
Les perspectives temporelles à l'adolescence : H. Rodriguez-Tomé et F. Bariaud (1987) 156
Esquisse d'un modèle pluraliste de développement, Lautrey (1990) 177

Table des matières

INTRODUCTION 5

Les choix conceptuels et didactiques, 5. — Psychologie de l'enfant, psychologie génétique, ou psychologie du développement ?, 7.

1. LES AUTEURS, LES THÉORIES ET LES MÉTHODES [C. Tourrette] 9

• Les principales orientations théoriques 9

L'orientation maturationniste : A. Gesell (1880-1961), 9. — L'orientation behavioriste : J. Watson (1878-1958) et Skinner (1904-1990), 10. — L'orientation psychanalytique : S. Freud (1856-1939), 10. — L'orientation éthologique : de H.F. Harlow (né en 1905) à J. Bowlby (1907-1990), 10. — L'orientation cognivito-constructiviste : J. Piaget (1896-1980), 11. — L'orientation psycho-sociale de H. Wallon (1879-1962), 11.

• Trois théories de référence en psychologie du développement 12

La théorie piagétienne 12

L'homme et sa méthode, 12. — Les concepts de base, 12. — Les stades de développement, 15.

La théorie wallonienne 16

L'homme et sa méthode, 16. — Les concepts de base, 17. — Les stades de développement, 18.

La théorie freudienne 19

L'homme et sa méthode, 19. — Les concepts de base, 21. — Les stades de développement libidinal, 21.

• Les méthodes d'étude de l'enfant et de son développement 22

L'observation biographique et normative 22

L'expérimentation 24

Plan longitudinal ou transversal ?, 24. — La validité écologique des recherches, 24. — Des techniques de recherche, 25.

2. VIE PRÉNATALE ET NAISSANCE [C. Tourrette] 27

• Points de repère 27

L'embryon, 27. — Le fœtus, 28.

• Le comportement du fœtus : que fait-il, que sent-il ? 29

L'audition prénatale, 29. — Existe-t-il une vision prénatale ?, 31. — Gustation et olfaction prénatales, 31. — Le toucher, 31. — Le système vestibulaire (ou labyrinthique), 32. — Et la motricité prénatale ?, 32. — Quel rôle peuvent donc jouer les stimulations sensorielles chez le fœtus ?, 32.

• La grossesse et la naissance 33

Les procréations médicalement assistées, 34. — L'incidence psychologique de l'échographie, 34. — La naissance : un grand moment d'adaptation, 35. — L'enfant né prématurément, 36.

• Le nouveau-né : l'état de ses capacités sensorielles et motrices 38

Y a-t-il continuité entre les compétences prénatales et postnatales, 38. — L'audition, 39. — La vision, 39. — L'olfaction, 40. — La gustation, 40. — Les systèmes tactile et vestibulaire, 41. — Posture et motricité, 41. — Les coordinations sensorielles et sensori-motrices, 41. — Que penser de toutes ces compétences néonatales ?, 42.

3. DE LA NAISSANCE À L'ENTRÉE À L'ÉCOLE [C. Tourrette] 44

• Croissance et développement psychomoteur 44

La croissance physiologique et l'environnement 44

Les caractéristiques générales de la croissance, 45. — Croissance et milieu de vie : les tendances actuelles, 45. — Alimentation et sommeil du jeune enfant, 46.

Le développement psychomoteur 47

Principes généraux : lois et normes, 47. — Les principales étapes du développement psychomoteur, 49.

• Le développement de l'intelligence sensori-motrice 51

Piaget : le stade de l'intelligence sensori-motrice, de la naissance à 24 mois 51

Le premier sous-stade : l'exercice des réflexes (0-1), 52. — Le deuxième sous-stade : les premières adaptations et les réactions circulaires primaires (1-4 mois), 52. — Le troisième sous-stade : la coordination vision-préhension et les réactions circulaires secondaires (4 à 8-9 mois), 53. — Le quatrième sous-stade : la coordination des schèmes secondaires et leur application à des situations nouvelles (8-9 mois à 11-12 mois), 54. — Cinquième sous-stade : différenciation des schèmes d'action par réactions circulaires tertiaires et découverte de moyens nouveaux par expérimentation active (11-12 à 18 mois), 56. — Sixième sous-stade : l'invention de moyens nouveaux par combinaison mentale (de 18 à 24 mois), 57.

Le début de la période préopératoire 58

Le réexamen de la théorie piagétienne à la lumière des connaissances actuelles sur le bébé 59

Premier problème : les capacités perceptives et les coordinations sensori-motrices, 59. — Deuxième problème : le statut de l'objet et de sa permanence, 63. — Troisième problème : la synchronie des acquisitions, 64.

• Le développement affectif et social 65

Les débuts de la communication 65

Les bases sensorielles des interactions, 65. — De l'interaction adulte-enfant au langage, 67.

La construction de la personnalité 72

L'analyse freudienne, 73. — L'évolution des relations objectales dans la théorie de Spitz, 74. — La théorie de l'attachement selon Bowlby, 77. — La construction de la personne selon Wallon, 83. — La genèse de la conscience de soi, 85. — Les interactions entre enfants, 87.

• Apprentissage et environnement 90

4. LE DÉVELOPPEMENT DES ENFANTS D'ÂGE SCOLAIRE [C. Tourrette]. 94

• Le développement psychomoteur 94

L'évolution des capacités psychomotrices avec l'âge 94
Évolution de la souplesse, 94. — Évolution de la statique, 95. — Évolution de l'indépendance des groupes musculaires, 95. — Évolution de la coordination de mouvements simultanés, 96. — Évolution de l'adresse, 96.

La latéralisation 97
Latéralité d'usage, fonctionnelle et neurologique, 97. — Latéralité et troubles du langage, 101.

• Le développement intellectuel et communicatif 103

L'évolution des capacités expressives 103
L'évolution du langage, 103. — L'évolution du jeu, 105. — L'évolution du dessin, 107.

Les progrès cognitifs de l'enfant : l'analyse piagétienne 112
La période préopératoire, 112. — Le stade des opérations concrètes (de 7-8 ans à 11-12 ans), 116. — Que penser de la perspective piagétienne du développement intellectuel ?, 125. — D'autres modèles pour décrire le développement de l'intelligence, 128.

• Le développement de la personnalité 133

Wallon : le développement de la personne 133
Le stade du personnalisme (3-6 ans), 133. — Le stade catégoriel (6-11 ans), 134.

Freud : du stade phallique à la période de latence. 135
Le stade phallique (3-6 ans), 135. — La période de latence (6-12 ans), 136.

L'évolution des relations familiales et sociales à l'âge scolaire 136

5. LES CHANGEMENTS DE L'ADOLESCENCE [C. Tourrette] 140

• Définition, le contexte historique et culturel 140
Le poids de l'histoire, 140. — Le poids de la culture, 140. — L'adolescence : sujet d'étude ?, 141. — Les tâches développementales de l'adolescent, 141. — La répartition dans le temps des changements, 141.

• Les changements physiologiques et leurs implications psychologiques 142
Les transformations physiques, 142. — Les implications psychologiques, 143.

• Le développement cognitif de l'adolescent 144

La pensée opératoire formelle dans la théorie piagétienne (12-15 ans) . . 144
Les caractéristiques de la pensée opératoire formelle, 144. — La pensée formelle est-elle universelle ?, 146.

Le jugement moral et l'accès aux idéologies politiques 149
Le jugement moral, 149. — L'accès aux idéologies politiques, 150.

• Le développement affectif et social 151

Wallon : l'achèvement de la personne 151

Le stade génital dans la théorie freudienne 151

L'évolution des relations interpersonnelles 152
L'évolution des relations familiales, 152. — Le groupe des pairs, 153. — La tentation de la déviance, 154.

Représentation de soi et genèse de l'identité 155

6. LES ÉVALUATIONS PSYCHOLOGIQUES [M. Guidetti] 158

• Qu'est-ce qu'un test? 158

• L'évaluation du fonctionnement cognitif 160

Les tests de développement, 160. — Les tests non verbaux, 161. — Les tests de Wechsler, 162. — Les tests issus de l'analyse factorielle de l'intelligence, 163. — Les épreuves issues de la théorie piagétienne, 164. Le K-ABC : une rupture dans l'évaluation de l'intelligence, 165.

• L'évaluation des fonctions instrumentales. 166

L'évaluation dans le domaine moteur, 167. — L'évaluation de la dominance latérale, 168. — L'évaluation du schéma corporel, 168. — L'évaluation de la structuration temporo-spatiale, 169. — L'évaluation du langage, 170.

• Les épreuves de personnalité 171

• Les tests de connaissances et d'intérêt 172

Les tests de connaissance, 172. — Les questionnaires d'intérêt, 172.

• L'évaluation du bébé : les baby-tests 173

L'évaluation du développement sensori-moteur, 173. — L'évaluation du développement cognitif, 174. — L'évaluation du développement communicatif, 174. — L'évaluation du nouveau-né, 175.

CONCLUSION 177

BIBLIOGRAPHIE COMPLÉMENTAIRE 181

INDEX THÉMATIQUE. 185

TABLE DES ENCADRÉS 187

Armand Colin Éditeur
5, rue Laromiguière
75241 Paris Cedex 05
N° d'éditeur : 106876
Dépôt légal : juillet 1995

SNEL S.A.
Rue Saint-Vincent 12 - 4020 Liège
juin 1995